Sicher im

Abi

Oberstufen-Wissen

Chemie

Marcel Beyl / Paul Gietz / Axel Justus / Werner Schierle

Klett Lerntraining

Hallo, wir sind das Redaktions-Team.
Unser Ziel ist es, die besten Abi-Lernhilfen zu machen.

Helfen Sie uns dabei!

SIND SIE ZUFRIEDEN MIT DIESEM BUCH?

Dann freuen wir uns über Ihre **Weiterempfehlung**. Erzählen Sie es Ihrem Freundeskreis, der Buchhandlung Ihres Vertrauens oder schreiben Sie eine **Rezension** bei Onlinekauf.
Das hilft nicht nur uns, sondern auch anderen, die auf der Suche nach einer passenden Lernhilfe für das Abitur sind.

SIE HABEN FRAGEN BZW. KRITIK ZU DIESEM BUCH?

Wir freuen uns über Ihre Anregungen.
Schreiben Sie uns eine Nachricht an **kundenservice@klett-lerntraining.de**.

So können wir mit Ihrem Feedback in Zukunft noch bessere Bücher anbieten.

Vielen Dank und viel Erfolg im Abitur!

Ihre Redaktion von Klett Lerntraining

Reaktionsgeschwindigkeit und chemisches Gleichgewicht

Energie und chemische Reaktion

Säure-Base-Reaktionen – Protonenübergänge

Redoxreaktionen und Elektrochemie

Kohlenwasserstoffe

Organische Sauerstoffverbindungen

Aromatische Verbindungen

Biologisch wichtige organische Verbindungen

Farbstoffe

Kunststoffe

Liebe Abiturientin, lieber Abiturient,

dieses Buch erklärt Ihnen **ausführlich** den **kompletten** Abiturstoff. Es ist der **ideale Begleiter** für die gesamte Oberstufenzeit und bestens geeignet für eine gründliche Wiederholung des Prüfungswissens. Schaffen Sie mit diesem Buch die Basis für eine **gute Note** und gehen Sie **sicher** durch jede Klausur und die Abiturprüfung!

Hilfreiche **Elemente** strukturieren den Lernstoff. Sie machen das Lernen komfortabel und sorgen für einen **optimalen**, **nachhaltigen Lernerfolg**.

Auf einen Blick Diese Doppelseiten vor jedem Kapitel dienen dem raschen Einstieg, indem sie die wesentlichen Lerninhalte des Kapitels optisch übersichtlich und in gegliederter Form präsentieren.

Kurzinfo Jedes Kapitel beginnt mit einer kurzen Zusammenfassung. Sie führt ins Thema ein und nennt das Wichtigste.

Randspaltentexte helfen, den Überblick zu behalten und liefern wertvolle Zusatzinformationen.

Standardversuche erklären Anordnung, Ablauf und Ergebnis wichtiger Versuche.

Zusammenfassungen bringen am Kapitel-Ende das Grundwissen auf den Punkt.

QR-Code Zusätzlich können Sie sich kostenlos passende Lernvideos ansehen. Sie stützen den nachhaltigen Lernerfolg durch die visuelle Aufbereitung. Zum Ansehen der Videos scannen Sie einfach mit einer QR-Code-App den Code. Sie gelangen dann zur Video-Übersicht. Alternativ können Sie auch die Seite www.abitur.klett-lerntraining.de aufrufen und in der Reihe „Oberstufen-Wissen" Ihr Buch anklicken. Sie sehen die Video-Übersicht und können dann per Klick ein Video starten.

Viel Erfolg im Abitur wünscht Ihnen
Ihr Team von Klett Lerntraining!

AUF EINEN BLICK

Reaktionsgeschwindigkeit

Durchschnittsgeschwindigkeit:

$$\bar{v} = \frac{\Delta c}{\Delta t}$$

Momentangeschwindigkeit:

$$v = \frac{dc}{dt}$$

Die Reaktionsgeschwindigkeit wird durch die Oberfläche und die Konzentration der Reaktanden sowie durch die Temperatur, bei der die Reaktion stattfindet, beeinflusst.

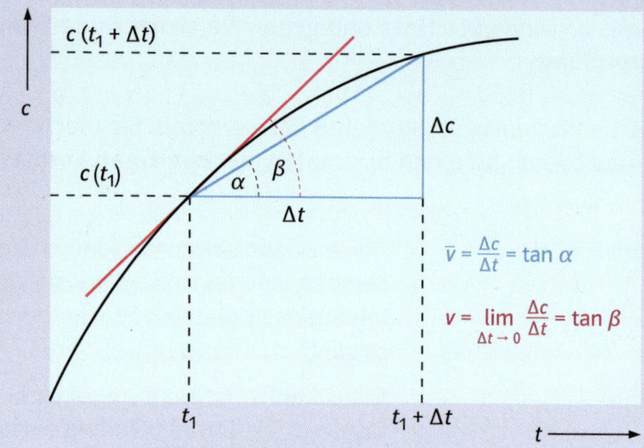

Aktivierungsenergie und Katalyse

Katalysatoren verringern die Aktivierungsenergie einer chemischen Reaktion und erhöhen damit die Geschwindigkeit der Reaktion.

Enzyme sind Eiweißstoffe, die nur ganz bestimmte Reaktionen katalysieren. Sie setzen die Aktivierungsenergie biochemischer Reaktionen herab.

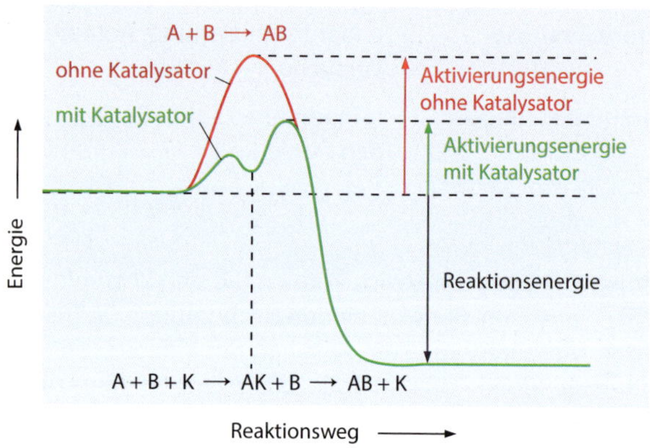

Umkehrbare chemische Reaktionen

können zu einem chemischen Gleichgewicht führen.

Chemisches Gleichgewicht

Im Gleichgewicht liegen die Edukte und Produkte nebeneinander vor. Ihre Konzentrationen ändern sich nicht.

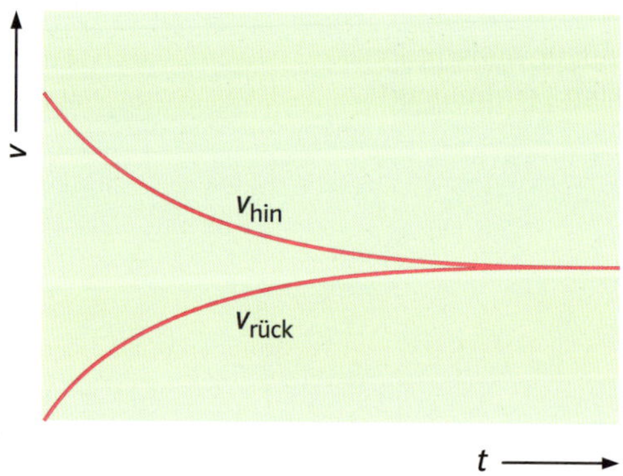

1 Reaktionsgeschwindigkeit und chemisches Gleichgewicht

Prinzip von Le Chatelier und Braun (Prinzip vom kleinsten Zwang)

Durch eine Volumen- bzw. Druckänderung, eine Stoffmengen- bzw. Konzentrationsänderung, eine Wärmezufuhr oder ein Wärmeentzug bzw. eine Temperaturänderung können Gleichgewichte verschoben werden.

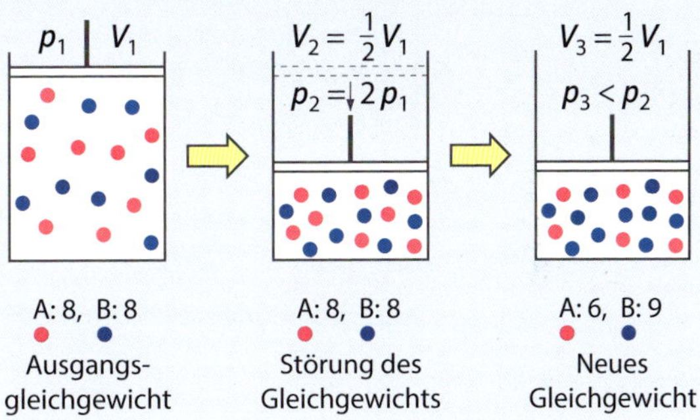

Die Volumenverringerung verschiebt das Gleichgewicht der Reaktion $2\,A \rightleftharpoons B$ zu der Seite, die eine geringere Teilchenzahl aufweist.

Massenwirkungsgesetz

$$a\,A + b\,B \rightleftharpoons c\,C + d\,D$$

$$K_c = \frac{c^c(C) \cdot c^d(D)}{c^a(A) \cdot c^b(B)}.$$

K_c: Massenwirkungskonstante

Lösungsgleichgewichte

Auch auf Lösungsgleichgewichte lässt sich das Massenwirkungsgesetz anwenden.

$$K_nA_m \rightleftharpoons n\,K^{m+} + m\,A^{n-}$$

$$c^n(K^{m+}) \cdot c^m(A^{n-}) = K_L$$

K_L: Löslichkeitsprodukt

Ammoniakgleichgewicht

Der Synthese von Ammoniak aus den Elementen liegt die folgende Gleichgewichtsreaktion zugrunde:

$$3\,H_2(g) + N_2(g) \rightleftharpoons 2\,NH_3(g) \quad \text{exotherm}$$

Nach dem Prinzip von Le Chatelier und Braun begünstigen hoher Druck und niedrige Temperatur die Ammoniak-Bildung. Die technische Synthese findet bei 400 - 500°C und hohem Druck (20 - 40 MPa) unter Anwendung eines Katalysators statt.

1 Reaktionsgeschwindigkeit und chemisches Gleichgewicht

- Die Geschwindigkeit einer chemischen Reaktion hängt von der Oberfläche, der Konzentration der Reaktionspartner, der Temperatur und dem Einsatz eines Katalysators ab.
- Ein Katalysator bildet mit den Eduktteilchen Zwischenverbindungen, die einen Reaktionsweg mit niedrigerer Aktivierungsenergie ermöglichen. Biokatalysatoren oder Enzyme sind hochwirksam und wirkungsspezifisch.
- Umkehrbare chemische Reaktion können zu einem Gleichgewichtszustand führen. Das chemische Gleichgewicht lässt sich quantitativ mit dem Massenwirkungsgesetz (MWG) erfassen. Die Lage eines chemischen Gleichgewichts kann durch Änderung der Konzentrationen, der Temperatur und des Druckes beeinflusst werden.
- Bei einer gesättigen Salzlösung stellt sich ein Löslichkeitsgleichgewicht ein, das durch das Löslichkeitsprodukt quantitativ beschrieben wird.
- Die Bildung des Ammoniaks, eines bedeutenden Grundstoffs, aus den Elementen hängt vom Druck und von der Temperatur ab.

Die Geschwindigkeit einer chemischen Reaktion

Mittlere Reaktionsgeschwindigkeit $\bar{v}$ im Zeitintervall Δt:

$$\bar{v} = \frac{\Delta c}{\Delta t}$$

Die Reaktionsrate beschreibt die Anzahl an Teilchen, die pro Zeitintervall an einer chemischen Reaktion teilhaben.

Chemische Reaktionen laufen unterschiedlich schnell ab. Die Geschwindigkeit einer chemischen Reaktion lässt sich beeinflussen. Bei einer chemischen Reaktion werden die Ausgangsstoffe verbraucht, an ihre Stelle treten die Reaktionsprodukte. Verfolgt man z. B. die Konzentration eines sich bildenden Stoffes, so kann man die **mittlere Reaktionsgeschwindigkeit** $\bar{v}$ im Zeitintervall Δt angeben durch:

$$\bar{v} = \frac{c\,(t_1 + \Delta t) - c\,(t_1)}{\Delta t} = \frac{\Delta c}{\Delta t}.$$

Die auf diese Weise ermittelte Reaktionsgeschwindigkeit ist ein Mittelwert, dessen Größe von der gewählten Zeitspanne Δt abhängt. Wird die Konzentrationsabnahme eines reagierenden Stoffes bestimmt, so ist Δc negativ. Damit die Geschwindigkeit einen positiven Wert annimmt, wird in diesem Fall definiert:

$$\bar{v} = -\frac{\Delta c}{\Delta t}.$$

Für eine Reaktion $A + B \longrightarrow C + D$ gilt:

$$\frac{\Delta c\,(C)}{\Delta t} = \frac{\Delta c\,(D)}{\Delta t} = -\frac{\Delta c\,(A)}{\Delta t} = -\frac{\Delta c\,(B)}{\Delta t}.$$

Es ist in diesem Falle unerheblich, welche Teilchen man zur Bestimmung der Reaktionsgeschwindigkeit auswählt.

Bei der Reaktion $1\,A + 2\,B \longrightarrow 3\,C + 4\,D$ kann man eine ähnliche Gleichheit erreichen, wenn man die Konzentrationsänderungen noch durch die zugehörigen stöchiometrischen Zahlen dividiert:

$$\frac{1}{3} \cdot \frac{\Delta c\,(C)}{\Delta t} = \frac{1}{4} \cdot \frac{\Delta c\,(D)}{\Delta t} = -\frac{1}{1} \cdot \frac{\Delta c\,(A)}{\Delta t} = -\frac{1}{2} \cdot \frac{\Delta c\,(B)}{\Delta t}.$$

Um für eine Reaktion für jeden Reaktionspartner die gleiche Reaktionsgeschwindigkeit zu erhalten, muss die Konzentrationsänderung Δc durch den Stöchiometriefaktor dividiert werden.

Häufig interessiert nicht die über eine bestimmte Zeitspanne gemittelte Reaktionsgeschwindigkeit, sondern die **momentane Geschwindigkeit** zu einem bestimmten Zeitpunkt der Reaktion. Dazu müsste das Zeitintervall Δt beliebig klein gewählt werden, was mathematisch durch die Gleichung

$$v = \lim_{\Delta t \to 0} \frac{\Delta c}{\Delta t} = \frac{\mathrm{d}c}{\mathrm{d}t}$$

ausgedrückt wird. Grafisch bedeutet dies den Übergang von der Steigung der Sekante zu der Steigung der Tangente in einem Punkt der Kurve.

Für die Momentangeschwindigkeit gilt: $v = \frac{dc}{dt}$. Die Momentangeschwindigkeit kann durch die Steigung der Tangente zu einem bestimmten Zeitpunkt ermittelt werden.

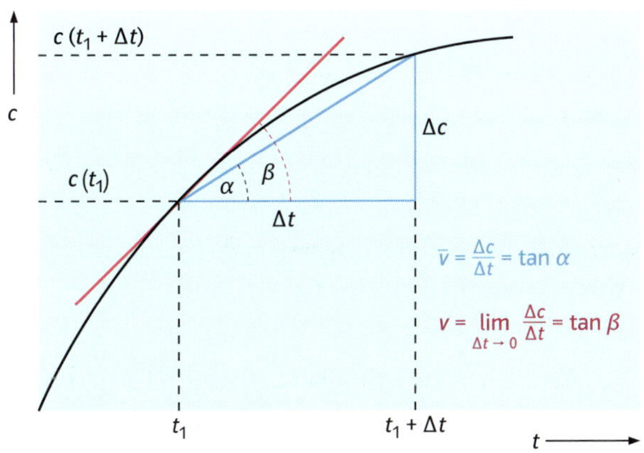

Mittlere Geschwindigkeit $\overline{v}$ im Zeitabschnitt Δt und momentane Geschwindigkeit v im Zeitpunkt t_1

Der Einfluss von Konzentration und Oberfläche

Lässt man Zink oder Magnesium mit Salzsäure unterschiedlicher Konzentration reagieren, so stellt man fest, dass die Reaktionsgeschwindigkeit mit höherer Konzentration der Salzsäure zunimmt. Die Reaktionsgeschwindigkeit einer chemischen Reaktion ist von den Konzentrationen der reagierenden Stoffe abhängig. Sie nimmt zu, wenn die Konzentration eines Reaktionspartners zu Beginn der Reaktion erhöht worden ist. Allgemein gilt: Die Reaktionsgeschwindigkeit ist proportional zum Produkt der Konzentrationen. Dies lässt sich anschaulich mit der Stoßtheorie bzw. dem Kollisionsmodell nachvollziehen: Liegt von zwei Reaktionspartnern (A und B) jeweils nur ein Teilchen vor, müssen diese beiden für eine Reaktion zusammenstoßen. Verdoppelt man die Anzahl der

Mit größerer Oberfläche oder höherer Konzentration der Ausgangsstoffe nimmt die Zahl der Zusammenstöße der Eduktteilchen in einer bestimmten Zeiteinheit zu.

Teilchen der beiden Reaktionspartner, so kann Teilchen 1 von A mit Teilchen 1 von B zusammenstoßen, oder aber Teilchen 1 von A mit Teilchen 2 von B, oder aber Teilchen 2 von A mit Teilchen 1 von B und schließlich Teilchen 2 von A mit Teilchen 2 von B. Statt einem möglichen Zusammenstoß gibt es also vier. Wenn das Magnesium oder Zink in fein gemahlener Form mit der Salzsäure reagiert, nimmt ebenfalls die Reaktionsgeschwindigkeit zu. Betrachtet man eine chemische Reaktion auf der Teilchenebene, so lässt sich die Zunahme der Reaktionsgeschwindigkeit mit der Zunahme der Oberfläche und Konzentration erklären. Damit eine Reaktion ablaufen kann, müssen die Teilchen der Reaktionspartner zusammenstoßen. Je mehr Zusammenstöße erfolgen können, desto größer ist die Reaktionsgeschwindigkeit. Allerdings ist nicht jeder Zusammenstoß erfolgreich. Er muss auch mit der notwendigen Wucht, die von der Temperatur des Reaktionsgemisches und damit der kinetischen Energie der Teilchen abhängt, und mit der richtigen Orientierung erfolgen.

Reaktionsgeschwindigkeit und Temperatur

Bei höherer Temperatur verfügen mehr Eduktteilchen über die notwendige kinetische Energie, die Aktivierungsenergie, dass ein Zusammenstoß zu einer Reaktion führt.

Eine höhere Temperatur bedeutet höhere mittlere Geschwindigkeit (➤ S. 10) bzw. kinetische Energie der Teilchen. Um zur Reaktion zu gelangen, müssen die Eduktteilchen einen bestimmten Mindestbetrag an kinetischer Energie besitzen. Dieser wird als **Aktivierungsenergie** bezeichnet. Erst wenn diese erreicht oder überschritten ist, kann der Zusammenstoß zu einem Produktteilchen führen. Die Tatsache, dass bei der Reaktion von zwei Teilchen eine Energiebarriere zu überwinden ist, kann an der Reaktion von Stickstoffdioxid mit Kohlenstoffmonooxid veranschaulicht werden. Für die Übertragung des Sauerstoffatoms vom NO_2- auf das CO-Molekül muss zunächst Energie zur Lockerung der N–O-Bindung aufgewandt werden. Auf diesem Reaktionsweg wird ein energiereicher Übergangszustand durchlaufen, in dem sich das zu übertragende Sauerstoffatom im Anziehungsbereich beider Moleküle befindet. Das Beispiel der Reaktion von NO_2 mit CO zeigt außerdem, dass für einen erfolgreichen Zusammenstoß die richtige Orientierung dieser Teilchen zueinander gegeben sein muss. Das CO-Molekül muss mit dem Kohlenstoffatom auf das Sauerstoffatom des NO_2-Moleküls treffen. Ein erfolgreicher Zusammenstoß setzt also eine Mindestenergie und die richtige Orientierung der Teilchen zu-einander voraus. In zahlreichen Reaktionen führt eine Temperaturerhöhung um 10° C zu einer etwa doppelt so hohen Reaktionsgeschwindigkeit (RGT-Regel).

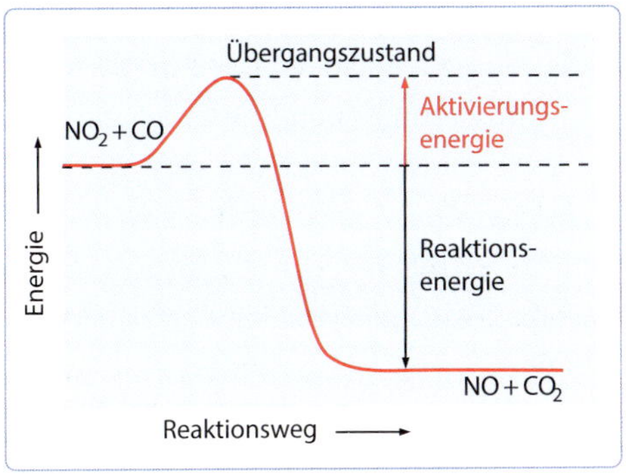

Energiediagramm der Reaktion NO_2 + CO ⟶ CO_2 + NO. Es muss ein Energieberg überwunden werden.

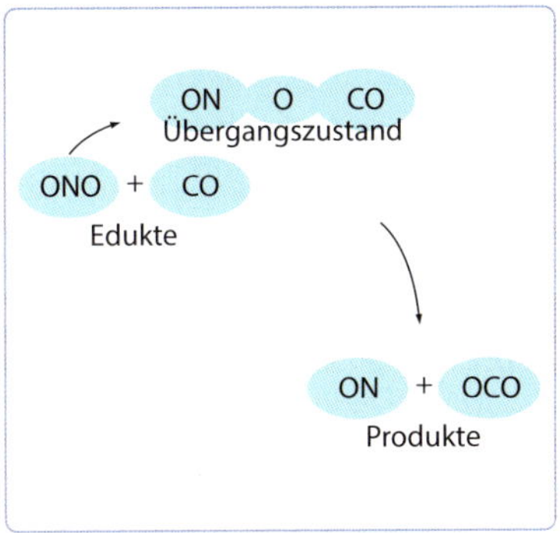

Übergangszustand der Reaktion zwischen den Molekülen NO_2 und CO

Reaktionsgeschwindigkeit und Katalyse

Die Geschwindigkeit von Reaktionen kann außer durch die Erhöhung von Konzentration und Temperatur auch durch den Zusatz von **Katalysatoren** vergrößert werden. Bei der Annäherung von Eduktteilchen und zur Spaltung vorhandener Bindungen muss die Aktivierungsenergie aufgewendet werden. Sie ist häufig so groß, dass keine oder nur sehr wenige Teilchen diese Energiebarriere überwinden können. Man bezeichnet ein Eduktgemisch aus solchen Teilchen, die bei den gegebenen Bedingungen nicht reagieren, als **metastabil**. So können z. B. Wasserstoff und Sauerstoff gemischt vorliegen, ohne zu reagieren. Metastabil sind Benzin-Luft-Gemische, ein Stickstoff-Wasserstoff-Gemisch und auch ein Holzstoß an der Luft.

Ein Katalysator geht mit einem oder mehreren Edukten Zwischenverbindungen ein.

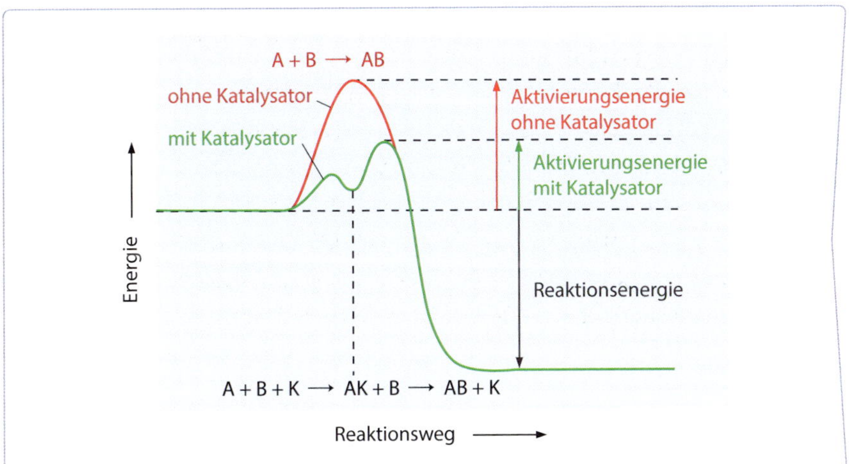

Energiediagramm einer Reaktion ohne und mit Katalysator

Ein Katalysator ermöglicht einen Reaktionsweg mit einer niedrigeren Aktivierungsenergie.

Die Wirkung eines Katalysators beruht meist darauf, dass er mit einem der Edukte eine oder mehrere Zwischenverbindungen bildet, sodass damit ein neuer Reaktionsweg mit einer niedrigeren Aktivierungsenergie ermöglicht wird. Bei der Bildung des Produkts aus den Zwischenverbindungen wird der Katalysator wieder freigesetzt. Aufgrund der herabgesetzten Aktivierungsenergie überschreiten bei gegebener Temperatur mehr Teilchen die Mindestenergie für einen erfolgreichen Zusammenstoß und die Reaktionsgeschwindigkeit steigt.

Technisch wichtige Katalysen

Metalle, wie z.B. Eisen, Nickel und vor allem die Edelmetalle Platin, Iridium und Palladium, katalysieren Reaktionen, an denen Gase beteiligt sind. Die Metalle liegen dabei in fein verteilter Form meist auf einem Trägermaterial vor. Dabei werden die Gase an der Oberfläche der Metalle in erheblichem Maße adsorbiert und in einen reaktionsbereiten Zustand versetzt. Die Gase reagieren dann mit größerer Reaktionsgeschwindigkeit als im gewöhnlichen, unaktivierten Zustand. Man geht davon aus, dass die Katalysatoren an ihrer Oberfläche Stellen aufweisen, in welchen ein Elektronenüberschuss oder Elektronenmangel vorherrscht. Dadurch werden die Bindungen der adsorbierten N_2-, H_2-, O_2- und anderer Moleküle gelockert. Außerdem erhalten die Moleküle eine für die Reaktion günstige räumliche Orientierung.

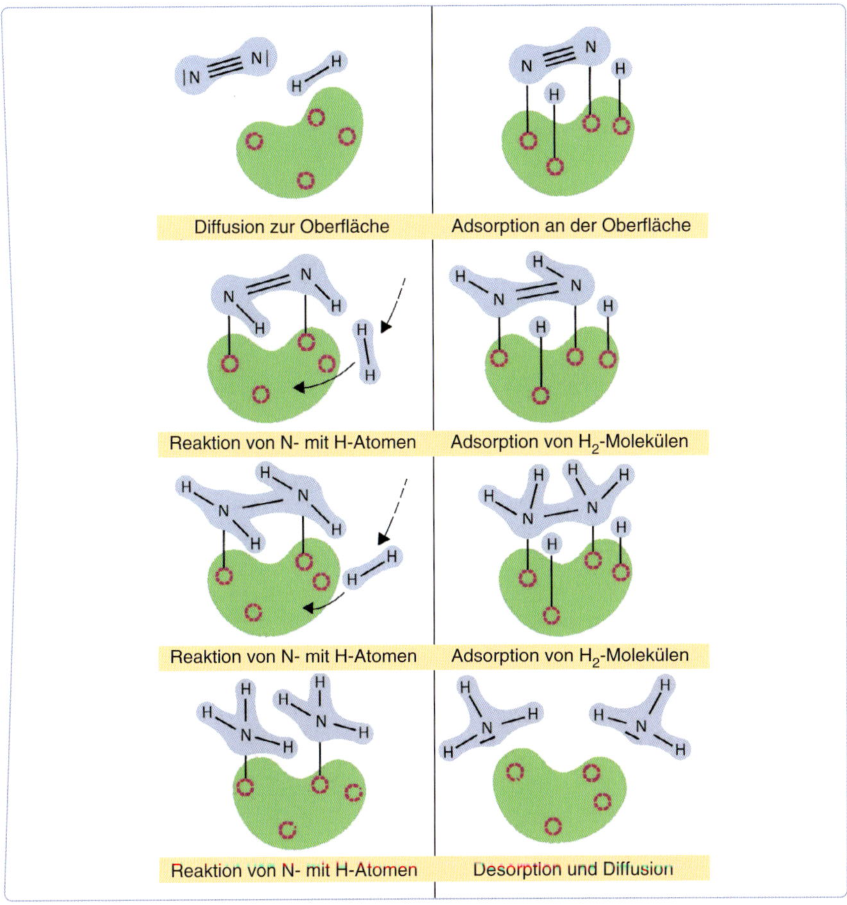

Synthese von Ammoniak an einer Katalysatoroberfläche

Biokatalysatoren

Katalysatoren von außerordentlicher Effektivität, die **Enzyme**, findet man in lebenden Zellen. Sie haben die Funktion, die Aktivierungsenergien der Reaktionen in einer Zelle so abzusenken, dass die chemischen Vorgänge in einem ganz engen, relativ niedrigen Temperaturbereich, dem der Körpertemperatur, in angemessener Zeit ablaufen können. Enzyme sind Eiweißstoffe, die hoch spezialisiert, nur ganz bestimmte Reaktionen katalysieren.

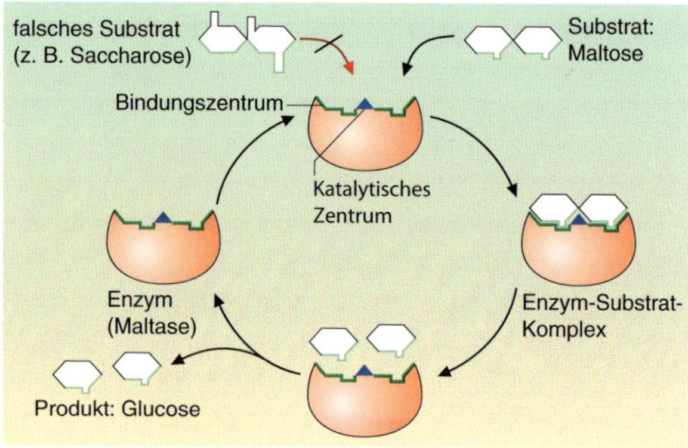

Schema zur Substrat- und Wirkungsspezifität eines Enzyms

In einem ersten Reaktionsschritt bilden das Enzym- und das Substratmolekül einen **Enzym-Substrat-Komplex**. Anschließend wird das Substratmolekül zu den Produkten umgesetzt, das Enzymmolekül wird wieder frei. Im Vergleich zur Reaktion des Substrates ohne Enzym wird auf diesem Reaktionsweg die Aktivierungsenergie so weit herabgesetzt (➤ S. 12), dass z. B. die Körpertemperatur für eine schnelle Reaktion ausreicht.

Biokatalysatoren (Enzyme) sind substrat- und wirkungsspezifisch.

Die Bindungsstelle des Enzymmoleküls ist eine Passform für das umzusetzende Substratmolekül. Andere Moleküle können in der Regel nicht entsprechend gebunden werden. Man bezeichnet diese Eigenschaft als **Substratspezifität**. Aufgrund der Bindungsverhältnisse am aktiven Zentrum katalysiert das Enzym nur eine von mehreren möglichen Reaktionen des Substrats, d. h., das Enzym wirkt auf eine ganz bestimmte Art und Weise. Diese Eigenschaft nennt man **Wirkungsspezifität**. Nach der Bildung der Produkte wird das Enzymmolekül wieder frei und steht für die Reaktion mit dem nächsten Substratmolekül zur Verfügung. Setzt ein Enzym das Substratmolekül schnell um, so kann es auch schnell zum nächsten Substratmolekül wechseln.

Temperatur und Enzymwirkung

Durch hohe Temperaturen werden Enzyme unwirksam. Die Tatsache, dass die Reaktionsgeschwindigkeit mit steigender Temperatur zunimmt, gilt zunächst auch für enzymatische Reaktionen. Allerdings werden mit zunehmender Temperatur immer mehr Enzymmoleküle durch Denaturierung unwirksam.

Chemisches Gleichgewicht

Die Umkehrbarkeit ist ein Merkmal vieler chemischer Reaktionen. So reagieren Chlorwasserstoff und Ammoniak bei Zimmertemperatur spontan in einer exothermen Reaktion zu Ammoniumchlorid. Dieses zerfällt bei Wärmezufuhr vollständig in Ammoniak und Chlorwasserstoff.

Chemische Reaktion sind umkehrbar. In einem bestimmten Temperaturbereich laufen die Hin- und die Rückreaktion nebeneinander ab. Es tritt der Gleichgewichtszustand ein.

$$HCl + NH_3 \longrightarrow NH_4Cl \qquad NH_4Cl \longrightarrow NH_3 + HCl$$

Bei niedriger Temperatur erfolgt offensichtlich die Bildung und bei höherer Temperatur der Zerfall des Ammoniumchlorids bevorzugt. Es gibt auch einen Temperaturbereich, in dem beide Reaktionen nebeneinander ablaufen. Auch die Bildung und Zerlegung von Wasser oder die Reaktionen von Carbonsäuren mit Alkoholen zu Estern und Wasser sind Beispiele für eine Fülle umkehrbarer Reaktionen.

Einstellung des chemischen Gleichgewichts

Eine sehr gründlich untersuchte umkehrbare Reaktion ist die Bildung und der Zerfall von Iodwasserstoff:

$$H_2 + I_2 \longrightarrow 2\,HI \qquad 2\,HI \longrightarrow H_2 + I_2$$

Erhitzt man ein Gemisch aus Iod und Wasserstoff auf etwa 450 °C, so können ausreichend heftige Zusammenstöße zwischen Wasserstoff- und Iodmolekülen zur Bildung von Iodwasserstoffmolekülen führen. Dabei verringert sich die Anzahl der Eduktmoleküle und somit auch die Zahl der Zusammenstöße in der Zeiteinheit. Die Reaktionsgeschwindigkeit zur Bildung von Iodwasserstoff nimmt fortwährend ab. In gleichem Maße wie Edukte verschwinden, werden Produkte gebildet. Beim Zusammenprall von Iodwasserstoffmolekülen kann eine Spaltung in Iod- und Wasserstoffmoleküle erfolgen. Die Geschwindigkeit dieser Rückreaktion ist am Anfang null, weil nur Edukte vorliegen. Mit dem Fortgang der Produktbildung wächst die Geschwindigkeit der Rückreaktion.

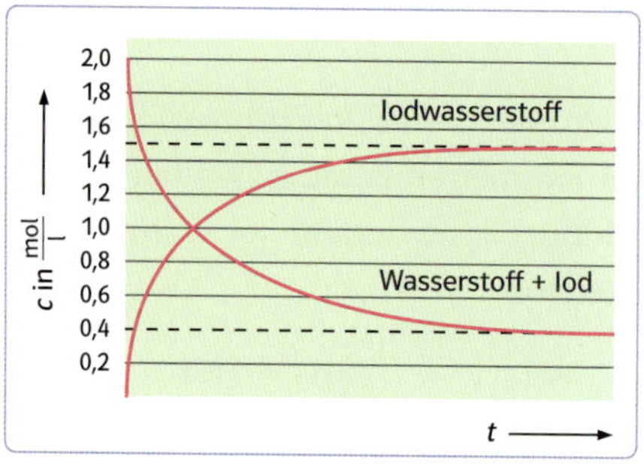

Einstellung des Gleichgewichts
$H_2 + I_2 \rightleftharpoons 2\,HI$ bei $\vartheta = 450\,°C$.
Die Gleichgewichtskonzentrationen sind
$c(HI) = 1{,}56\,\frac{mol}{l}$, $c(H_2) = c(I_2) = 0{,}22\,\frac{mol}{l}$

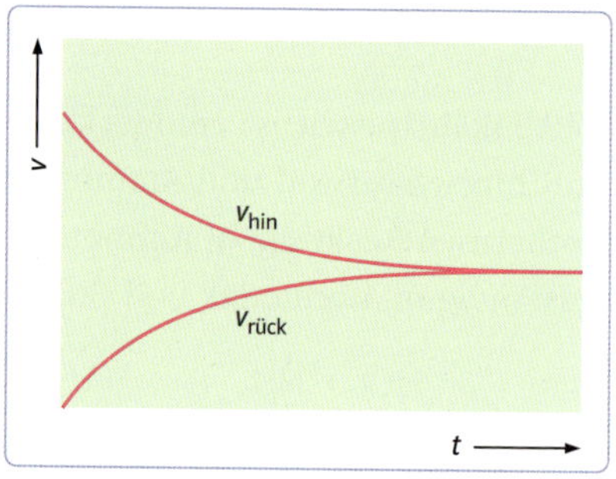

Geschwindigkeiten von Hin- und Rückreaktion im Lauf der Reaktion. Für den Gleichgewichtszustand gilt:
$v_{hin} = v_{rück}$

Im Gleichgewicht liegen die Edukte und Produkte nebeneinander vor. Ihre Konzentrationen ändern sich nicht.

Schließlich ist die Anzahl der sich bildenden und der zerfallenden Iodwasserstoffmoleküle in der Zeiteinheit gleich, die Konzentrationen der Edukte und Produkte im Reaktionssystem ändern sich nicht mehr. Die Geschwindigkeit der Hinreaktion ist gleich der Geschwindigkeit der Rückreaktion. Dieser Zustand eines Reaktionssystems heißt **chemisches Gleichgewicht**. Da die beiden Teilreaktionen, die Hin- und die Rückreaktion, ständig weiter ablaufen, spricht man beim chemischen Gleichgewicht auch von einem **dynamischen Gleichgewicht**. Im chemischen Gleichgewicht ist die Geschwindigkeit der Hinreaktion gleich der Geschwindigkeit der Rückreaktion. Die Hin- und Rückreaktion werden unter Verwendung eines Doppelpfeils zusammengefaßt. Für die Einstellung des chemischen Gleichgewichts ist es gleichgültig, ob dabei von den Stoffen, die links oder die rechts vom Doppelpfeil stehen, ausgegangen wird.

$$H_2 + I_2 \rightleftharpoons 2\,HI$$

Gleichgültig, ob man z.B. von je 1 $\frac{mol}{l}$ Iod und Wasserstoff oder von 2 $\frac{mol}{l}$ Iodwasserstoff ausgeht, ergibt die Untersuchung des Stoffgemisches nach Einstellung des Gleichgewichts bei ca. 450 °C eine Zusammensetzung von 0,22 $\frac{mol}{l}$ Iod bzw. Wasserstoff und 1,56 $\frac{mol}{l}$ Iodwasserstoff.

Einstellung eines chemischen Gleichgewichts

Ein Experiment, an dem man die Einstellung und Zusammensetzung eines chemischen Gleichgewichts gut untersuchen kann, ist die Bildung und Zerlegung von Methansäuremethylester. Dazu vermischt man z.B. 0,5 mol Methansäure und 0,5 mol Methanol und verfolgt die Abnahme der Methansäure im Reaktionsgemisch durch Titration mit Natronlauge. Für die Untersuchung der Umkehrbarkeit der Reaktion vermischt man 0,5 mol Methansäuremethylester und 0,5 mol Wasser und verfolgt die Reaktion ebenfalls durch die Titration der Methansäure, die sich im Verlauf der Reaktion bildet.

Bildung von Methansäuremethylester		Spaltung von Methansäuremethylester	
Zeit in min	c (Methansäure) in $\frac{mol}{l}$	Zeit in min	c (Methansäure) in $\frac{mol}{l}$
0	12,8	0	0
5	9,5	5	2,2
10	8,0	10	3,6
15	7,0	15	4,4
20	6,4	20	5,0
25	6,1	25	5,4
30	5,8	30	5,6
35	5,8	35	5,7
40	5,8	40	5,8
45	5,8	45	5,8
50	5,8	50	5,8

Bei der Bildung des Esters nimmt die Methansäurekonzentration zunächst stark ab. Im Verlauf der Reaktion wird die Änderung der Methansäurekonzentration immer kleiner. Ab etwa 30 Minuten ändert sie sich nicht mehr. Es ist der Gleichgewichtszustand erreicht. Bei der Zerlegung des Esters nimmt die Methansäurekonzentration zunächst stark zu. Im Verlauf der Reaktion wird die Änderung der Methansäurekonzentration immer kleiner. Ab etwa 40 Minuten ändert sie sich nicht mehr. Es ist der Gleichgewichtszustand erreicht. In beiden Versuchsansätzen sind die Methansäurekonzentrationen gleich. Diese Konzentration ändert sich nicht mehr, obwohl die Bildung und Zerlegung des Esters weiter ablaufen (dynamisches Gleichgewicht). Allerdings gilt für den Gleichge-

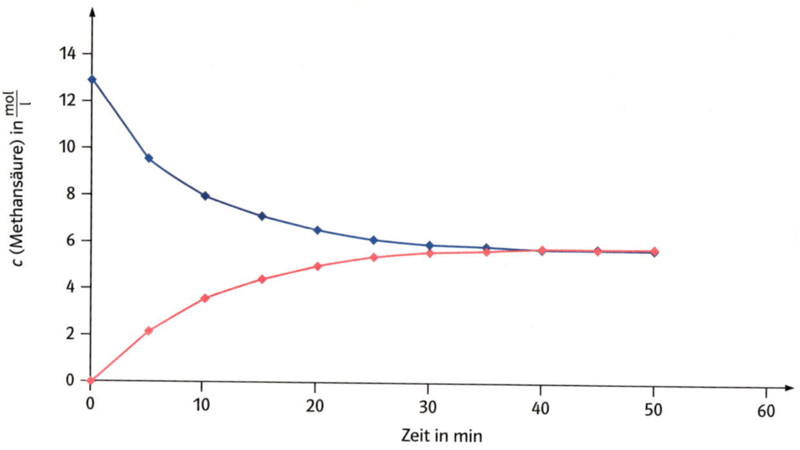

Bildung und Zerlegung von Methansäuremethylester

wichtszustand, dass die Reaktionsgeschwindigkeiten für die Bildung und Zerlegung des Esters gleich sind, sodass genau so viel Ester jeweils gebildet wie zerlegt wird. Die Konzentrationen der Reaktionspartner ändern sich nicht.

Für den Gleichgewichtszustand lässt sich das Massenwirkungsgesetz (MWG) aufstellen.

$$HCOOH + CH_3OH \rightleftharpoons HCOOCH_3 + H_2O$$

$$K_c = \frac{c\,(HCOOCH_3) \cdot c\,(H_2O)}{c\,(HCOOH) \cdot c\,(CH_3OH)}$$

Da die Reaktionspartner jeweils im gleichen Stoffmengenverhältnis eingesetzt worden sind, lassen sich aus den Titrationsergebnissen die Gleichgewichtskonzentrationen errechnen.

$$c\,(HCOOH) = c\,(CH_3OH) = 5{,}8\ \frac{mol}{l}$$

$$c\,(HCOOCH_3) = c\,(H_2O) = 12{,}8\ \frac{mol}{l} - 5{,}8\ \frac{mol}{l} = 7\ \frac{mol}{l}$$

$$K_c = \frac{7\ \frac{mol}{l} \cdot 7\ \frac{mol}{l}}{5{,}8\ \frac{mol}{l} \cdot 5{,}8\ \frac{mol}{l}} = 1{,}46$$

Das Massenwirkungsgesetz

Ein chemisches Gleichgewicht ist durch gleiche Geschwindigkeiten der Hin- und Rückreaktion charakterisiert. So gilt für die im Gleichgewicht befindliche Reaktion:

Für den Gleichgewichtszustand gilt, dass die Geschwindigkeiten von Hin- und Rückreaktion gleich sind.

$$H_2\,(g) + I_2\,(g) \rightleftharpoons 2\,HI\,(g)$$

$$v_{hin} = v_{rück}$$

$$v_{hin} = k_{hin} \cdot c(H_2) \cdot c(I_2) \quad \text{und} \quad v_{rück} = k_{rück} \cdot c^2(HI)$$

Setzt man die beiden Geschwindigkeiten gleich und bildet den Quotienten der beiden Geschwindigkeitskonstanten als neue Konstante K_c, so erhält man die Gleichung:

$$\frac{k_{hin}}{k_{rück}} = K_c = \frac{c^2(HI)}{c(H_2) \cdot c(I_2)}.$$

Im chemischen Gleichgewicht ist der Quotient aus dem Produkt der Konzentration der Stoffe, die rechts vom Gleichgewichtspfeil stehen, dividiert durch das Produkt der Konzentration, der links vom Gleichgewichtspfeil stehenden Stoffe konstant.

Diese Gleichung sagt aus, dass der Quotient $\frac{c^2(HI)}{c(H_2) \cdot c(I_2)}$ z. B. unabhängig von den Ausgangskonzentrationen ist.

M. von Bodenstein konnte für diese Reaktion schon 1893 durch Messungen zeigen, dass die **Gleichgewichtskonstante K_c** für diese Reaktion bei 448 °C $K_c = 50$ ist. Für andere Temperaturen ergeben sich andere Werte. Die Gleichgewichtskonstante K_c ist also abhängig von der Temperatur und unabhängig von den Stoffmengen bzw. Konzentrationen der beteiligten Stoffe. Gleichgültig, welche Stoffmengen an Iod, Wasserstoff oder Iodwasserstoff zu Beginn gewählt werden, immer stellt sich das Gleichgewicht bei 448 °C so ein, dass der obige Konzentrationsquotient den Wert von ca. 50 annimmt. Für jedes chemische Gleichgewicht ist das Produkt aus den Konzentrationen der rechts in der Reaktionsgleichung stehenden Teilchen dividiert durch das Produkt aus den Konzentrationen der links stehenden Teilchen bei einer konstanten Temperatur konstant.

Die Gleichgewichtskonstante ist temperaturabhängig.

$c(H_2)$ in $\frac{mol}{l}$	$c(I_2)$ in $\frac{mol}{l}$	$c(HI)$ in $\frac{mol}{l}$	K_c bei 448 °C
$18{,}14 \cdot 10^{-3}$	$0{,}41 \cdot 10^{-3}$	$19{,}38 \cdot 10^{-3}$	50,50
10,94 · 10−3	1,89 · 10−3	32,61 · 10−3	51,34
4,57 · 10−3	8,69 · 10−3	46,28 · 10−3	53,93
2,23 · 10−3	23,95 · 10−3	51,30 · 10−3	49,27
0,86 · 10−3	67,90 · 10−3	53,40 · 10−3	48,83
0,65 · 10−3	87,29 · 10−3	52,92 · 10−3	49,35
			Mittelwert: $K_c = 50{,}54$

Temperatur in °C	356	393	448	508
K_c	67	60	50	40

Experimentell ermittelte Ergebnisse zur Gleichgewichtsreaktion $H_2 + I_2 \rightleftharpoons 2\,HI$

Für eine allgemeine Reaktion: $\text{a A} + \text{b B} \rightleftharpoons \text{c C} + \text{d D}$ in einem homogenen System gilt:

$$\frac{c^{\mathrm{c}}(\mathrm{C}) \cdot c^{\mathrm{d}}(\mathrm{D})}{c^{\mathrm{a}}(\mathrm{A}) \cdot c^{\mathrm{b}}(\mathrm{B})} = K_{\mathrm{c}}.$$

Bei der Formulierung des Massenwirkungsquotienten müssen die Konzentrationen der Teilchen mit den zugehörigen stöchiometrischen Zahlen der Reaktionsgleichung potenziert werden.
Die Beschreibung eines homogenen chemischen Gleichgewichts durch einen Quotienten wie den obigen bezeichnet man als **Massenwirkungsgesetz** (kurz **MWG**). Der Name stammt von der alten Bezeichnung für die Stoffmengenkonzentration: „aktive Masse". Das MWG wurde 1867 von den Norwegern C.M. Guldberg und P. Waage formuliert und gilt auch, wenn die Reaktionsgeschwindigkeiten der Hin- und Rückreaktion nicht in so einfacher Weise von den Konzentrationen der Reaktionspartner abhängen wie beim I2/H2/HI-Gleichgewicht. Es gibt auch eine von der Reaktionsgeschwindigkeit unabhängige Herleitung des Massenwirkungsgesetzes.

Beeinflussung des chemischen Gleichgewichts

Die Zusammensetzung eines chemischen Gleichgewichts kann durch die Änderung der Stoffmengen bzw. Konzentrationen, die Zufuhr oder Abfuhr von Wärme bzw. Änderung der Temperatur, eine Volumen- bzw. Druckänderung beeinflusst werden.

Viele chemische Reaktionen, die in der Natur ablaufen oder in einem Industriebetrieb zur Gewinnung von Produkten eingesetzt werden, sind Gleichgewichtsreaktionen. Die Zusammensetzung eines Gleichgewichts kann beeinflusst oder gestört werden.

Stoffmengenänderung

Eisen(III)-Ionen reagieren mit Thiocyanationen in einer Gleichgewichtsreaktion zu Eisen(III)-thiocyanat. Aus der Farbe der Lösung lassen sich Aussagen zu den Konzentrationen der Reaktionspartner der Gleichgewichtsreaktion folgern.

$$\underset{\text{gelb}}{Fe^{3+}(aq)} + \underset{\text{farblos}}{3\,SCN^{-}(aq)} \rightleftharpoons \underset{\text{blutrot}}{Fe(SCN)_3(aq)}$$

Gibt man zu der sich im Gleichgewicht befindlichen Reaktion farbloses Kaliumthiocyanat, so vertieft sich die Farbe der Lösung. Die Eisen(III)-thiocyanat-Konzentration ist also gestiegen. Die Zugabe von Thiocyanationen bewirkt – ebenso wie die von Eisen(III)-Ionen – eine Erhöhung der Konzentration des Reaktionsproduktes. Dieses lässt sich mit dem Massenwirkungsgesetz sofort erklären:

$$\frac{c(\mathrm{Fe(SCN)_3})}{c(\mathrm{Fe^{3+}}) \cdot c^3(\mathrm{SCN^-})} = K_{\mathrm{c}}.$$

Wird die Konzentration der Thiocyanationen, eines Reaktionspartners im Nenner des MWG's, erhöht, so stellt sich das Gleichgewicht nach dieser Störung dadurch wieder ein, dass ein Teil der zugeführten Thiocyanationen mit Eisen(III)-Ionen zu Eisen(III)-thiocyanat reagiert. Die Konzentration des Stoffes im Zähler des MWG's steigt also auch.
Die Neueinstellung des Gleichgewichts durch Erhöhung oder Erniedrigung der Konzentration(en) eines oder auch mehrer Reaktionsprodukte im Gleichgewicht nach einer Störung bezeichnet man auch als Verschiebung des Gleichgewichts. Im obigen Beispiel ist eine Gleichgewichtsverschiebung nach rechts erfolgt.

Die Zufuhr eines Reaktionspartners verschiebt ein Gleichgewicht in die Richtung, die einen Teil dieser Komponente verbraucht. Die Wegnahme eines Reaktionspartners verschiebt ein Gleichgewicht in die Richtung, die einen Teil dieser Komponente entstehen lässt.

$$A + B \rightleftharpoons C$$

$$K_c = \frac{c(C)}{c(A) \cdot c(B)}$$

$$K_c = 1\,\frac{l}{mol}$$

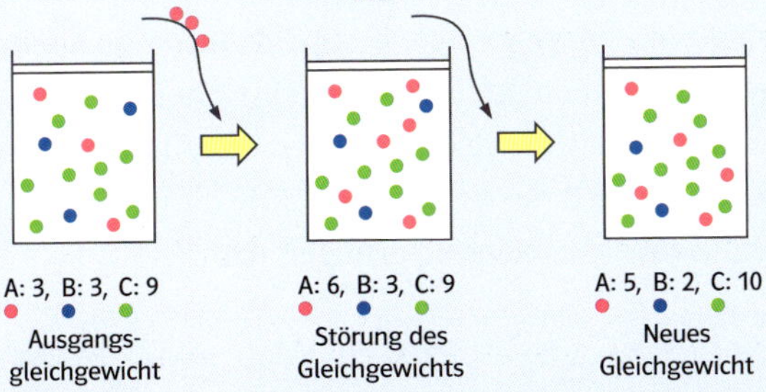

Zufuhr eines Reaktionspartners (hier: A) verschiebt das Gleichgewicht in die Richtung, die einen Teil dieser Komponente verbraucht.

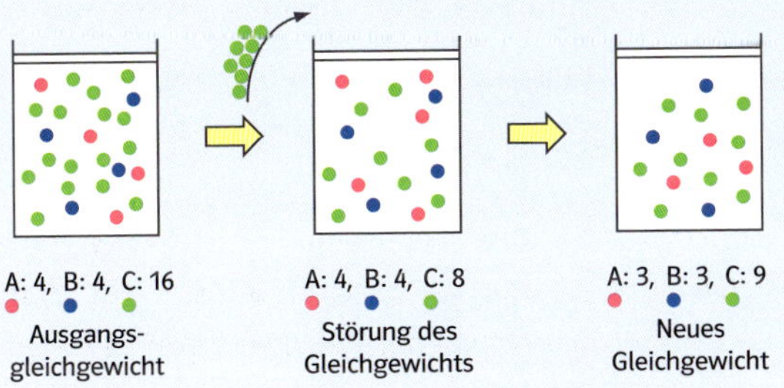

Wegnahme eines Reaktionspartners (hier: C) verschiebt das Gleichgewicht in die Richtung, die einen Teil dieser Komponente entstehen lässt.

Beeinflussung eines chemischen Gleichgewichts durch Stoffmengenänderung

Die Zugabe des Kaliumthiocynats hat zwar zu einer Erhöhung der Konzentration der Thiocanationen geführt, durch die Gleichgewichtsverschiebung fällt sie aber kleiner als ohne Gleichgewichtsverschiebung aus.
Soll ein Gleichgewicht vollständig zugunsten eines Produkts ablaufen, muss dieses bzw. ein Produktpartner aus dem Reaktionsgemisch entfernt werden. Dadurch wird die Rückreaktion unterbunden.

Zufuhr beziehungsweise Entzug von Wärme

Wärmezufuhr bzw. eine Temperaturerhöhung begünstigt die endotherme Teilreaktion.

Wärmeentzug bzw. Temperaturerniedrigung begünstigt die exotherme Teilreaktion.

Das braune Gas Stickstoffdioxid steht bei 27 °C mit dem farblosen Gas Distickstofftetraoxid in einem Gleichgewichtsgemisch, das zu 20 % aus Stickstoffdioxid und zu 80 % aus Distickstofftetraoxid besteht. Die Bildung des farblosen Distickstofftetraoxid ist exotherm, seine Spaltung endotherm.

$$\underset{\text{braun}}{2\ NO_2\ (g)} \underset{\text{endotherm}}{\overset{\text{exotherm}}{\rightleftharpoons}} \underset{\text{farblos}}{N_2O_4\ (g)}$$

Führt man dem sich im Gleichgewicht befindlichen Gemisch Wärme zu, so erhöht sich der Anteil des Stickstoffdioxids im Gemisch. Ein Teil der zugeführten Wärme bewirkt also keine Temperaturerhöhung des Gasgemisches, sondern begünstigt die wärmeverbrauchende (endotherme) Teilreaktion. Der Anteil des Stoffes mit dem höheren Energieinhalt nimmt dadurch im Gleichgewicht zu. Bei 100 °C beträgt der Volumenanteil des Distickstofftetraoxids nur noch 11 %. Die Zunahme des Anteils des Stoffes mit dem höheren Energieanteil bewirkt, dass die Temperatur sich nicht so stark erhöht, wie dies bei gleicher Wärmezufuhr ohne Gleichgewichtsverschiebung erfolgen würde.

Temperatur	27 °C	100 °C
$\varphi\ (NO_2)$	20 % bzw. 0,2	89 % bzw. 0,89
$\varphi\ (N_2O_4)$	80 % bzw. 0,8	11 % bzw. 0,11
V_m (bei 1013 hPa)	$24{,}6\ \frac{l}{mol}$	$30{,}6\ \frac{l}{mol}$
$c\ (NO_2)$ in $\frac{mol}{l}$	$0{,}2 : 24{,}6 = 8{,}1 \cdot 10^{-3}$	$0{,}89 : 30{,}6 = 2{,}9 \cdot 10^{-2}$
$c\ (N_2O_4)$ in $\frac{mol}{l}$	$0{,}8 : 24{,}6 = 3{,}2 \cdot 10^{-2}$	$0{,}11 : 30{,}6 = 3{,}6 \cdot 10^{-3}$
$K_c = \frac{c\ (N_2O_4)}{c^2\ (NO_2)}$	$\frac{3{,}2 \cdot 10^{-2}\ \frac{mol}{l}}{\left(8{,}1 \cdot 10^{-3}\ \frac{mol}{l}\right)^2} = 490\ \frac{l}{mol}$	$\frac{3{,}6 \cdot 10^{-3}\ \frac{mol}{l}}{\left(2{,}9 \cdot 10^{-2}\ \frac{mol}{l}\right)^2} = 4{,}3\ \frac{l}{mol}$

Die Temperaturabhängigkeit einer Gleichgewichtskonstante

Kühlt man das Gleichgewichtsgemisch der beiden Gase ab, so nimmt der Anteil des energieärmeren Distickstofftetraoxids im Gemisch zu. Die Abkühlung, der Wärmeentzug, begünstigt also die wärmeliefernde (exotherme) Teilreaktion. Die dabei frei werdende Wärme bewirkt, dass sich die Temperatur des Gasgemisches nicht so stark erniedrigt, als dies bei gleichem Wärmeentzug ohne Gleichgewichtsverschiebung eintreten würde. Der an diesem Beispiel beschriebene Sachverhalt der Gleichgewichtsverschiebung durch Wärmezufuhr bzw. Wärmeentzug tritt bei allen Gleichgewichtsreaktionen auf.

Temperatur und Gleichgewichtskonstante

K_c ist temperaturabhängig.

Für die Gleichgewichtsreaktion:

$$2\ NO_2 \rightleftharpoons N_2O_4 \qquad |\ \text{exotherm}$$

lässt sich das MWG formulieren: $K_c = \frac{c\,(N_2O_4)}{c^2\,(NO_2)}$.

Bei Wärmezufuhr steigen die Temperatur des Gasgemisches und der Anteil und damit die Konzentration des Stickstoffdioxids im Gasgemisch. Der Anteil und damit die Konzentration des Distickstofftetraoxids sinkt. Wird der Nenner des Massenwirkunsgesetzes größer, der Zähler aber kleiner, muss K_c kleiner werden. Bei Wärmeentzug sinkt dementsprechend die Temperatur des Gasgemisches, die Gleichgewichtskonstante aber wird größer.

Es hängt von der Formulierung der Gleichgewichtsreaktion ab, ob die Konzentration eines Stoffes im Nenner oder Zähler des Massenwirkungsgesetzes steht. Damit hängt auch die Richtung der Änderung von K_c bei einer Temperaturänderung ab. Im obigen Beispiel ist die Gleichgewichtsreaktion so formuliert worden, dass sie von links nach rechts exotherm verläuft. Dieses ist häufig, aber nicht immer üblich. Zur eindeutigen Zuordnung von K_c gehört immer die Gleichgewichtsreaktion bzw. der Massenwirkungsquotient.

Gleichgewicht und Katalysator

Eine Temperaturänderung bewirkt eine Änderung der Gleichgewichtszusammensetzung. Der Einsatz eines Katalysators führt wie eine Temperaturerhöhung zu einer schnelleren Einstellung des Gleichgewichts, aber ein Katalysator kann anders als die Temperaturerhöhung nicht die Gleichgewichtszusammensetzung beeinflussen.

Ein Katalysator hat keinen Einfluss auf die Gleichgewichtszusammensetzung.

Volumenänderung

Verkleinert man den mit Kohlenstoffdioxid gefüllten Gasraum über einer mit diesem Gas gesättigten Lösung rasch, so erhöht sich im ersten Augenblick der Druck entsprechend der Volumenverkleinerung. Doch bleibt dieser Druck nicht erhalten, sondern verringert sich in kurzer Zeit, da ein Teil des Gases in Wasser gelöst wird und davon ein Teil mit Wasser zu Oxonium- und Hydrogencarbonationen weiter reagiert:

Eine Volumenverringerung oder Druckerhöhung verschiebt das Gleichgewicht zu der Seite mit der geringeren Teilchenanzahl.

$$CO_2\,(g) \rightleftharpoons CO_2\,(aq)$$

$$CO_2\,(aq) + 2\ H_2O\,(l) \rightleftharpoons H_3O^+\,(aq) + HCO_3^-\,(aq)$$

Die anfängliche Druckerhöhung wird also folglich durch eine Verschiebung des bestehenden Gleichgewichts abgeschwächt.

Auch bei dem System $2\ NO_2 \rightleftharpoons N_2O_4$ ist Entsprechendes zu beobachten. Verringert man das Volumen, so verschiebt sich das Gleichgewicht zu Gunsten der Bildung von Distickstofftetraoxid.

Eine Volumenvergrößerung oder Druckerniedrigung verschiebt das Gleichgewicht zu der Seite mit der größeren Teilchenanzahl.

Damit verringert das System den durch durch die Volumenveränderung erzeugten Druck, indem es zu Gunsten der Seite das Gleichgewicht verlagert, die die geringere Teilchenzahl aufweist und somit das kleinere Volumen benötigt. Bei einer Volumenvergrößerung verschiebt sich das Gleichgewicht zu Gunsten der Seite, die die größere Teilchenzahl aufweist.

Eine von außen bewirkte Volumenänderung beeinflusst chemische Gleichgewichte ohne Beteiligung von Gasen kaum. Auch Gleichgewichtsreaktionen, bei denen gasförmige Stoffe auftreten, werden nur dann beeinflusst, wenn sich die Teilchenzahl in der Gasphase durch Gleichgewichtsverschiebungen ändert. So ist z. B. eine Erhöhung der Ausbeute an Iodwasserstoff nicht durch eine Volumenänderung des Systems $\mathbf{1\ H_2 + 1\ I_2 \rightleftharpoons 2\ HI}$ zu erzielen, da die Gesamtstoffmenge der Gase bei dieser Reaktion nicht verändert wird.

Eine von außen bewirkte Volumenänderung beeinflusst chemische Gleichgewichte, bei denen gasförmige Stoffe auftreten, nur dann, wenn sich die Teilchenzahl in der Gasphase durch Gleichgewichtsverschiebung ändert.

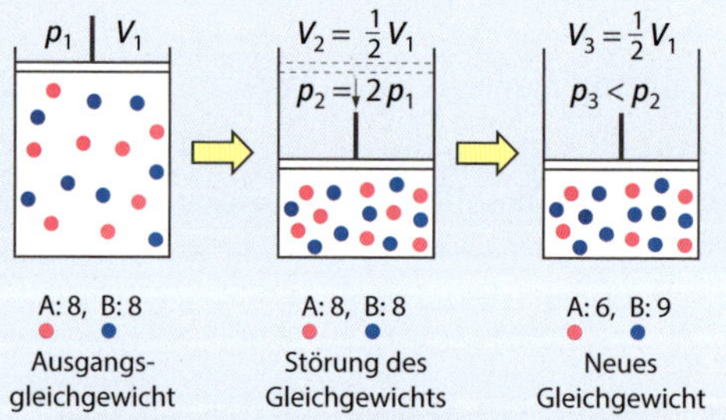

Die Volumenverringerung verschiebt das Gleichgewicht der Reaktion $2A \rightleftharpoons B$ zu der Seite, die eine geringere Teilchenzahl aufweist.

Beeinflussung eines chemischen Gleichgewichts durch Volumenänderung

Bei einem chemischen Gleichgewicht bewirkt eine Volumenänderung immer eine Konzentrationsänderung, die Gleichgewichtskonstante ändert sich aber nicht.

Prinzip von Le Chatelier und Braun

In den Jahren 1887 und 1888 formulierten der deutsche Physiker Ferdinand Braun und der französische Chemiker Henry Le Chatelier ein Prinzip, das die Gesetzmäßigkeiten bei der Verschiebung eines Gleichgewichtes zusammenfasste.

Übt man auf ein im Gleichgewicht befindliches chemisches System Zwang aus durch Zufuhr bzw. Entzug von Wärme, durch Änderung des Volumens oder der Stoffmengen, so verschiebt sich das Gleichgewicht in die Richtung, in der die Folgen des Zwanges (Temperatur-, Druck- und Konzentrationsänderung) verringert werden.

Das Prinzip von Le Chatelier und Braun (Prinzip vom kleinsten Zwang) erlaubt qualitative Aussagen zur Änderung der Lage eines Gleichgewichts.

Mit diesem „Prinzip vom kleinsten Zwang“ lässt sich also die Richtung der Gleichgewichtsverschiebungen bei einer Beeinflussung des Gleichgewichts angeben. Mit dem Massenwirkungsgesetz lassen sich Gleichgewichte und Gleichgewichtsverschiebungen quantitativ beschreiben.

Das Fließgleichgewicht

Die meisten chemischen Reaktionen in lebenden Systemen sind Gleichgewichtsreaktionen. Meist sind mehrere chemische Reaktionen miteinander in der Weise gekoppelt, dass die Produkte einer Gleichgewichtsreaktion als Ausgangsstoffe in die nächste Gleichgewichtsreaktion eingehen.
Die Gleichgewichtszustände der Einzelreaktionen werden nie erreicht. Die Reaktionen laufen insgesamt nur in einer Richtung ab. Dennoch ergeben sich für alle Reaktionspartner relativ konstante Konzentrationen, da die Bildung und der Verbrauch der Reaktionspartner etwa gleich schnell verlaufen. Da die Höhe der Konzentrationen der Reaktionspartner von der Höhe des „Zuflusses“ bzw. des „Abflusses“ der Stoffe und nicht von der Gleichgewichtszusammensetzung, die durch das MWG beschrieben wird, abhängen, spricht man von einem **Fließgleichgewicht**. Bei einem Fließgleichgewicht liegt ein offenes System vor.

Bei einem Fließgleichgewicht liegt ein offenes System vor. Mehrere Gleichgewichtsreaktionen sind miteinander gekoppelt.

Auch in Gefäßen, denen Wasser von oben zufließt und die durch eine Öffnung ständig Wasser abgeben, stellen sich nach einiger Zeit bestimmte Wasserhöhen ein, diese gehen bei Veränderungen des Zu- oder Abflusses in andere stationäre Zustände über. Die Konzentration z. B. der Glucose im Blut ist relativ konstant, weil die Aufnahme ebenso schnell erfolgt wie die Abgabe. Die gleichbleibende Konzentration ist das Ergebnis eines dynamischen Fließgleichgewichts.

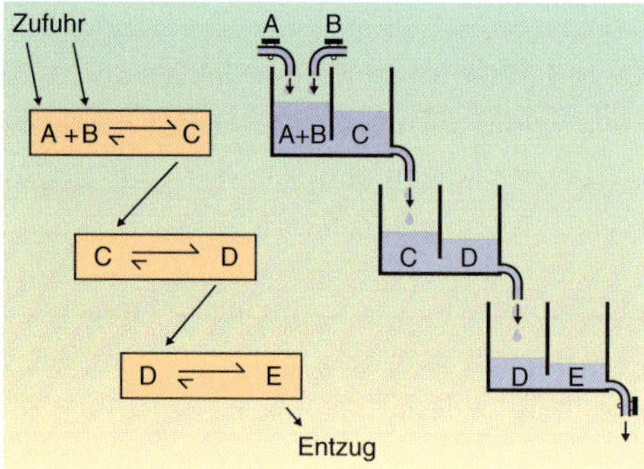

Fließgleichgewicht im Modell

Lösungsgleichgewichte von Salzen

In einer gesättigten Salzlösung liegt ein Lösungsgleichgewicht vor. Bei einem Lösungsgleichgewicht handelt es sich um ein heterogenes Gleichgewicht. Der Bodenkörper liegt als feste Phase vor, die Lösung als homogene, flüssige Phase. Die Konzentrationen der Ionen in der Lösung ändern sich nicht, wenn sich nicht die Temperatur der Lösung ändert.

Einflüsse auf ein Lösungsgleichgewicht

Ist der Lösungsvorgang exotherm, so sinkt die Löslichkeit eines Salzes bei Wärmezufuhr.

Ist der Lösungsvorgang endotherm, so steigt die Löslichkeit bei Wärmezufuhr.

Wird eine gesättigte Lösung von Kaliumnitrat, das sich endotherm in Wasser löst, erwärmt, geht ein Teil des Salzes des Bodenkörpers in Lösung. Kühlt man eine gesättigte Lösung von Lithiumchlorid ab, das sich exotherm in Wasser löst, so fällt Lithiumchlorid aus. Diese Beispiele lassen sich verallgemeinern.

Verdünnt man eine gesättigte Kaliumnitratlösung mit Wasser, so löst sich aus dem Bodenkörper so viel Salz, bis die anfängliche Ionenkonzentration wieder erreicht ist. Verdunstet Wasser, so vermehrt sich die Menge des Bodenkörpers auf Kosten der sich in der Lösung befindlichen Ionen. Die Konzentration der Ionen einer gesättigten Lösung eines Salzes ist bei einer bestimmten Temperatur also gegen Volumenänderungen konstant, wenn eine Gleichgewichtsnachstellung erfolgt.

Bei Zugabe einer Ionenart der Ionen des Lösungsgleichgewichts fällt ein Teil des Salzes aus.

Bei Wegnahme einer Ionenart löst sich ein Teil des Bodenkörpers auf.

Gibt man zu einer gesättigten Kaliumnitratlösung konzentrierte Lösungen von Kaliumchlorid bzw. Natriumnitrat, so fällt Kaliumnitrat aus. Zufuhr (bzw. Wegnahme) einer Ionenart der Lösung verschiebt das Gleichgewicht in die Richtung, die einen Teil dieser Komponente verbraucht (bzw. entstehen lässt), d.h., ein Teil des Salzes fällt aus (ein Teil des Bodenkörpers löst sich auf ➤ S. 22).

Das Löslichkeitsprodukt

Auch für Lösungsgleichgewichte lässt sich das Massenwirkungsgesetz formulieren. Allerdings hat der Bodenkörper keinen Einfluss auf die Konzentrationen der gelösten Ionen. Das Massenwirkungsgesetz vereinfacht sich dementsprechend für dieses heterogene Gleichgewicht.

$AgCl \rightleftharpoons Ag^+ + Cl^-$ $\quad c\,(Ag^+) \cdot c\,(Cl^-) = K_L = 10^{-9,7}\ \frac{mol^2}{l^2}$

$PbI_2 \rightleftharpoons Pb^{2+} + 2\,I^-$ $\quad c\,(Pb2+) \cdot c^2\,(I^-) = K_L = 10^{-9,0}\ \frac{mol^3}{l^3}$

$Pb_3\,(PO_4)_2 \rightleftharpoons 3\,Pb^{2+} + 2\,PO_4^{3-}$ $\quad c^3\,(Pb^{2+}) \cdot c^2\,(PO_4^{3-}) = K_L = 10^{-54}\ \frac{mol^5}{l^5}$

$K_nA_m \rightleftharpoons n\,K^{m+} + m\,A^{n-}$ $\quad c^n\left(K^{m+}\right) \cdot c^m\left(A^{n-}\right) = K_L$

Das **Löslichkeitsprodukt** (K_L) ist abhängig von der Temperatur und stellt ein Maß dar für die Löslichkeit eines Salzes bei der gegebenen Temperatur. Je kleiner das Löslichkeitsprodukt ist, desto geringer ist die Konzentration der gelösten Ionen in der gesättigten Lösung.

Das Löslichkeitsprodukt stellt ein Maß für die Löslichkeit eines Salzes bei gegebener Temperatur dar.

Um einfachere Zahlenwerte zu erhalten, gibt man an Stelle des K_L-Wertes häufig den **pK_L-Wert** an:
$pK_L = -\lg\{K_L\}$. Der pK_L-Wert ist der mit −1 multiplizierte dekadische Logarithmus des Zahlenwertes des K_L-Wertes.

Wird zu einer gesättigten Silberchlorid-Lösung eine Kaliumiodidlösung getropft, bildet sich sofort ein Niederschlag von Silberiodid, da dessen Löslichkeitsprodukt wesentlich kleiner ist als das von Silberchlorid. In einer gesättigten Salzlösung verbleiben immer nur so viele Kationen und Anionen, dass das Produkt ihrer Konzentrationen dem Löslichkeitsprodukt entspricht.

Filtriert man die gesättigte Lösung eines Salzes vom Bodenkörper ab und dampft das Filtrat ein, so lässt sich aus der Masse des ausgeschiedenen Salzes das Löslichkeitsprodukt berechnen. Umgekehrt kann aus dem Löslichkeitsprodukt eines Salzes seine Sättigungskonzentration ermittelt werden.

Das Ammoniakgleichgewicht

Ammoniak ist neben Schwefelsäure eine der bedeutendsten anorganischen Grundchemikalien. Die jährliche Produktion beläuft sich weltweit auf mehr als 125 Millionen Tonnen Ammoniak. Etwa 80 % der Produktion werden zur Herstellung von Stickstoffverbindungen für Düngemittel verwendet.

Pflanzen nehmen Stickstoffverbindungen z. B. in Form von Ammoniumionen oder Nitrationen auf. Aus Ammoniak werden Verbindungen gewonnen, die Pflanzen nutzen können. Daneben werden aus Ammoniak viele Stickstoffverbindungen wie Salpetersäure, Kunststoffe, Farb- und Sprengstoffe, Pflanzenschutzmittel und Medikamente hergestellt.

Reaktionsbedingungen für die Ammoniaksynthese

Eine niedrige Temperatur und ein hoher Druck verschieben das Gleichgewicht zugunsten der Ammoniakbildung.

Der Synthese von Ammoniak aus den Elementen liegt die folgende Gleichgewichtsreaktion zugrunde:

$$3\,H_2\,(g) + N_2\,(g) \rightleftharpoons 2\,NH_3\,(g) \qquad |\ \text{exotherm}$$

Stickstoff und Wasserstoff reagieren aber erst ab ca. 450 °C unter Einfluss eines Katalysators miteinander.

In einem geschlossenen System stellt sich ein chemisches Gleichgewicht ein, das stark temperatur- und druckabhängig ist. Es müsste sich nach dem Prinzip von Le Chatelier und Braun (➤ S. 27) um so mehr Ammoniak bilden, je niedriger die Temperatur und je höher der Druck ist. Bei Zimmertemperatur ist jedoch keine Umsetzung zwischen Wasserstoff und Stickstoff zu beobachten, da bei dieser Temperatur die Reaktionsgeschwindigkeit zu gering und damit die Zeit bis zur Einstellung des Gleichgewichts zu groß ist. Eine Temperaturerhöhung würde zwar zu einer schnelleren Einstellung des Gleichgewichts führen, jedoch würde sich dadurch die Gleichgewichtslage zu den Ausgangsstoffen hin verschieben.

	5 MPa	10 MPa	20 MPa	30 MPa	50 MPa	100 MPa
200 °C	74 %	82 %	86 %	90 %	95 %	98 %
300 °C	39 %	52 %	36 %	71 %	84 %	93 %
400 °C	15 %	25 %	18 %	47 %	65 %	80 %
600 °C	2 %	5 %	8 %	14 %	23 %	31 %
700 °C	1 %	2 %	4 %	7 %	13 %	13 %

Volumenanteil Ammoniak im Gleichgewicht in Abhängigkeit von der Temperatur und dem Druck

Die Reaktionsgeschwindigkeit kann mit Hilfe eines geeigneten Katalysator erhöht werden. Die Reaktionstemperatur wird dann durch den Temperaturbereich bestimmt, in dem der Katalysator aktiv ist. Selbst mit Hilfe eines Katalysators entstehen bei Atmosphärendruck nur geringe Mengen Ammoniak. Dessen Anteil im Reaktionsgemisch kann jedoch durch Druckerhöhung erheblich gesteigert werden.

Die großtechnische Umsetzung der Ammoniakproduktion geht zurück auf Fritz Haber und Carl Bosch und wird deshalb "Haber-Bosch-Verfahren" genannt.

Reaktionsgeschwindigkeit und chemisches Gleichgewicht

Die mittlere **Reaktionsgeschwindigkeit** $\bar{v}$ im Zeitintervall Δt wird durch den Differenzenquotient angegeben $\bar{v} = \frac{\Delta c}{\Delta t}$, die Momentangeschwindigkeit durch den Differentialquotienten: $v = \frac{dc}{dt}$.

Die Eduktteilchen müssen zusammenstoßen, damit eine chemische Reaktion erfolgen kann. Damit diese Zusammenstöße zu einer chemischen Reaktion führen, müssen die Eduktteilchen über die notwendige kinetische Energie verfügen, außerdem müssen die Teilchen mit der richtigen Orientierung zusammenstoßen.

Die Reaktionsgeschwindigkeit nimmt mit steigender Oberfläche und Konzentration der Edukte zu, weil zwischen den Eduktteilchen mehr Zusammenstöße in einer Zeiteinheit erfolgen können. Die Reaktionsgeschwindigkeit nimmt mit der Temperatur zu, weil mehr Eduktteilchen über die notwendige kinetische Energie verfügen, damit wirksame Zusammenstöße erfolgen.

Katalysatoren verringern die **Aktivierungsenergie** einer chemischen Reaktion und erhöhen damit die Geschwindigkeit der Reaktion.

Umkehrbare chemische Reaktionen führen in einem bestimmten Temperaturbereich zu einem Gleichgewichtszustand. Für den Gleichgewichtszustand gilt, dass die Geschwindigkeit der von links nach rechts ablaufenden Reaktion gleich der Geschwindigkeit der Reaktion ist, die von rechts nach links abläuft. Chemische Gleichgewichte sind dynamische Gleichgewichte.

Im Gleichgewichtszustand ändern sich die Konzentrationen der Reaktionspartner nicht. Für das Gleichgewicht lässt sich das **Massenwirkungsgesetz** formulieren:

$$\mathrm{a\,A + b\,B \rightleftharpoons c\,C + d\,D} \qquad K_c = \frac{c^c(\mathrm{C}) \cdot c^d(\mathrm{D})}{c^a(\mathrm{A}) \cdot c^b(\mathrm{B})}.$$

Übt man auf ein im Gleichgewichtszustand befindliches chemisches System Zwang aus durch Zufuhr oder Entzug von Wärme, durch Änderung des Volumens oder der Stoffmengen, so verschiebt sich das Gleichgewicht in die Richtung, in der die Folgen des Zwanges (Temperatur-, Druck- und Konzentrationsänderung) verringert werden.

In einer gesättigten Salzlösung verbleiben immer nur so viele Kationen und Anionen, dass das Produkt ihrer Konzentrationen dem Löslichkeitsprodukt entspricht.

AUF EINEN BLICK

Innere Energie eines Systems

Die innere Energie *U* eines Systems ist die Summe aller Energien, die das System besitzt, z. B. die potenzielle Energie der Atome, Ionen und Moleküle in den entsprechenden Teilchenverbänden, aber auch Schwingungs- und Rotationsenergien.

System und Umgebung

Bei der Festlegung des räumlichen Bereichs, für den eine Aussage über einen Energieumsatz getätigt werden soll, unterscheidet man offene Systeme, geschlossene und isolierte Systeme.

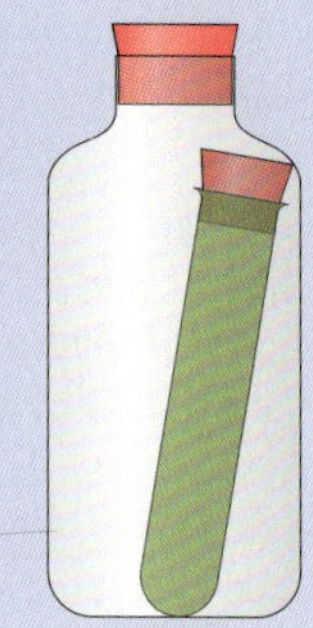

Bestimmung der Reaktionswärme

Die Reaktionswärme einer chemischen Reaktion wird in Kalorimetern bestimmt, unter Berücksichtigung der Wärmekapazität dieser Experimentieranordnung.

$Cu^{2+}(aq) + Zn \longrightarrow Cu + Zn^{2+}(aq)$

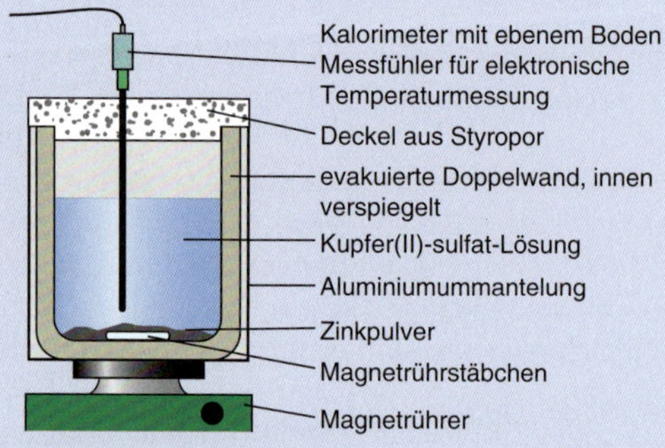

Reaktionsenergie

Reaktionswärme exothermer Reaktionen, die bei konstantem Volumen ablaufen. Die Änderung der inneren Energie des Systems entspricht ausschließlich der Reaktionswärme:

$$\Delta U = Q_V.$$

Reaktionsenthalpie

Die Änderung der Enthalpie ΔH eines Systems entspricht der vom System bei konstantem Druck aufgenommenen oder abgegebenen Wärme:

$$\Delta H = \Delta U + p \cdot \Delta V.$$

Satz von Hess

Die Enthalpieänderung zwischen zwei Zuständen eines Systems ist unabhängig vom Reaktionsweg. Damit lassen sich auch nicht experimentell zugängliche Bildungsenthalpien aus anderen Bildungsenthalpien und einer Reaktionsenthalpie bestimmen.

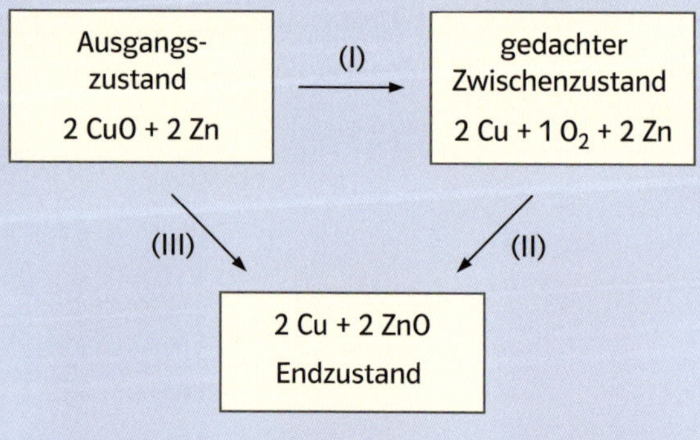

2 Energie und chemische Reaktion

Energieerhaltungssatz (Erster Hauptsatz der Thermodynamik)

Die Summe aller Energieformen in einem isolierten System ist konstant. Die Enthalpieänderung in einem Kreisprozess ist null.

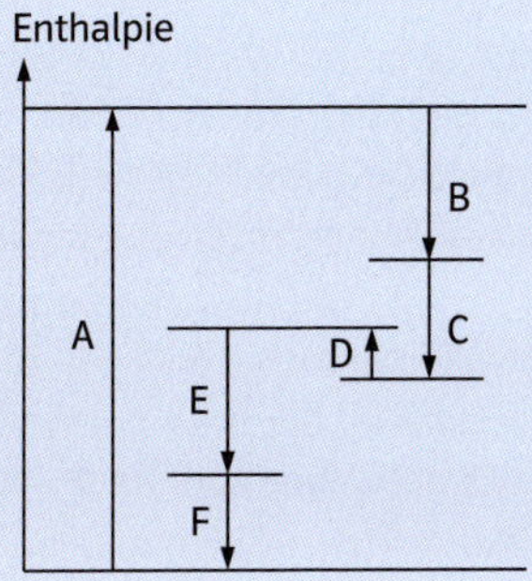

Reaktionsenthalpie

Sie ist die Differenz aus der Summe der Produkte aus Stoffmengen und molaren Bildungsenthalpien der entstehenden Verbindungen und der Edukte.

$$\Delta_r H_m^\circ = \Sigma\, \Delta_r H_m^\circ(\text{Produkte}) - \Sigma\, \Delta_r H_m^\circ(\text{Edukte})$$

Standard-Bindungsenthalpie

Aufzuwendende Standard-Reaktionsenthalpie zur Spaltung einer Atombindung. Der gleiche Energiebetrag wird bei der Bindungsbildung frei.

Spontane Vorgänge – Entropie

Bei spontanen Vorgängen wird die Ordnung des Systems geringer. Kennzeichen einer spontanen Reaktion ist die Zunahme der Gesamtentropie von System und Umgebung.

Reaktionsentropie

Sie ist die Differenz aus der Summe der Produkte aus Stoffmengen und molaren Entropien der entstehenden Verbindungen und der Edukte.

$$\Delta_r S_m^\circ = \Sigma\, S_m^\circ(\text{Produkte}) - \Sigma\, S_m^\circ(\text{Edukte})$$

Freie Enthalpie

Sie wird berechnet mittels der Gibbs-Helmholtz-Gleichung:

$$\Delta G = \Delta H - T\Delta S.$$

Man unterscheidet exergonische Reaktionen ($\Delta G < 0$) und end-ergonische Vorgänge ($\Delta G > 0$). Spontan ablaufende Reaktionen bei einer Temperatur T sind exergonisch (die freie Enthalpie nimmt ab).

2 Energie und chemische Reaktion

- Ein System hat eine innere Energie *U*. Dies ist die Summe aller Energien der Teilchen, die dieses System ausmachen.
- Man unterscheidet offene, geschlossene und isolierte Systeme.
- Die Bestimmung der Reaktionswärmen erfolgt in Kalorimetern. Dabei muss die Wärmekapazität der Kalorimeteranordnung berücksichtigt werden.
- Die Reaktionsenergie ist die Reaktionswärme, die bei einer exothermen Reaktion bei der Versuchsdurchführung bei konstantem Volumen auftritt.
- Die Reaktionsenthalpie ist die Reaktionswärme, die bei einer exothermen Reaktion, die unter konstantem Druck verläuft, frei wird.
- Nach dem Satz von Hess ist die Enthalpieänderung zwischen zwei Zuständen eines Systems unabhängig vom Reaktionsweg.
- Der Erste Hauptsatz der Thermodynamik lautet: Die Summe aller Energieformen in einem isolierten System ist konstant (Energieerhaltungssatz).
- Die Enthalpieänderung in einem Kreisprozess ist null.
- Die Standardbedingungen der Energetik sind 298 K (25 °C) und 1013 hPa.
- Die Bildungsenthalpien der Elemente in ihrem stabilsten Zustand sind null. Damit lassen sich die Bildungsenthalpien von Verbindungen bestimmen.
- Die Reaktionsenthalpien lassen sich aus den Bildungsenthalpien der Produkte und Edukte berechnen.
- Den Energiebetrag, den man aufwenden muss, eine Atombindung zu spalten, bezeichnet man als Bindungsenthalpie. Dieser Energiebetrag wird auch bei der Bindungsbildung aus den Atomen frei.
- Bei spontan ablaufenden Vorgängen wird die Ordnung geringer, die Gesamtentropie von System und Umgebung nimmt zu.
- Die Entropie nimmt mit steigender Temperatur zu.
- Die Entropieänderung einer Reaktion lässt sich aus den Entropien der Reaktionsteilnehmer berechnen.
- Die Änderung der freien Enthalpie einer Reaktion lässt sich mit Hilfe der Gibbs-Helmholtz-Gleichung berechnen.
- Eine Reaktion verläuft spontan, wenn bei einer Temperatur *T* die freie Enthalpie abnimmt.
- Bei exergonischen Reaktionen ist die Änderung der freien Enthalpie negativ, sie laufen spontan ab. Bei endergonischen Reaktionen ist die Änderung der freien Enthalpie positiv.
- Die Änderung der freien Enthalpie einer Reaktion lässt sich auch aus tabellierten Werten der molaren freien Enthalpie der Reaktionspartner berechnen.

Energieformen bei chemischen Reaktionen

Mit chemischen Reaktionen sind nicht nur stoffliche Veränderungen, sondern auch Energieumsätze verbunden. Brennt ein Stoff, wird Energie in Form von Licht und Wärme freigesetzt. Der mit einer chemischen Reaktion verknüpfte Energieumsatz kann auch als Bewegungsenergie in Erscheinung treten. Um manche Reaktionen zu ermöglichen, muss dauernd Wärme, meist bei hohen Temperaturen, zugeführt werden. Es gibt aber auch Reaktionen, die bei Zimmertemperatur der Umgebung Wärme entziehen, sodass eine Abkühlung erfolgt.

Innere Energie

Bei einer exothermen Reaktion wird Wärme an die Umgebung abgegeben. Diese Wärme muss bei der Reaktion aus einer anderen Energieform entstehen, die in den Ausgangsstoffen „gespeichert" ist. Dabei bilden sich Produkte mit einem geringeren Energieinhalt. Die Summe aller Energien, über die ein System in seinem Innern verfügt, heißt innere Energie U des Systems. Dazu gehören die potenziellen Energien der Atome, Ionen und Moleküle in ihren Teilchenverbänden, aber auch Rotations- und Schwingungsenergien. Die Kenntnis des absoluten Werts der inneren Energie ist nicht erforderlich, doch ist die mit der Reaktion verbundene Änderung der inneren Energie meist leicht messbar. Wird bei einer Reaktion Energie abgegeben, ist ΔU negativ.

System und Umgebung

Für die Bestimmung des Energieumsatzes von chemischen Reaktionen muss man zunächst festlegen, in welchem räumlichen Bereich die Untersuchung erfolgen soll. Diesen begrenzten Ausschnitt des Raumes nennt man System, den verbleibenden Rest Umgebung. Ein offenes System kann mit seiner Umgebung Stoffe und Energie austauschen, bei einem geschlossenen System ist kein Stoffaustausch mehr möglich und bei einem isolierten System ist jeglicher Stoff- und Energieaustausch mit der Umgebung unterbunden. Daher kann in einem isolierten System die Gesamtmenge der Energie weder zu- noch abnehmen.

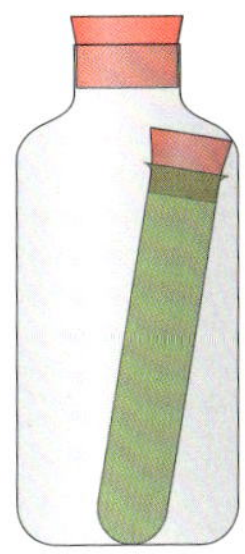

isoliertes System

Bestimmung der Reaktionswärme

Eine Gemeinsamkeit von chemischen Reaktionen ist die Abgabe oder Aufnahme von Wärme (exotherme oder endotherme Reaktionen). Die Reaktionswärme führt letztendlich zu einer Temperaturerhöhung der Umgebung. Wählt man diese so, dass sie aus einer bestimmten Stoffportion besteht (z. B. aus 100 g Wasser), so lässt sich aus der Temperaturerhöhung $\Delta\vartheta$ die durch das Wasser aufgenommene Wärme Q bestimmen:

$$Q = c_W \cdot m\,(\text{Wasser}) \cdot \Delta\vartheta$$

c_W: Spezifische **Wärmekapazität** des Stoffes, der die Wärme aufnimmt $\left(\text{hier: Wasser, } c_W = 4{,}1868\ \frac{\text{J}}{\text{g} \cdot \text{K}}\right)$.

Sofern keine Wärme verloren geht, ist die so ermittelte Wärmemenge die Reaktionswärme. Üblicherweise finden diese Bestimmungen in Gefäßen statt, die die gesamte Wärme einer Reaktion aufnehmen sollen, ohne etwas davon nach außen abzugeben (Kalorimeter). Allerdings erwärmt sich dabei die Kalorimeteranordnung auch selbst, so dass sich die Reaktionswärme Q aus der vom Wasser aufgenommenen Wärme Q_W und der vom Kalorimetergefäß aufgenommenen Wärme Q_K zusammensetzt:

$$\begin{aligned} Q &= Q_W + Q_K = C_K \cdot \Delta\vartheta + c_W \cdot m\,(\text{Wasser}) \cdot \Delta\vartheta \\ &= [C_K + c_W \cdot m\,(\text{Wasser})] \cdot \Delta\vartheta. \end{aligned}$$

Die Wärmekapazität des Kalorimetergefäßes wird vor den eigentlichen Messungen durch einen Mischungsversuch mit kaltem und warmem Wasser bestimmt.

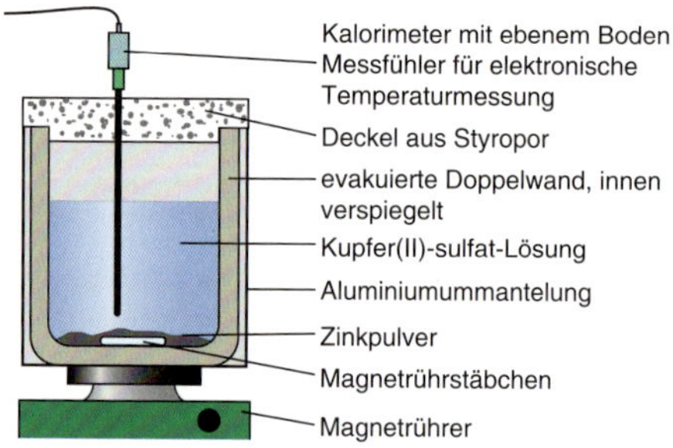

Versuch:

Füllung des Kalorimeters mit 100 ml Kupfer(II)-sulfat-Lösung

$c\,(Cu^{2+}) = 0{,}1\,\frac{\text{mol}}{\text{l}}$, $n\,(Cu^{2+}) = 0{,}01$ mol

Ausgangstemperatur $\vartheta_1 = 22{,}1\,°C$

Zugabe von Zinkpulver im Überschuss m (Zinkportion) = 2 g

Höchste Temperatur nach 150 s: $\vartheta_2 = 26{,}7\,°C$

Wärmekapazität des Kalorimeters:

1. Wasserportion	$m_1 = 50$ g:	$\vartheta_1 = 21{,}5\,°C$
2. Wasserportion	$m_2 = 50$ g:	$\vartheta_2 = 37{,}0\,°C$
Mischungstemperatur		$\vartheta_{misch} = 28{,}3\,°C$

Wärmekapazität

$$C_K = \frac{4{,}19\,\frac{\text{J}}{\text{g}\cdot\text{K}} \cdot 50\,\text{g} \cdot (37{,}0 - 28{,}3)\,\text{K}}{(28{,}3 - 21{,}5)\,\text{K}} - 4{,}19\,\frac{\text{J}}{\text{g}\cdot\text{K}} \cdot 50\,\text{g} = 58{,}5\,\frac{\text{J}}{\text{K}}$$

Beim Einsatz von 100 ml verdünnter Kupfer(II)-sulfat-Lösung kann mit 100 g Wasser als Kalorimeterflüssigkeit gerechnet werden. Die Reaktionswärme Q_r ergibt sich als das Negative der vom Kalorimeter aufgenommenen Wärme Q zu:

$$Q_r = -\left(4{,}19\,\frac{\text{J}}{\text{g}\cdot\text{K}} \cdot 100\,\text{g} + 58{,}5\,\frac{\text{J}}{\text{K}}\right) \cdot 4{,}6\,\text{K} = -2197\,\text{J}$$

	$Cu^{2+}\,(aq) + Zn$	$\longrightarrow$	$Cu + Zn^{2+}\,(aq)$	$\mid\; Q_r = -2{,}197$ kJ
n	0,01 mol		0,01 mol	$Q_r = -2{,}197$ kJ
n	1,00 mol		1,00 mol	$Q_r = -219{,}7$ kJ

Beispiel für die Bestimmung der Reaktionswärme

Innere Energie und Enthalpie – Reaktionswärme und Volumenarbeit

Bestimmt man die Reaktionswärme bei einer exothermen Reaktion, bei der sich das Volumen ändert (z. B. durch ein entstehendes Gas), so erhält man unterschiedliche Ergebnisse, je nachdem, ob man die Bestimmung bei konstanten Volumen (Q_V) oder bei konstantem Druck (Q_P) durchführt. Bei einer das Volumen vergrößernden Reaktion ist die Reaktionswärme bei konstantem Druck dem Betrag nach kleiner als die Reaktionswärme bei konstantem Volumen, obwohl die Differenz der inneren Energie in beiden Fällen gleich ist. Dies liegt daran, dass bei konstantem Druck nicht nur Reaktionswärme auftritt, sondern vom entstehenden Gas gegen den herrschenden Druck Volumenarbeit verrichtet werden muss.

Reaktionsenergie: Reaktionswärme bei konstantem Volumen

Bei exothermen Reaktionen, die bei konstantem Volumen ablaufen, entspricht die Änderung der inneren Energie eines Systems ausschließlich der Reaktionswärme, $\Delta U = \Delta Q_V$ (Reaktionswärme bei konstantem Volumen). Diese Reaktionswärme heißt **Reaktionsenergie**.

Da chemische Reaktionen häufig in offenen Systemen und damit bei konstantem Druck ablaufen, wird in vielen Fällen Volumenarbeit verrichtet. Diese ergibt sich aus der Volumenänderung ΔV bei konstantem Druck.

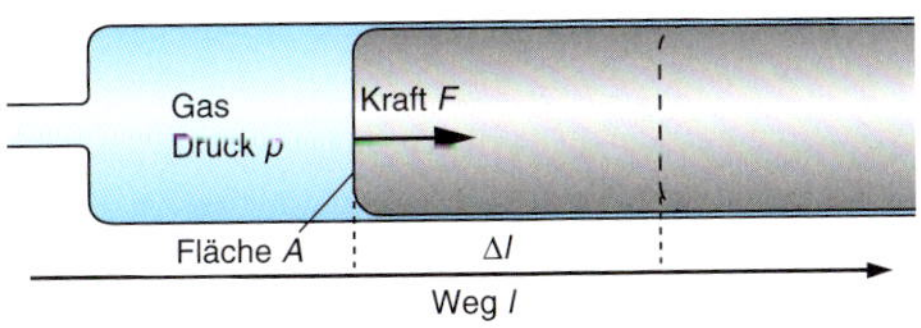

Das Gas übt auf den Kolben mit der Fläche A die Kraft $F = p \cdot A$ aus. Wird der Kolben um die Wegstrecke Δl verschoben, ist die Arbeit $W = -F \cdot \Delta l = -p \cdot A \cdot \Delta l$.

Ferner ist $A \cdot \Delta l = \Delta V$. Bei Volumenzunahme ($\Delta V > 0$) wird Arbeit an die Umgebung abgeführt und erhält damit eine negatives Vorzeichen:

$$W = -p \cdot \Delta V.$$

Bei Volumenabnahme ist ΔV negativ und damit W positiv.

Volumenarbeit wird bei konstantem Druck zu- oder abgeführt, wenn sich bei Reaktionen Gasvolumina ändern.

Allgemein erhält vom System abgegebene Energie ein negatives Vorzeichen, da $\Delta V = V_2 - V_1$ für eine Volumenvergrößerung positiv ist, wird Arbeit vom System verrichtet (abgeführt):

$$W = -p \cdot \Delta V.$$

Reaktionsenthalpie: Reaktionswärme bei konstantem Druck

Damit wird $\Delta U = Q_p - p \cdot \Delta V$. Q_p wird als Enthalpie (H) bezeichnet. Die Änderung der Enthalpie ΔH eines Systems entspricht der vom System bei konstantem Druck aufgenommenen oder abgegebenen Wärme:

$$\Delta H = \Delta U + p \cdot \Delta V.$$

Den Zusammenhang zwischen innerer Energie und Enthalpie bei einer exothermen und Volumen vergrößernden Reaktion zeigt die Abbildung:

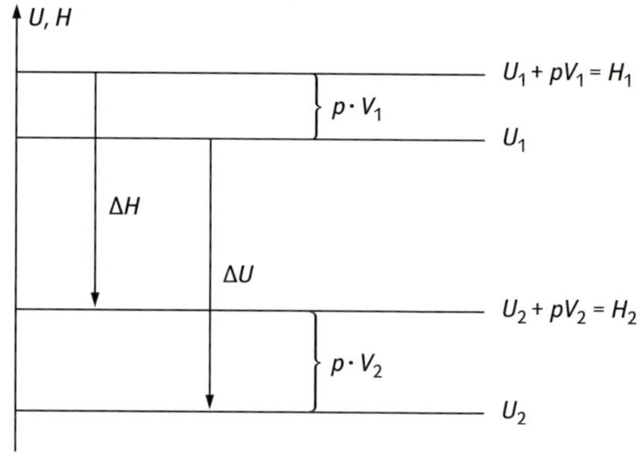

Der Satz von Hess

Chemische Reaktionen lassen sich so formulieren, dass von einem Ausgangszustand auf zwei verschiedenen Wegen jeweils der gleiche Endzustand erreicht wird. Dies soll am Beispiel der Reaktion von Kupfer(II)-oxid mit Zink illustriert werden:

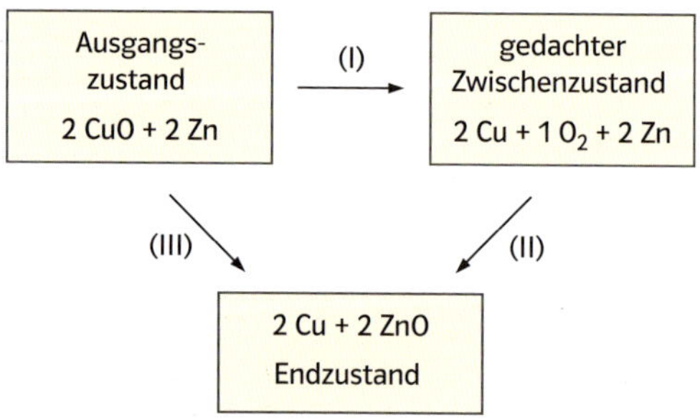

Zwei verschiedene Reaktionswege von einem Ausgangszustand zu einem Endzustand

Die Enthalpieänderung auf den beiden Wegen I und II einerseits und III andererseits hängt nur vom Ausgangs- und Endzustand des Systems ab. Diese Tatsache hat G. H. Hess erkannt und im sog. „Satz von Hess" formuliert: Die Enthalpieänderung zwischen zwei Zuständen ist unabhängig vom Reaktionsweg. Diesen Sachverhalt veranschaulicht ein Enthalpiediagramm, das die verschiedenen Zustände enthält.

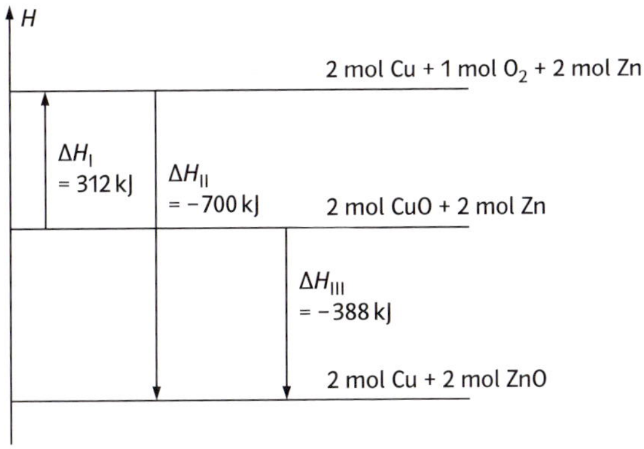

Die gesamte Enthalpieänderung hängt nur vom Ausgangs- und Endzustand ab.

Man erkennt auch, dass die Enthalpieänderungen für die Hin- und die Rückreaktion gleich sein müssen und sich nur durch das Vorzeichen unterscheiden. Der Satz von Hess wurde später von H. v. Helmholtz verallgemeinert: Die Summe aller Energieformen in einem isolierten System ist konstant. Diese Aussage bezeichnet man auch als **Energieerhaltungssatz** oder als den Ersten Hauptsatz der Thermodynamik. Daraus ergibt sich, dass die Summe aller Enthalpieänderungen in einem **Kreisprozess** gleich null ist.

Energieerhaltungssatz (Erster Hauptsatz der Thermodynamik): Die Summe aller Energieformen in einem isolierten System ist konstant.

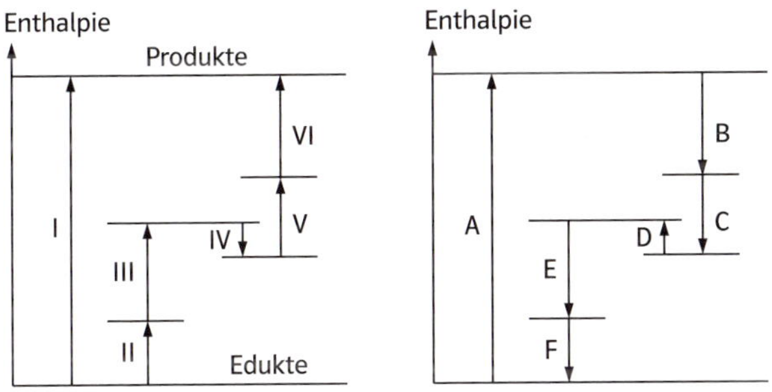

Satz von Hess
Für die Enthalpieänderung gilt
I = II + III + IV + V + VI .

Energieerhaltungssatz für die Enthalpieänderung in einem Kreisprozess
A + B + C + D + E + F = 0

Enthalpieänderung in einem Kreisprozess

Mit Hilfe des Satzes von Hess lassen sich auch Reaktionsenthalpien berechnen, die experimentell nicht bestimmbar sind. Dafür müssen jedoch die Reaktionsenthalpien für die anderen Teilschritte bekannt sein.

Bildungsenthalpien

Für chemische Reaktionen sind nur die Enthalpieänderungen von Bedeutung, absolute Werte werden nicht benötigt. Daher ist es für die Bestimmung der Bildungsenthalpien der Verbindungen aus den Elementen zweckmäßig, den Elementen in ihrem stabilsten Zustand unter Standardbedingungen (298 K; 1013 hPa) den Enthalpiewert null zuzuordnen. Nach der Festsetzung der Standardenthalpien für die Elemente sind die Bildungsenthalpien chemischer Verbindungen festgelegt: Die **molare Standard-Bildungsenthalpie $\Delta_f H^\circ_m$** (f von engl. *formation*, Bildung; die hochgestellte Null steht für Standardbedingungen) einer Verbindung ist die auf die Stoffmenge bezogene Enthalpieänderung, die sich unter Standardbedingungen bei der Bildung einer Verbindung aus den Elementen ergibt. Diese Standard-Bildungsenthalpien sind für Verbindungen tabelliert.

Reaktionsenthalpien

Für die Abhängigkeit der Reaktionsenthalpie $\Delta_r H$ von den molaren Bildungsenthalpien gilt:

$$\Delta_r H^\circ_m = \Sigma\, \Delta_f H^\circ_m\,(\text{Produkte}) - \Sigma\, \Delta_f H^\circ_m\,(\text{Edukte}).$$

Die Vorgehensweise bei der Berechnung soll am Beispiel der Reduktion von Eisen(III)-oxid mit Kohlenstoffmonooxid erläutert werden:

$$Fe_2O_3\,(s) + 3\,CO\,(g) \longrightarrow 2\,Fe\,(s) + 3\,CO_2\,(g).$$

Der Angabe einer Reaktionsenthalpie liegt immer eine Reaktionsgleichung zugrunde. Es ist zweckmäßig, die Reaktionsenthalpie für Stoffmengen anzugeben, deren Beträge den Faktoren der Reaktionsgleichung entsprechen (d. h. dem „Formelumsatz").

$\Delta_f H^\circ_m\,(Fe_2O_3) = -824\,\frac{kJ}{mol}$; $\Delta_f H^\circ_m\,(CO) = -111\,\frac{kJ}{mol}$; $\Delta_f H^\circ_m\,(CO_2) = -393\,\frac{kJ}{mol}$;
$\Delta_f H^\circ_m\,(Fe) = 0\,\frac{kJ}{mol}$.

$$\Delta_r H^\circ_m = \left(2\,mol \cdot 0\,\frac{kJ}{mol} - 3\,mol \cdot 393\,\frac{kJ}{mol}\right) - \left(-1\,mol \cdot 824\,\frac{kJ}{mol} - 3\,mol \cdot 111\,\frac{kJ}{mol}\right)$$
$$= -1179\,kJ - (-1157\,kJ) = -22\,kJ$$

Für die riesige Anzahl von möglichen Reaktionen ist es nicht erforderlich, Reaktionsenthalpien experimentell zu bestimmen, da sie in einfacher Weise mit Hilfe der tabellierten molaren Standard-Bildungsenthalpien berechnet werden können.

Bindungsenthalpien

Die bei einer Reaktion auftretende Enthalpieänderung ist im Wesentlichen bedingt durch den Unterschied der Energie, die zur Bindungsspaltung der Edukte aufgebracht werden muss, und der Energie, die bei der Bindungsbildung der Produkte freigesetzt wird. Es besteht daher ein Zusammenhang zwischen Reaktionsenthalpien und den Bindungsenthalpien von Bindungen in Molekülen. Damit lassen sich auch aus Reaktionsenthalpien unbekannte Bindungsenthalpien bestimmen. Unter der **molaren Standard-Bindungsenthalpie** zweiatomiger Moleküle versteht man die auf die Stoffmenge der Moleküle bezogene Standard-Reaktionsenthalpie für die Spaltung in die Atome. Diese Definition ist auch auf mehratomige Moleküle mit lauter gleichen Bindungen übertragbar. Die Reaktionsenthalpie der Spaltung in Atome ist dann durch die Anzahl dieser Bindungen zu dividieren.

Beispiel: Bestimmung der molaren Standard-Bindungsenthalpie einer O – H-Bindung im Wassermolekül:

$$2\,H_2O\,(g) \longrightarrow 2\,H_2\,(g) + O_2\,(g) \qquad \Delta_rH° = +\;484\,kJ$$
$$2\,H_2\,(g) \longrightarrow 4\,H\,(g) \qquad \Delta_rH° = +\;872\,kJ$$
$$O_2\,(g) \longrightarrow 2\,O \qquad \Delta_rH° = +\;498\,kJ$$

$$2\,H_2O\,(g) \longrightarrow 4\,H\,(g) + 2\,O\,(g) \qquad \Delta_rH° = +1854\,kJ$$

Die durch die Stoffmenge $n\,(H_2O) = 2$ mol dividierte Reaktionsenthalpie ist $927\ \frac{kJ}{mol}$; durch die Anzahl der Bindungen dividiert, ergibt sich die gesuchte molare Standard-Bindungsenthalpie zu $463{,}5\ \frac{kJ}{mol}$.

Die Richtung spontaner Vorgänge

Aus dem Alltag sind viele Vorgänge bekannt, die von selbst nur in eine Richtung ablaufen, wie z.B. die Abkühlung eines heißen Getränks. Andererseits gibt es Vorgänge, die in beiden Richtungen verlaufen können, wie z.B. das Schmelzen von Eis und das Erstarren von Wasser. Bei dem jeweiligen endothermen Vorgang nimmt das System Enthalpie aus der Umgebung auf, die bei der Umkehrung wieder abgegeben wird. Entscheidend für die Richtung des Vorgangs ist die Temperatur des Systems.

Reaktionen, die bei einer gegebenen Temperatur ohne äußere Einwirkung ablaufen, nennt man **spontan**. Bei der Klärung der Frage, ob bestimmte Ausgangsstoffe spontan reagieren, spielt die Geschwindigkeit (➛ S. 10) keine Rolle. Eine spontane Reaktion kann so langsam erfolgen, dass eine Veränderung nicht beobachtbar ist. Die meisten Reaktionen verlaufen bei Zimmertemperatur

Bei spontan verlaufenden Vorgängen nimmt die Ordnung ab.

Bestimmung einer Reaktionsenthalpie

Ein zentraler Versuch der Energetik ist die Bestimmung einer Bildungs- oder Reaktionsenthalpie in einem Kalorimeter, hier die Bestimmung der Bildungsenthalpie von Eisensulfid.

Hierzu mischt man in einer Reibschale Eisen und Schwefel im Stoffmengenverhältnis 1 : 1 und gibt etwa 4 g (exakt abgewogen: *m*) in ein Reagenzglas, das in einen Metallzylinder passt. Das Kalorimeter wird mit Wasser gefüllt (*m* (Wasser); ϑ_1), dann wird das Reaktionsgemisch mit einer glühenden Nadel gezündet. Die bei der Reaktion frei werdende Reaktionsenthalpie wird von der Füllung und vom Kalorimeter selbst aufgenommen und führt zu einer Erwärmung. Der zeitliche Verlauf der Temperatur und die Endtemperatur ϑ_2 wird ermittelt (siehe unten), ferner muss die Wärmekapazität des Kalorimeters in einem Mischungsversuch mit warmem und kaltem Wasser bestimmt werden, ebenso muss die Temperaturzunahme durch die glühende Eisennadel berücksichtigt werden.

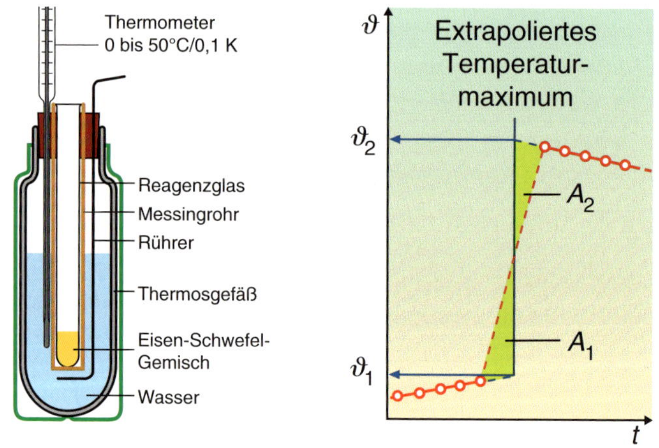

Der Wärmeaustausch im Kalorimeter erfordert eine bestimmte Zeit. Diese ist umso größer, je langsamer der Stoffumsatz bei der Reaktion erfolgt. Dadurch wird schon während des Versuchs Wärme vom Kalorimeter an die Umgebung abgegeben und die gemessene Temperaturerhöhung ist geringer als ohne diesen Wärmeverlust. Um dennoch das Temperaturmaximum zu ermitteln, zeichnet man den Temperaturverlauf auf und extrapoliert so, dass die beiden Flächen A_1 und A_2 etwa gleich groß sind.

Messwerte und Daten:

$m = 4{,}4\,\text{g}$; $C_\text{K} = 137\,\frac{\text{J}}{\text{K}}$; $m\,(\text{Wasser}) = 380\,\text{g}$; $\vartheta_1 = 22\,°\text{C}$; $\vartheta_2 = 24{,}8\,°\text{C}$;
$c_\text{W} = 4{,}19\,\frac{\text{J}}{(\text{g}\cdot\text{K})}$; $M\,(\text{FeS}) = 87{,}9\,\frac{\text{g}}{\text{mol}}$.

Die Enthalpie für diese Reaktion ergibt sich aus:

$$\Delta H° = (C_\text{K} + c_\text{W}\cdot m\,(\text{Wasser}))\cdot(\vartheta_2 - \vartheta_1)$$

und die molare Bildungsenthalpie aus:

$$\begin{aligned}\Delta_\text{f}H^\circ_\text{m} &= \frac{(C_\text{K} + c_\text{W}\cdot m\,(\text{Wasser}))\cdot(\vartheta_2-\vartheta_1)\cdot M\,(\text{FeS})}{m}\\ &= \frac{\left(137\,\frac{\text{J}}{\text{K}} + 4{,}19\,\frac{\text{J}}{(\text{g}\cdot\text{K})}\cdot 380\text{g}\right)\cdot 2{,}8\,\text{K}\cdot 87{,}9\,\frac{\text{g}}{\text{mol}}}{4{,}4\,\text{g}}\\ &= 96\,725{,}16\,\frac{\text{J}}{\text{mol}} \approx 97\,\frac{\text{kJ}}{\text{mol}}.\end{aligned}$$

Die molare Standard-Bildungsenthalpie für Eisensulfid beträgt

$$\Delta_\text{f}H^\circ_\text{m}\,(\text{FeS}) = -97\,\frac{\text{kJ}}{\text{mol}}\ \left(\text{theoretischer Wert } \Delta_\text{f}H^\circ_\text{m}\,(\text{FeS}) = -100\,\frac{\text{kJ}}{\text{mol}}\right).$$

spontan in die exotherme Richtung, bei hohen Temperaturen spontan in die endotherme Richtung. Es gibt aber auch endotherme Reaktionen, die bei niedriger Temperatur spontan ablaufen. Allen spontanen Reaktionen ist gemeinsam, dass die Ordnung des Systems dabei geringer wird. Bei folgenden Vorgängen nimmt z. B. die Ordnung in einem System ab:

- wenn Teilchen sich regellos in dem verfügbaren Raum verteilen oder wenn dieser Raum vergrößert wird;
- wenn die Anzahl der Teilchen zunimmt;
- wenn die mittlere Geschwindigkeit der Teilchen, also die Temperatur, zunimmt;
- wenn unterschiedliche Temperaturen, Drücke oder Konzentrationen ausgeglichen werden.

Die Bildung eines Feststoffes aus dem flüssigen Aggregatzustand führt jedoch spontan zu einem höheren Ordnungszustand des Systems. Bei der Beurteilung der Veränderungen des gesamten Ordnungszustandes durch einen Vorgang müssen auch Veränderungen in der Umgebung berücksichtigt werden. Bildet sich ein Kristall, so entsteht ein System höherer Ordnung. Dagegen bewirkt die Kristallisationswärme durch Erwärmung der Umgebung in dieser einen Zustand geringerer Ordnung. Auch bei chemischen Reaktionen ändert sich der Ordnungszustand. Bei der Bildung von Flüssigkeiten oder Gasen aus Feststoffen nimmt die Ordnung ab, ebenso wenn die Teilchenanzahl der Reaktionsprodukte größer ist als die der Edukte. Andererseits nimmt z. B. die Ordnung bei der Bildung von Hydrathüllen oder bei der Bildung von Ionengittern zu. Charakteristisch ist für bereits bei Zimmertemperatur ablaufende endotherme Reaktionen eine besonders starke Abnahme der Ordnung. Allen Vorgängen ist gemeinsam, dass die Ordnung insgesamt, d. h. in System und Umgebung zusammen, abnimmt. Jedoch kann im System oder in der Umgebung jeweils für sich eine Zunahme der Ordnung eintreten, wenn die Ordnungsabnahme in dem anderen Teil überwiegt.

Entropie

Bei der Ausdehnung eines (idealen) Gases in das Vakuum bleibt die innere Energie des Systems unverändert. Ursache für den spontanen Ablauf dieses Vorgangs ist eine andere Größe, die Wahrscheinlichkeit der Anordnung der Teilchen. Allgemein gilt, dass der spontane Ablauf eines Vorgangs von der Änderung der Wahrscheinlichkeit eines Zustands bestimmt wird. Spontane Vorgänge verlaufen in Richtung zunehmender Wahrscheinlichkeit und damit abnehmender Ordnung. Das Logarithmieren der Wahrscheinlichkeit führt zu einer Größe, die Entropie S genannt wird. Nach L. Boltzmann lautet der Zusammenhang zwischen der Wahrscheinlichkeit bzw. der Anzahl der Realisierungsmöglichkeiten und der Entropie S wie folgt:

$$S = k \cdot \ln W$$

(W: Realisierungsmöglichkeiten eines Zustands

k: **Boltzmann-Konstante** $k = 1{,}38 \cdot 10^{-23}\ \frac{J}{K}$).

Der Übergang in einen Zustand anderer Wahrscheinlichkeit wird durch die Entropieänderung ΔS beschrieben. Kennzeichen einer spontanen Reaktion ist die Zunahme der Gesamtentropie, was als zweiter Hauptsatz der Thermodynamik bezeichnet wird.

Zweiter Hauptsatz der Thermodynamik

$$\Delta S_{Gesamt} = \Delta S_{System} + \Delta S_{Umgebung} > 0.$$

Bei exothermen Reaktionen führt die abgegebene Wärme zu einer Erhöhung der Entropie der Umgebung. Nimmt die Entropie des Systems ab, so ergibt sich dann eine Gesamtzunahme der Entropie, wenn die Entropie der Umgebung durch den Übergang einer großen Wärmemenge stark zunimmt. Bei endothermen Reaktionen nimmt die Entropie der Umgebung durch den Wärmeübergang ab, es muss daher die Entropie des Systems stark zunehmen, dass die Gesamtentropie stark zunimmt. Endotherme Reaktionen laufen bei Zimmertemperatur nur ab, wenn im System eine sehr starke Entropiezunahme erfolgt.

Bei spontan verlaufenden Vorgängen nimmt die Gesamtentropie (Entropie des Systems und der Umgebung) zu.

Die Reaktionsentropie

Jeder Stoff besitzt bei Zimmertemperatur eine bestimmte molare Entropie, die als molare Standard-Entropie $S°$ $\left(\text{Einheit } \frac{J}{(K \cdot mol)}\right)$ tabelliert wird. Bei einer chemischen Reaktion ändern sich die Entropien der beteiligten Stoffe. Die Reaktionsentropie $\Delta_r S$ lässt sich berechnen, wenn die molaren Entropien der Edukte und der Produkte bekannt sind:

$$\Delta_r S^\circ_m = \Sigma\, S^\circ_m\,(\text{Produkte}) - \Sigma\, S^\circ_m\,(\text{Edukte}).$$

Beispiel: Berechnung der Standard-Reaktionsentropie für die Wassersynthese:

$$2\,H_2\,(g) + O_2\,(g) \longrightarrow 2\,H_2O\,(l)$$

$$S°(H_2)\,(g) = 131\,\frac{J}{(K \cdot mol)};\quad S°(O_2)\,(g) = 205\,\frac{J}{(K \cdot mol)};\quad S°(H_2O)\,(l) = 70\,\frac{J}{(K \cdot mol)}$$

$$\Delta_r S^\circ_m = (2\,mol \cdot S°(H_2O)\,(l)) - (2\,mol \cdot S°(H_2)\,(g) + 1\,mol \cdot S°(O_2)\,(g))$$

$$= 140\,\frac{J}{K} - \left(262\,\frac{J}{K} + 205\,\frac{J}{K}\right) = 140\,\frac{J}{K} - 467\,\frac{J}{K} = -327\ J\_K$$

Es handelt sich demnach um eine spontane Reaktion, bei der die Entropie des reagierenden Systems abnimmt. Durch spontane Reaktionen kann die Entropie jedoch insgesamt nur zunehmen. Man muss auch hier die Änderung der Entropie der Umgebung durch die stark exotherme Reaktion berücksichtigen. Für die Reaktion ist $\Delta_r H° = -527\,kJ$, daraus lässt sich die Entropiezunahme der Umgebung berechnen. Die Standard-Reaktionsenthalpie wird bei konstanter Temperatur (298 K) und konstantem Druck (1013 hPa) von der Umgebung aufgenommen:

$$\Delta S°_{(Gesamt)} = \frac{Q}{T} = -\frac{\Delta_r H°}{T} = \frac{572\,kJ}{298\,K} = 1919\,\frac{J}{K}.$$

Daraus ergibt sich als Gesamtentropieveränderung:

$$\Delta S°_{(Gesamt)} = \Delta S°_{System} + \Delta S°_{Umgebung} = -327\,\frac{J}{K} + 1919\,\frac{J}{K} = 1592\,\frac{J}{K}.$$

Die Änderung der Enthalpie trägt also über die daraus resultierende Änderung der Umgebungsentropie zur gesamten Entropieänderung bei. Allgemein gilt: Bei spontanen Reaktionen nimmt die Entropie eines Systems und seiner Umgebung insgesamt zu.

Freie Enthalpie

Die Entropieänderung bei einer Reaktion ist:

$$\Delta S°_{(Gesamt)} = \Delta S°_{System} + \Delta S°_{Umgebung} = \Delta S°_{System} - \frac{Q}{T} > 0.$$

Bei konstantem Druck und konstanter Temperatur gilt:

$$\Delta S°_{(Gesamt)} = \Delta S°_{System} - \frac{\Delta_r H°}{T}$$

$$-T \cdot \Delta S°_{(Gesamt)} = -T \cdot \Delta S°_{System} + \Delta_r H°.$$

Für $-T \cdot \Delta S°_{(Gesamt)}$ wurde von dem amerikanischen Chemiker J. W. Gibbs eine Zustandsgröße, die freie Enthalpie G, eingeführt:

$$\Delta_r G = \Delta_r H - T \cdot \Delta S°_{System}.$$

Diese Gleichung heißt **Gibbs-Helmholtz-Gleichung**. Ein negatives $\Delta_r G$ bedeutet spontane Reaktion. Reaktionen mit $\Delta_r G < 0$ werden **exergonisch**, solche mit $\Delta_r G > 0$ **endergonisch** genannt.

Für die Bildung des flüssigen Wassers aus den Elementen ist:

$$\Delta_r S° = -327\,\frac{J}{K} \qquad \text{und} \qquad \Delta_r H° = -527\,kJ$$

$$\Delta_r G° = -527\,kJ - 298\,K\left(-327\,\frac{J}{K}\right) = -475\,kJ.$$

Die Reaktion ist demnach exergonisch und läuft spontan ab. Aus den tabellierten Werten der freien Standard-Bildungsenthalpien $\Delta_f G°$ lässt sich die Änderung der freien Standard-Reaktionsenthalpie berechnen:

$$\Delta_r G_m^\circ = \Sigma\, \Delta_r G_m^\circ\,(\text{Produkte}) - \Sigma\, \Delta_r G_m^\circ\,(\text{Edukte}).$$

Grenzen energetischer Betrachtungsweisen

Die Thermodynamik liefert nur eine Aussage darüber, ob eine Reaktion ablaufen kann, jedoch keine Aussage über deren zeitlichen Verlauf oder ob die Reaktion tatsächlich abläuft.

Abhängig von der freien Enthalpie lassen sich folgende Faustregeln formulieren:

* Bei stark negativer freier Enthalpie (unter -30 kJ) wird erwartet, dass die Reaktion nahezu vollständig abläuft.
* Bei einer stark positiven freien Enthalpie (über 30 kJ) wird erwartet, dass die Reaktion gar nicht abläuft.
* Bei freien Enthalpien nahe null liegen stabile Systeme vor. Das System befindet sich im energetischen Gleichgewicht und die Reaktion läuft nicht ab.

Es kann nun aber passieren, dass eine Reaktion mathematisch betrachtet spontan ablaufen sollte, in der Praxis aber nicht abläuft. Dies kann der Fall sein, wenn die Aktivierungsenergie für die Reaktion sehr groß ist. Man spricht hierbei von metastabilen Systemen. Durch einen Katalysator kann die Aktivierungsenergie aber gesenkt werden.

Energie und chemische Reaktion

Die **innere Energie** eines Systems ist die Summe aller Energien der Teilchen, die diesem System angehören. Dazu gehören die potenziellen Energien der Atome, Ionen und Moleküle in den entsprechenden Teilchenverbänden, aber auch Schwingungs- und Rotationsenergien.

Die **Reaktionswärme** von chemischen Reaktionen wird in Kalorimetern bestimmt. Bei exothermen Reaktionen, die unter konstantem Volumen ablaufen, entspricht die Änderung der inneren Energie des Systems der Reaktionswärme: $\Delta U = \Delta Q_V$. Diese Reaktionswärme nennt man **Reaktionsenergie**.

Die Änderung der **Enthalpie ΔH** eines Systems entspricht der vom System bei konstantem Druck aufgenommenen oder abgegebenen Wärme. ΔH enthält die Volumenarbeit: $\Delta H = \Delta U + p \cdot \Delta V$.

Die Enthalpieänderung eines Systems ist unabhängig vom Reaktionsweg (**Satz von Hess**).

Mithilfe des Satzes von Hess lassen sich Bildungs- bzw. Reaktionsenthalpien berechnen, die experimentell nicht bestimmbar sind. Dafür müssen die Enthalpien der anderen Teilschritte bekannt sein.
Die Bildungsenthalpien der Elemente in ihrem stabilsten Zustand sind null. Damit lassen sich die Bildungsenthalpien von Verbindungen bestimmen.
Die Reaktionsenthalpien von chemischen Reaktionen kann man aus den molaren Bildungsenthalpien von Produkten und Edukten berechnen.

Unter der molaren **Standard-Bindungsenthalpie** zweiatomiger Moleküle versteht man die auf die Stoffmenge der Moleküle bezogene Standard-Reaktionsenthalpie der Spaltung in Atome. Dieser Energiebetrag wird auch bei der Bildung dieser Bindung frei.

Bei spontanen Vorgängen wird die Ordnung geringer, d.h. die Gesamtentropie (von System und Umgebung) nimmt zu.

Die Entropie nimmt auch mit steigender Temperatur zu.

Die Reaktionsentropie von chemischen Reaktionen kann aus den molaren Entropien der Reaktionsteilnehmer berechnet werden.

Die Änderung der freien Reaktionsenthalpie kann mit Hilfe der Gibbs-Helmholtz-Gleichung berechnet werden:

$$\Delta_r G = \Delta_r H - T \cdot \Delta S^\circ_{\text{System}}.$$

Mit tabellierten Werten der molaren freien Bildungsenthalpien lässt sich die Änderung der freien Enthalpie ebenfalls berechnen.

Bei einer bei der Temperatur T spontan ablaufenden Reaktionen ist $\Delta_r G < 0$, diese Reaktionen sind exergonisch. Bei endergonischen Reaktionen ist die Änderung der freien Enthalpie positiv ($\Delta_r G > 0$).

AUF EINEN BLICK

Oxoniumionen

entstehen bei der Reaktion von Säuren mit Wasser.

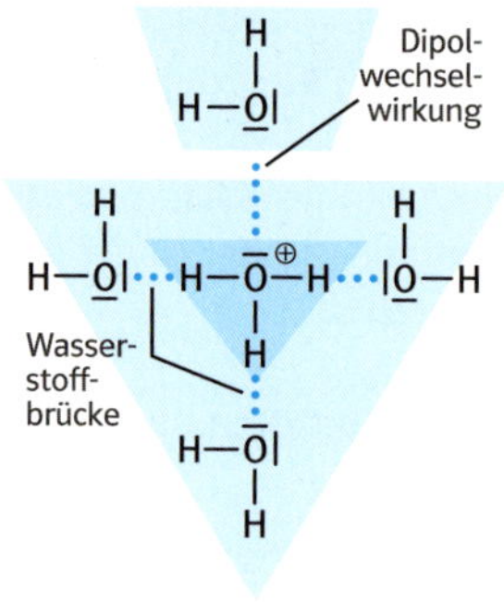

Das hydratisierte Oxoniumion, H_3O^+ (aq)-Ion

Säure und Base

Der heute am häufigsten verwendete Säure-Base-Begriff: Säuren sind Protonendonatoren, Basen sind Protonenakzeptoren.

Ionenprodukt des Wassers

$$H_2O + H_2O \rightleftharpoons H_3O^+ + OH^-$$

$$c(H_3O^+) \cdot c(OH^-) = 10^{-14}\ \text{mol}^2 \cdot \text{l}^{-2}$$

pH-Wert

$pH = -\lg c(H_3O^+)$

	sauer	neutral	alkalisch
$c(H_3O^+)$	$> 10^{-7}\ \frac{mol}{l}$	$= 10^{-7}\ \frac{mol}{l}$	$< 10^{-7}\ \frac{mol}{l}$
pH	< 7	= 7	> 7
$c(OH^-)$	$< 10^{-7}\ \frac{mol}{l}$	$= 10^{-7}\ \frac{mol}{l}$	$> 10^{-7}\ \frac{mol}{l}$
pOH	> 7	7	< 7

Säure-Base-Paare

Säure-Base-Paar I

$$HCl + NH_3 \rightleftharpoons Cl^- + NH_4^+$$

Säure-Base-Paar II

Säure	Base
H_3O^+	H_2O
NH_4^+	NH_3
HCl	Cl^-
HNO_3	NO_3^-
H_2O	OH^-
$HCOOH$	$HCOO^-$
H_2SO_4	HSO_4^-

Ampholyte oder **amphotere Teilchen** sind **Teilchen**, die je nach Reaktionspartner als Säure oder Base reagieren.

K_S bzw. pK_S und ***K_B*** bzw. pK_B charakterisieren die Stärke von Säuren bzw. Basen.

Protolyse von Salzen

Wässrige Salzlösungen können sauer, neutral oder alkalisch sein.

Puffersysteme

sind Lösungen schwacher Säuren bzw. Basen und ihrer korrespondierenden Basen bzw. Säuren. Pufferlösungen ändern ihren pH-Wert bei Zugabe von Oxonium- oder Hydroxidionen nur wenig.

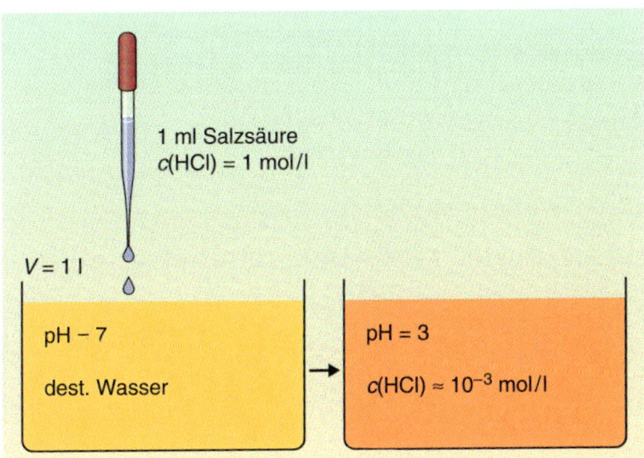

pH-Änderung ohne Pufferlösung

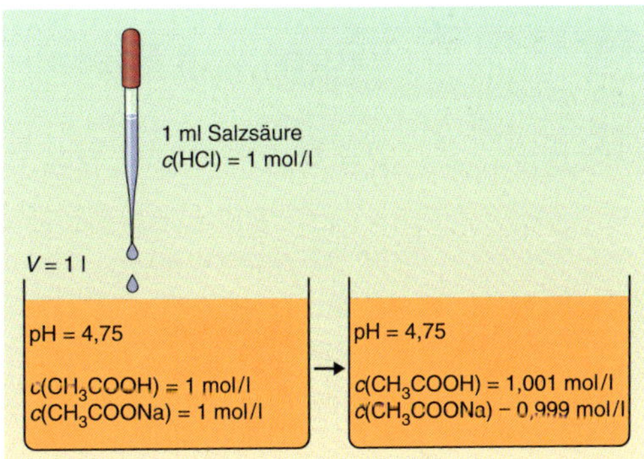

Pufferlösungen halten pH-Wert weitgehend unverändert

Säure-Base-Titrationen,

bei denen der pH-Wert aufgenommen wird, dienen der Konzentrationsbestimmung gelöster Säuren oder Basen in Probelösungen.

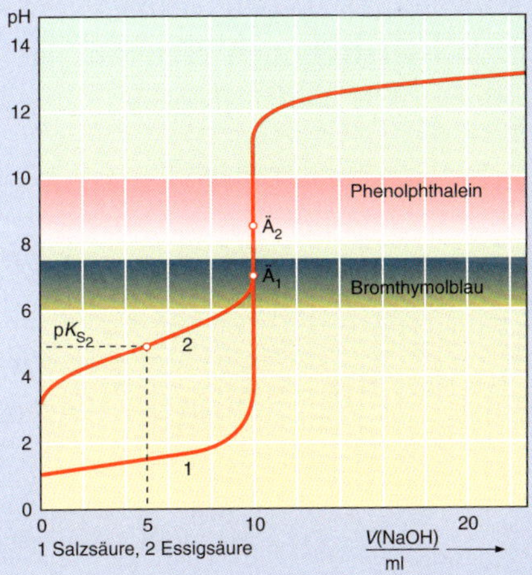

3 Säure-Base-Reaktionen – Protonenübergänge

- Säuren und Basen benennen die Fähigkeit von Teilchen, Protonen abzugeben bzw. aufzunehmen.
- Das Ionenprodukt des Wassers bildet die Grundlage für die Definition des pH-Wertes.
- Die Stärke einer Säure bzw. Base wird über die Säurekonstante bzw. Basekonstante erfasst.
- Beim Lösen eines Salzes in Wasser kann eine saure, neutrale oder alkalische Lösung entstehen.
- Pufferlösungen ändern ihren pH-Wert bei Zugabe einer sauren oder alkalischen Lösung wenig.
- Die Konzentration einer sauren oder alkalischen Lösung kann durch die Verfolgung des pH-Wertes während einer Titration ermittelt werden.

Säuren und Basen – zentrale Konzepte der Chemie

Die Entwicklung der Begriffe Säure und Base

Im 17. Jahrhundert führte Robert Boyle (1627–1691) eine erste allgemeine Definition für Säuren ein. Für ihn war die Farbänderung einiger Pflanzenfarbstoffe durch Säuren ein wesentliches Kennzeichen von Säuren. Andere Forscher legten besonderes Gewicht auf die Fähigkeit der Säuren, die Wirkung der alkalischen Lösungen aufzuheben. Später lernte man Stoffe kennen, die zwar keine alkalischen Lösungen bilden, aber mit Säuren zu Salzen reagieren (z. B. Kupfer(II)-oxid). Etwa ab 1730 tritt in Frankreich für diese Stoffe die Bezeichnung Base auf, da sie als Basis für die Salzbildung aufgefasst wurden.

S. Arrhenius 1887: Säuren spalten H^+-Ionen, Basen OH^--Ionen ab.

Svante Arrhenius (1859–1927) definierte im Jahre 1887 **Säuren** als Stoffe, die in Wasser **Wasserstoffionen** (H^+-Ionen), und Basen als Stoffe, die in Wasser **Hydroxidionen** (OH^--Ionen) abspalten.

Beispiele: $HCl \longrightarrow H^+ + Cl^-$ $\qquad HNO_3 \longrightarrow H^+ + NO_3^-$

Beispiele: $NaOH \longrightarrow Na^+ + OH^-$ $\qquad Ca(OH)_2 \longrightarrow Ca^{2+} + 2\,OH^-$

Die Reaktion einer Säure mit einer Base wird als **Neutralisation** bezeichnet, deren wesentlicher Vorgang in der Vereinigung von H^+-Ionen und OH^--Ionen zu Wassermolekülen besteht.

Beispiel: $H^+ + Cl^- + Na^+ + OH^- \longrightarrow H_2O + Na^+ + Cl^-$

Ein Nachteil dieses Säure-Base-Konzepts von Arrhenius bildet die Beschränkung des Base-Begriffs auf Hydroxide. Viele Stoffe, z. B. Ammoniak, bilden alkalische Lösungen, ohne Hydroxidverbindungen zu sein. Diese Nachteile wurden 1823 mit einer Neufassung des Säure-Base-Begriffs durch den Dänen Johannes Nicolaus Brønsted (1879–1947) überwunden. Etwa zur gleichen Zeit wurde diese Neufassung unabhängig von Brønsted auch von dem englischen Chemiker Thomas Lowry (1874–1936) vorgeschlagen.

J. N. Brønsted 1923: Säuren sind Protonendonatoren, Basen Protonenakzeptoren.

Säuren sind nach Brønsted Teilchen, die bei einer Reaktion Protonen abgeben (**Protonendonatoren**). **Basen** sind nach Brønsted Teilchen, die Protonen aufnehmen können (**Protonenakzeptoren**).

Somit basieren Säure-Base-Reaktionen auf dem sogenannten "Donator-Akzeptor-Prinzip" – einem chemischen Basiskonzept.

Protolysen

Die Begriffe Säure und Base benennen im Sinne von Brønsted keine Stoffklassen, sondern eine Funktion von Teilchen, nämlich die Fähigkeit zur Abgabe bzw. Aufnahme von Protonen. Eine **Säure** muss mindestens ein als Proton abspaltbares Wasserstoffatom aufweisen. Allen **Basen** ist gemeinsam, dass sie freie Elektronenpaare zur Ausbildung von Atombindungen mit Protonen besitzen. Damit eine Säure ein Proton abgeben kann, muss eine geeignete Base vorhanden sein, die dieses Proton aufnimmt. Chemische Reaktionen, bei denen Protonen übertragen werden, bezeichnet man als **Säure-Base-Reaktionen** oder auch als Protolysen (Protonenübertragungsreaktionen).

Säure-Base-Reaktionen sind Protolysen; es werden Protonen von Säuren auf Basen übertragen.

Oxoniumionen

Säure-Base-Reaktionen finden häufig in wässrigen Lösungen statt. Leitet man Chlorwasserstoff in Wasser, so bilden sich **Oxoniumionen**, freie Protonen liegen im Wasser nicht vor.

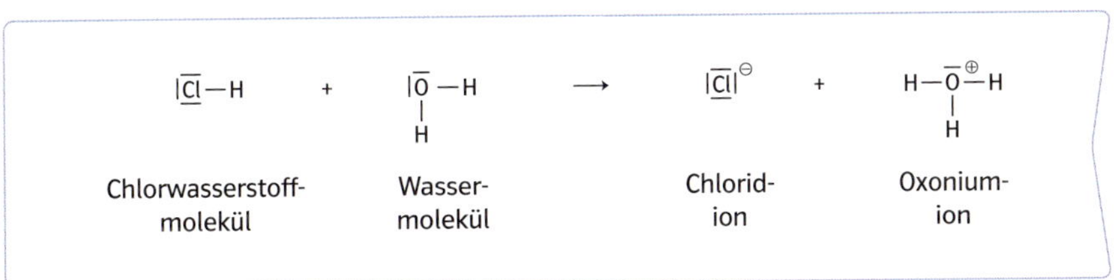

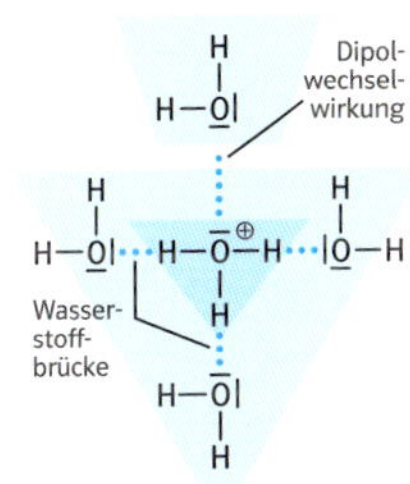

Das hydratisierte Oxoniumion, H_3O^+(aq)-Ion

Das aus einem Proton und einem Wassermolekül gebildete H_3O^+-Ion heißt Oxoniumion. Dieses ist, wie auch andere Ionen, in wässriger Lösung von Wassermolekülen umhüllt (hydratisiert). Diese hydratisierten Oxoniumionen, die H_3O^+(aq)-Ionen, werden auch Hydroniumionen genannt.

Das Ionenprodukt des Wassers und der pH-Wert

Bei einer Autoprotolyse reagiert eine Verbindung sowohl als Säure als auch als Base.

Auch reinstes Wasser zeigt eine, wenn auch sehr geringe, elektrische Leitfähigkeit. Diese ist auf die **Autoprotolyse** des Wassers zurückzuführen;

$$H_2O + H_2O \rightleftharpoons H_3O^+ + OH^-.$$

Für das Autoprotolysegleichgewicht, das weitgehend auf der Seite der Wassermoleküle liegt, kann das Massenwirkungsgesetz (➤ S. 21) formuliert werden:

$$\frac{c(H_3O^+) \cdot c(OH^-)}{c^2(H_2O)} = K.$$

Ionenprodukt des Wassers: $K_W = 10^{-14}\ mol^2 \cdot l^{-2}$

Die Konzentration der Wassermoleküle ist im Verhältnis zur Konzentration der Oxoniumionen und der Hydroxidionen sehr groß, sodass diese als konstant angesehen werden kann. Die Konzentration der Wassermoleküle lässt sich mit der Konstante K zu einer neuen Konstante K_W zusammenfassen:

$$K \cdot c^2(H_2O) = K_W = c(H_3O^+) \cdot c(OH^-).$$

Das Ionenprodukt $c(H_3O^+) \cdot c(OH^-)$ bezeichnet man kurz als **Ionenprodukt des Wassers**. Der Wert K_W des Ionenproduktes ist temperaturabhängig. Bei 25 °C ist $K_W = 1{,}00 \cdot 10^{-14}\ mol^2 \cdot l^{-2}$.

Die Beziehung für das Ionenprodukt des Wassers

$$c(H_3O^+) \cdot c(OH^-) = 10^{-14}\ mol^2 \cdot l^{-2}$$

ist nicht nur für reines Wasser, sondern auch für verdünnte wässrige Lösungen gültig. Daraus folgt, dass die Konzentration der Oxonium- und die der Hydroxidionen voneinander abhängen. Bei Zunahme der Konzentration einer Ionenart nimmt die Konzentration der anderen Ionenart so weit ab, dass der Wert von K_W wieder erreicht wird. In sauren Lösungen sind also nicht nur H_3O^+-, sondern auch OH^--Ionen vorhanden. In alkalischen Lösungen sind nicht nur OH^--Ionen, sondern auch H_3O^+-Ionen vorhanden.

Wässrige Lösungen lassen sich aufgrund ihrer Oxonium- oder ihrer Hydroxidionenkonzentrationen in saure, alkalische und neutrale Lösungen einteilen. Zur Charakterisierung einer Lösung genügt die Angabe der Oxoniumionenkonzentration, die Hydroxidionenkonzentration lässt sich bei bekannter Oxoniumionenkonzentration aus dem Ionenprodukt des Wassers berechnen.

Eine wässrige Lösung ist neutral, wenn gilt:

$$c\,(H_3O^+) = c\,(OH^-) = \sqrt{K_W} = \;10^{-7}\ \text{mol} \cdot l^{-1}.$$

Ist $c\,(H_3O^+)$ größer als $10^{-7}\ \text{mol} \cdot l^{-1}$, ist die Lösung sauer. Ist $c\,(H_3O^+)$ kleiner als $10^{-7}\ \text{mol} \cdot l^{-1}$, ist die Lösung alkalisch. Um einfachere Zahlenwerte zu erhalten, gibt man die Oxoniumionenkonzentration in Form des **pH-Wertes** an. Der pH-Wert ist der mit –1 multiplizierte dekadische Logarithmus des Zahlenwertes der Oxoniumionenkonzentration $pH = -\lg\,\{c\,(H_3O^+)\}$. Entsprechend definiert man den pOH-Wert: $pOH = -\lg\,\{c\,(OH^-)\}$. Ist der pH-Wert bekannt, so ergibt sich die Oxoniumionenkonzentration aus der Beziehung: $c\,(H_3O^+) = 10^{-pH}\ \text{mol} \cdot l^{-1}$.

Vereinfacht wird der pH-Wert häufig als der mit –1 multiplizierte Logarithmus der Oxoniumionenkonzentration definiert: $pH = -\lg c\,(H_3O^+)$.

Mit der Gleichung

$$pH + pOH = pK_W$$

kann man aus dem pH-Wert den pOH-Wert und umgekehrt berechnen.

Bei $pH = 7$ ist eine wässrige Lösung neutral. Der pH-Wert saurer Lösungen ist kleiner als 7, der alkalischer Lösungen größer als 7. Die gebräuchliche pH-Wert-Skala für wässrige Lösungen erstreckt sich über den Bereich von $pH = 0$ bis $pH = 14$, sie endet aber nicht bei 0 und 14.

$pH = -\lg c(H_3O^+)$
$pOH = -\lg c(OH^-)$
$pH + pOH = pK_W$

	sauer	**neutral**	**alkalisch**
$c(H_3O^+)$	$> 10^{-7}\ \frac{mol}{l}$	$= 10^{-7}\ \frac{mol}{l}$	$< 10^{-7}\ \frac{mol}{l}$
pH	< 7	= 7	> 7
$c(OH^-)$	$< 10^{-7}\ \frac{mol}{l}$	$= 10^{-7}\ \frac{mol}{l}$	$> 10^{-7}\ \frac{mol}{l}$
pOH	> 7	7	< 7

Charakterisierung wässriger Lösungen

Korrespondierende Säure-Base-Paare

Alle Säure-Base-Reaktionen sind umkehrbar und führen zu dynamischen chemischen Gleichgewichten (→ S. 17), die sich sehr schnell einstellen.

Die häufig als typische Basen angesehenen Metallhydroxide, z.B. NaOH, $Ca(OH)_2$, oder die Metalloxide, z.B. CuO, CaO, sind im Sinne der Brønsted-Definitionen als Substanzen keine Basen, sondern in ihnen sind lediglich die Basen OH^- und O^{2-} enthalten. Salzsäure ist nach Brønsted keine Säure. Salzsäure ist eine wässrige Lösung, die H_3O^+ und Cl^--Ionen enthält, wobei die Oxoniumionen als Protonendonatoren reagieren können.

Säure	Base
H_3O^+	H_2O
NH_4^+	NH_3
HCl	Cl^-
HNO_3	NO_3^-
H_2O	OH^-
HCOOH	$HCOO^-$
H_2SO_4	HSO_4^-

Beispiele für Säure-Base-Paare

Betrachtet man verschiedene Säure-Base-Reaktionen, so erkennt man Teilchenpaare wie NH_4^+ und NH_3, HCl und Cl^-, H_3O^+ und H_2O, bei denen die beiden Teilchen sich jeweils um ein Proton unterscheiden. Ein solches Paar von Teilchen nennt man korrespondierendes (zusammengehörendes oder miteinander verbundenes) **Säure-Base-Paar**. An jeder Säure-Base-Reaktion sind stets zwei korrespondierende Säure-Base-Paare beteiligt.

Beispiel:

Säure-Base-Paar I (HCl / Cl^-)

$$HCl + NH_3 \rightleftharpoons Cl^- + NH_4^+$$

Säure-Base-Paar II (NH_3 / NH_4^+)

Allgemeines Funktionsschema:

korrespondierend (HA / A^-)

$$HA + B^- \rightleftharpoons A^- + HB$$

korrespondierend (B^- / HB)

$$\text{Säure 1} + \text{Base 2} \rightleftharpoons \text{Base 1} + \text{Säure 2}$$

HA und HB stehen für beliebige Brønsted-Säuren. Die Lage des Gleichgewichts einer Säure-Base-Reaktion hängt von der Stärke der Säuren bzw. Basen ab.

Ampholyte

Teilchen, die je nach Reaktionspartner als Brønsted-Säure oder Brønsted-Base reagieren, bezeichnet man als amphotere Teilchen oder Ampholyte. Wassermoleküle sind z. B. amphotere Teilchen.

Die Begriffe Brønsted-Säure und Brønsted-Base charakterisieren keine Stoffeigenschaften, sondern das Verhalten von Teilchen gegenüber einem Reaktionspartner. So kann sich ein Wassermolekül gegenüber einer Brønsted-Säure (z. B. Chlorwasserstoffmolekül) als Brønsted-Base verhalten oder mit einer Brønsted-Base (z. B. Ammoniakmolekül) als Brønsted-Säure reagieren.

$$HCl + \underset{\text{Base}}{H_2O} \rightleftharpoons Cl^- + H_3O^+$$

$$\underset{\text{Säure}}{H_2O} + NH_3 \rightleftharpoons OH^- + NH_4^+$$

Teilchen, die je nach Reaktionspartner als Brønsted-Säure oder Brønsted-Base reagieren, bezeichnet man als amphotere Teilchen oder Ampholyte.

Schrittweise Protonenabgabe

H_2SO_4 und H_3PO_4 sind mehrprotonige Säuren.

Es gibt Teilchen, wie z. B. H_3PO_4, H_2SO_4 oder H_2S, die bei Abgabe eines Protons in korrespondierende Basen übergehen, die ihrerseits als Säuren reagieren können.

1. Schritt:	$H_3PO_4 + H_2O \rightleftharpoons H_2PO_4^- + H_3O^+$
2. Schritt:	$H_2PO_4^- + H_2O \rightleftharpoons HPO_4^{2-} + H_3O^+$
3. Schritt:	$HPO_4^{2-} + H_2O \rightleftharpoons PO_4^{3-} + H_3O^+$

Bei der vollständigen Reaktion mit einer sehr starken Base gibt das H_3PO_4–Molekül alle drei Protonen ab. Man spricht deshalb bei solchen Teilchen auch von mehrprotonigen Säuren.

Die Stärke von Säuren und Basen

Will man die Stärke verschiedener Säuren bzw. Basen miteinander vergleichen, muss man ihre Reaktionen mit derselben Base bzw. Säure betrachten. Als Bezugsbase und Bezugssäure hat man den Ampholyten Wasser gewählt. Wendet man das Massenwirkungsgesetz (➤ S. 21) auf das Gleichgewicht einer Säure bzw. Base mit Wasser an, so erhält man:

Reaktion einer Säure HA mit Wasser:
$HA + H_2O \rightleftharpoons A^- + H_3O^+$

Reaktion einer Base B mit Wasser:
$H_2O + B \rightleftharpoons OH^- + HB^+$

Massenwirkungsgesetz:

$$K_1 = \frac{c\,(H_3O^+) \cdot c\,(A^-)}{c\,(HA) \cdot c\,(H_2O)}$$

Massenwirkungsgesetz:

K_2 = c (HB+) · c (OH
–) ____________ c (B) · c (H_2O)

Wie beim Autoprotolysegleichgewicht des Wassers kann in verdünnter wässriger Lösung die Konzentration des Wassers als konstant angesehen werden und mit der Gleichgewichtskontanten K_1 bzw. K_2 zu einer neuen Konstanten K_S bzw. K_B zusammengefasst werden.

$$K_S = K_1 \cdot c\,(H_2O) = \frac{c\,(H_3O^+) \cdot c\,(A^-)}{c\,(HA)}$$

$K_B = K_2 \cdot c\,(H_2O)$ = c (HB+) · c (OH
–) ____________ c (B)

Der K_S- bzw. pK_S-Wert ist ein Maß für die Säurestärke.

Je kleiner der K_S-Wert bzw. je größer der pK_S-Wert ist, desto schwächer ist die Säure.

Die Gleichgewichtskonstanten K_S und K_B bezeichnet man als **Säurekonstante** bzw. **Basekonstante**. Beide Konstanten sind von der Art der Säure bzw. Base und von der Temperatur abhängig, jedoch unabhängig von der Konzentration der Säure oder Base.

Säure- und Basekonstante sind ein Maß für die Säurestärke bzw. Basestärke. Je höher der K_S- bzw. der K_B-Wert ist, umso stärker ist die Säure bzw. Base.

Statt der Konstanten K_S und K_B gibt man häufig die mit –1 multiplizierten dekadischen Logarithmen ihrer Zahlenwerte an:

Säureexponent:	Baseexponent:
$pK_S = -\log \{K_S\}$	$pK_B = -\log \{K_B\}$
$K_S = 10^{-pK_S}\ mol \cdot l^{-1}$	$K_B = 10^{-pK_B}\ mol \cdot l^{-1}$

pK_S	Säure	korrespondierende Base	pK_B
Vollständige Protonenabgabe	$HClO_4$	ClO_4^-	Keine Protonenaufnahme
	HI	I^-	
	HCl	Cl^-	
	H_2SO_4	HSO_4^-	
1,74	H_3O^+	H_2O	15,74
−1,32	HNO_3	NO_3^-	15,32
1,92	HSO_4^-	SO_4^{2-}	12,08
2,13	H_3PO_4	$H_2PO_4^-$	11,87
2,22	$[Fe(H_2O)_6]^{3+}$	$[Fe(OH)(H_2O)_5]^{2+}$	11,78
3,14	HF	F^-	10,86
3,35	HNO_2	NO_2^-	10,65
3,75	$HCOOH$	$HCOO^-$	10,25
4,75	CH_3COOH	CH_3COO^-	9,25
4,85	$[Al(H_2O)_6]^{3+}$	$[Al(OH)(H_2O)_5]^{2+}$	9,15
6,52	H_2CO_3/CO_2	HCO_3^-	7,48
6,92	H_2S	HS^-	7,08
7,00	HSO_3^-	SO_3^{2-}	7,00
7,20	$H_2PO_4^-$	HPO_4^{2-}	6,80
9,25	NH_4^+	NH_3	4,75
9,40	HCN	CN^-	4,60
10,40	HCO_3^-	CO_3^{2-}	3,60
12,36	HPO_4^{2-}	PO_4^{3-}	1,64
13,00	HS^-	S^{2-}	1,00
15,74	H_2O	OH^-	−1,74
Keine Protonenabgabe	C_2H_5OH	$C_2H_5O^-$	Vollständige Protonenaufnahme
	NH_3	NH_2^-	
	OH^-	O^{2-}	
	H_2	H^-	

Säurestärke nimmt zu (von unten nach oben) — Basestärke nimmt zu (von oben nach unten)

pK_S- und pK_B-Werte in wässriger Lösung

Der K_B- bzw. pK_B-Wert ist ein Maß für die Basestärke.

Je kleiner der K_B-Wert bzw. je größer der pK_B-Wert ist, desto schwächer ist die Base.

Je kleiner der pK_S- bzw. pK_B-Wert ist, desto größer ist die Stärke einer Säure bzw. einer Base. pK_S- und pK_B-Werte ermöglichen eine Einteilung von Säuren und Basen nach ihrer Stärke.

Der pK_S-Wert einer Säure HA und der pK_B-Wert ihrer korrespondierenden Base A^- hängen in einfacher Weise voneinander ab:

$HA + H_2O \rightleftharpoons A^- + H_3O^+$ $\qquad$ $H_2O + A^- \rightleftharpoons OH^- + HA$

$K_S = \frac{c(H_3O^+) \cdot c(A^-)}{c(HA)}$ $\qquad$ $K_B = \frac{c(HA) \cdot c(OH^-)}{c(A^-)}$

$K_S \cdot K_B = c(H_3O^+) \cdot c(OH^-) = K_W = 10^{-14}\,mol^2 \cdot l^{-2}$

bzw.: $pK_S + pK_B = pK_W = 14.$

Das Produkt aus K_S- und K_B-Wert eines korrespondierenden Säure-Base-Paares ergibt stets den Wert des Ionenproduktes des Wassers:

$$K_S \cdot K_B = K_W = 10^{-14}\,mol^2 \cdot l^{-2}.$$

Ist also der pK_S-Wert einer Säure bekannt, so kann man mit dieser Gleichung den pK_B-Wert der korrespondierenden Base berechnen (und umgekehrt). Aus der Gleichung geht auch hervor: Je stärker eine Säure ist, umso schwächer ist ihre korrespondierende Base. Je stärker die Base ist, umso schwächer ist ihre korrespondierende Säure.

Je stärker eine Säure ist, desto schwächer ist die korrespondierende Base.

Je stärker eine Base ist, desto schwächer ist die korrespondierende Säure.

pH-Werte wässriger Lösungen von Säuren und Basen

Wässrige Lösungen gleicher Ausgangskonzentration an Ameisensäure und Essigsäure besitzen unterschiedliche pH-Werte, während man in gleich konzentrierten wässrigen Lösungen von Chlorwasserstoff und Perchlorsäure keine pH-Unterschiede feststellen kann. Hier macht sich der nivellierende Effekt des Lösungsmittels Wasser bemerkbar. Alle sehr starken Säuren reagieren nahezu vollständig, sodass nicht mehr von einem Säure-Base-Gleichgewicht gesprochen werden kann.

Sehr starke Säuren und sehr starke Basen reagieren vollständig mit Wasser.

Beispiel:

$$HClO_4 + H_2O \longrightarrow ClO_4^- + H_3O^+$$

Sehr starke Säuren protolysieren in verdünnter wässriger Lösung vollständig. Auch sehr starke Basen reagieren vollständig mit Wasser.

Beispiel:

$$H_2O + O^{2-} \longrightarrow OH^- + OH^-$$

Das Hydroxidion ist die stärkste Base, die in wässriger Lösung existieren kann. Sehr starke Basen sind in verdünnter wässriger Lösung vollständig protoniert. Eine sehr starke Säure reagiert sogar bei Ausgangskonzentrationen der Größenordnung $c_0(HA) = 1\,mol \cdot l^{-1}$ vollständig mit Wasser. Man kann somit die Konzentration $c(A^-)$ gleich der Ausgangskonzentration $c_0(HA)$ setzen.

Da man für Konzentrationen $c_o(HA) \geqq 10^{-6}$ mol · l^{-1} die Oxoniumionen aus dem Autoprotolyse-Gleichgewicht des Wassers vernachlässigen kann, ist näherungsweise $c(H_3O^+) \approx c(A^-)$. Für den pH-Wert der Säurelösung gilt dann:

$$pH = -\lg \{c_o(HA)\}.$$

So weist Salzsäure der Konzentration $c_0(HCl) = 0{,}01\ \frac{mol}{l}$ folgenden pH-Wert auf: $c(H_3O^+) = c_0(HCl) = 0{,}01\ \frac{mol}{l} = 10^{-2}\ \frac{mol}{l}$; $pH = -\lg \{c_o(H_3O^+)\} = 2$.

Der pH-Wert für die Lösung einer sehr starken Base lässt sich auf vergleichbarem Weg berechnen: $pOH = -\lg \{c(OH^-)\}$; $pH = 14 - pOH$.

So lässt sich für Natronlauge der Konzentration $c_0(NaOH) = 0{,}1\ \frac{mol}{l}$ der pH-Wert berechnen: $pOH = -\lg 10^{-1} = 1$, $pH = 14 - 1 = 13$.

Schwache Säuren und Basen reagieren nur in geringem Ausmaß mit Wasser.

Eine schwache Säure HA reagiert gemäß

$$HA + H_2O \rightleftharpoons A^- + H_3O^+$$

nur in geringem Ausmaß mit Wasser. Deshalb ist die Gleichgewichtskonzentration $c(HA)$ näherungsweise der Ausgangskonzentration $c_0(HA)$. Vernachlässigt man außerdem die Oxoniumionen aus dem Autoprotolyse-Gleichgewicht des Wassers, gilt $c(A^-) \approx c(H_3O^+)$. Der pH-Wert der Säurelösung lässt sich bei Kenntnis des K_S- bzw. pK_S-Wertes der Säure berechnen:

$$K_S = \frac{c(A^-) \cdot c(H_3O^+)}{c(HA)} \approx \frac{c^2(H_3O^+)}{c_o(HA)}$$

$$c(H_3O^+) = \sqrt{K_S \cdot c_o(HA)} \qquad pH = -\lg \{c(H_3O^+)\}$$

$$pH = \frac{1}{2}\{pK_S - \lg c_o(HA)\}$$

Bei Basen erhält man für die pH-Wert-Berechnungen entsprechende Gleichungen durch Ersetzen von K_S durch K_B, von $c(H_3O^+)$ durch $c(OH^-)$ und von pH durch pOH:

$$pOH = \frac{1}{2}\{pK_B - \lg c_o(B)\}, \quad pH = pK_w - pOH = 14 - pOH.$$

Der pH von Essigsäure, einer schwachen Säure, der Konzentration
$c(CH_3COOH) = 10^{-2}\ \frac{mol}{l}$ lässt sich nach der obigen Gleichung berechnen:

$$pH = \frac{1}{2}[pK_S - \lg \{c_o(CH_3COOH)\}] = \frac{1}{2}[4{,}75 - \lg 10^{-2}] = \frac{1}{2}[4{,}75 + 2] = 3{,}38.$$

Ammoniak ist eine schwache Base, der pH-Wert einer Ammoniaklösung der Konzentration $c_0(NH_3) = 10^{-3}\ \frac{mol}{l}$ beträgt:

$pOH = \frac{1}{2}[pK_B - \lg 10^{-3}] = \frac{1}{2}[4{,}75 + 3] = 3{,}88$,

$pH = pK_w - pOH = 14 - 3{,}88 = 10{,}12$.

Säure-Base-Reaktionen in Salzlösungen

Saure und alkalische Lösungen reagieren miteinander zu einem Salz und Wasser. Bei dieser **Neutralisationsreaktion** (➛ S. 54) entsteht nicht unbedingt eine neutrale Lösung. Salzlösungen können sauer, neutral oder alkalisch sein. Salze sind im festen Zustand kristalline Verbindungen, die aus Ionen aufgebaut sind. Beim Lösen in Wasser können die Kationen und Anionen der Salze mit dem Ampholyten Wasser als Brønsted-Säuren oder -Basen reagieren.

Lösungen von Salzen können sauer, neutral oder alkalisch sein.

Damit ein Kation als Brønsted-Säure reagieren kann, muss es ein Proton abgeben können. Ammoniumionen sind Brønsted-Säuren, die mit Wassermolekülen Oxoniumionen bilden und den pH-Wert senken.

Ammoniumchlorid bildet mit Wasser eine saure Lösung.

$$NH_4^+ + H_2O \rightleftharpoons H_3O^+ + NH_3$$

Das Ammoniumion ist die korrespondierende Säure des Ammoniakmoleküls, einer schwachen Base. Kationen, die korrespondierende Säuren schwacher Basen sind, wirken als Säuren. Einige **Metallionen** wie Al^{3+} und Fe^{3+} führen ebenfalls zur Bildung saurer Lösungen. Bei Metallkationen ist zu beachten, dass Ionen in wässriger Lösung stets hydratisiert vorliegen (z. B. $[Fe(H_2O)_6]^{3+}$, $[Al(H_2O)_6]^{3+}$. Hydratisierte Metallionen sind unterschiedlich starke Brønsted-Säuren, z. B.:

$$[Fe(H_2O)_6]^{3+} + H_2O \rightleftharpoons [Fe(OH)(H_2O)_5]^{2+} + H_3O^+.$$

Der Säurecharakter beruht darauf, dass Wassermoleküle durch das mehrfach positiv geladene Metallion so **stark polarisiert** werden, dass es zur Abspaltung eines Protons kommen kann. Lösungen von hydratisierten Metallionen sind um so stärker sauer, je höher die Ladung und je kleiner der Radius, d. h., je größer die Ladungsdichte des Ions ist. Hydratisierte Alkali- und Erdalkalimetall-Ionen haben auf Grund ihrer geringen Ladungsdichte eine so geringe Säurestärke, dass man das Ausmaß der Säure-Base-Reaktion mit Wasser als vernachlässigbar klein ansehen kann.

Ob die Lösung eines Salzes sauer, neutral oder alkalisch ist, hängt nicht nur von den Kationen, sondern auch den Anionen ab. Anionen, die korrespondierende Basen schwacher Säuren sind, reagieren als Brønsted-Basen und erhöhen den pH-Wert. So bildet Natriumacetat alkalische Lösungen, weil die Acetationen gegenüber Wassermolekülen als Base reagieren und die hydratisierten Natriumionen keine Säure-Base-Reaktion mit den Wassermolekülen eingehen:

Natriumacetat bildet mit Wasser eine alkalische Lösung.

$$CH_3COO^- + H_2O \rightleftharpoons CH_3COOH + OH^-.$$

Die Anionen starker Säuren sind sehr schwache Basen, sie gehen deshalb keine Säure-Base-Reaktionen mit den Wassermolekülen ein. Zu diesen „neutralen Ionen“ gehören: Cl^-, Br^-, I^-, NO_3^-, ClO_4^-, SO_4^{2-}.

Eine Eisen(III)-chlorid-Lösung ist also sauer, weil die hydratisierten Eisen(III)-Ionen als Brønsted-Säure wirken, die Chloridionen aber keine Säure-Base-Reaktion mit den Wassermolekülen eingehen.

Die wässrige Lösung eines Salzes ist nur dann neutral, wenn weder die Kationen noch die Anionen mit Wasser in merklichem Ausmaß reagieren (z. B. NaCl) oder wenn die Säurestärke der einen Ionenart gleich der Basestärke der anderen ist (z. B. $CH_3COO^-NH_4^+$).

Sind die pK_S- bzw. die pK_B-Werte für die Ionen bekannt, kann qualitativ vorausgesagt werden, ob die wässrige Lösung eines Salzes sauer, alkalisch oder neutral ist.

Die Kenntnis der Stärke von Säuren und Basen, d. h. die Kenntnis der Säure- oder Basekonstanten bzw. ihrer pK-Werte, erlaubt aber auch quantitative Aussagen über die pH-Werte von Salzlösungen. Bei einigen Salzen sind die Anionen Ampholyte (z. B. $NaHSO_4$, Na_2HPO_4). Die Berechnung der pH-Werte ist dann aufwändiger. Bei amphoteren Anionen ist für die Bildung einer sauren, neutralen oder alkalischen Lösung entscheidend, ob die Säurestärke oder die Basestärke der Anionen überwiegt. Dies gilt allerdings nur, wenn die Kationen keine Säure-Base-Reaktionen mit Wassermolekülen eingehen.

Eine Salzlösung kann sauer, neutral oder alkalisch sein. Die Säure-Base-Reaktionen der Kationen und Anionen sind entscheidend für den pH-Wert der Salzlösung.

Salz	Ionen nach dem Lösen des Salzes in Wasser	Säure-Base-Reaktion der Ionen
Natriumhydrogensulfat	$Na^+ + HSO_4^-$ $pK_S(HSO_4^-) = 1{,}92$	$HSO_4^- + H_2O \rightleftharpoons SO_4^{2-} + H_3O^+$ ⇒ Die Lösung ist sauer.
Eisen(III)-chlorid	$[Fe(H_2O)_6]^{3+} + 3\,Cl^-$ $pK_S = 2{,}22$	$[Fe(H_2O)_6]^{3+} + H_2O \rightleftharpoons [Fe(OH^-)(H_2O)_5]^{2+} + H_3O^+$ ⇒ Die Lösung ist sauer.
Kaliumcarbonat	$2\,K^+ + CO_3^{2-}$ $pK_B(CO_3^{2-}) = 3{,}60$	$CO_3^{2-} + H_2O \rightleftharpoons HCO_3^- + OH^-$ ⇒ Die Lösung ist alkalisch.
Natriumchlorid	$Na^+ + Cl^-$	Die Ionen gehen keine Säure-Base-Reaktionen mit Wasser ein. ⇒ Die Lösung ist neutral.
Ammoniumacetat	$NH_4^+ + Ac^-$ $pK_S(NH_4^+) = pK_B(Ac^-) = 9{,}25$	$NH_4^+ + H_2O \rightleftharpoons NH_3 + H_3O^+$ $Ac^- + H_2O \rightleftharpoons HAc + OH^-$ ⇒ Die Lösung ist neutral.

Protolyse von Salzen. Abschätzung aus pK-Werten

Pufferlösungen

Der pH-Wert des menschlichen Blutes schwankt nur sehr wenig um den pH-Wert von 7,4, obwohl beim Stoffwechsel Säuren an das Blut abgegeben werden. Gibt man dagegen zu dest. Wasser nur wenig Säure, so zieht dies eine hohe pH-Wert-Änderung nach sich. Man spricht bei Systemen, die auf Zugabe einer sauren oder alkalischen Lösung mit einer nur sehr geringen pH-Wert-Änderung reagieren, von Pufferlösungen.

Pufferlösungen reagieren auf Zugabe einer sauren oder alkalischen Lösung mit einer nur sehr geringen pH-Wert-Änderung.

Puffersysteme sind Lösungen schwacher Säuren und ihrer korrespondierenden Basen oder Lösungen von schwachen Basen und ihren korrespondierenden Säuren.

Beispiele:
Essigsäure / Acetat
CH_3COOH / CH_3COO^-
Ammonium / Ammoniak
NH_4^+ / NH_3

Beispiel für die Wirkungsweise einer Pufferlösung

Eine Lösung, die Essigsäure und Natriumacetat gleicher Konzentration enthält, weist den pH-Wert pH = 4,75 auf. Bei Zusatz von Oxonium- oder Hy-droxidionen in nicht allzu großen Stoffmengen sinkt bzw. steigt der pH-Wert nur geringfügig. Eine Lösung, die Essigsäuremoleküle und Acetationen enthält, kann also sowohl Oxoniumionen als auch Hydroxidionen abfangen.

Essigsäure/Acetatpuffer: $HAc + H_2O \rightleftharpoons Ac^- + H_3O^+$
Zugabe von Säure: $HAc + H_2O \longleftarrow Ac^- + H_3O^+$
Zugabe von Base: $HAc + OH^- \longrightarrow Ac^- + H_2O$

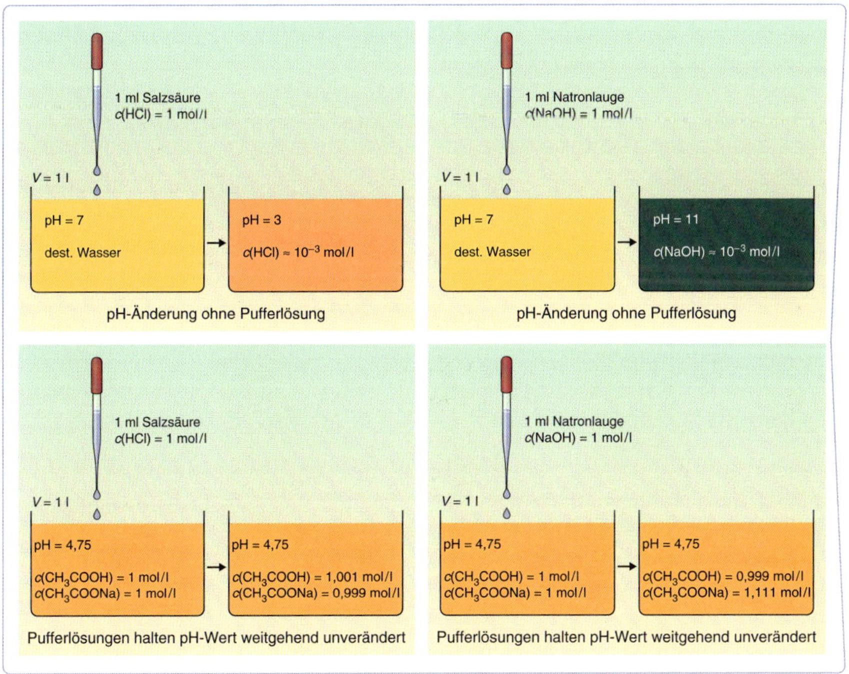

Pufferwirkung

Die schwache Säure gibt Protonen zur Neutralisation der Hydroxidionen ab. Ihre korrespondierende Base wirkt als Protonenakzeptor. Eine Pufferlösung enthält dementsprechend eine schwache Säure und deren korrespondierende Base. Alternativ kann die Pufferlösung auch aus einer schwachen Base, sie neutralisiert die starke Säure, und deren korrespondierender Säure bestehen, die die starke Base neutralisert.

Puffersysteme sind Lösungen schwacher Säuren (Basen) und ihrer korrespondierenden Basen (Säuren). Pufferlösungen ändern ihren pH-Wert bei Zugabe von Oxonium- oder Hydroxidionen nur wenig.

pH-Wert einer Pufferlösung

Neben dem Essigsäure-Acetat-Puffer gibt es eine Reihe wichtiger Pufferlösungen, z.B. den Kohlensäure-Hydrogencarbonat-Puffer (H_2CO_3/HCO_3^-) oder den Phosphat-Puffer ($H_2PO_4^-/HPO_4^{2-}$). Diese Puffersysteme wirken bei unterschiedlichen pH-Werten. Der pH-Wert einer Pufferlösung lässt sich aus dem MWG berechnen:

$$\frac{c(H_3O^+) \cdot c(A^-)}{c(HA)} = K_S \quad \Rightarrow \quad c(H_3O^+) = K_S \cdot \frac{c(HA)}{c(A^-)}.$$

Bildet man den mit −1 multiplizierten dekadischen Logarithmus, erhält man:

$$-\log c(H_3O^+) = -\log K_S - \log \frac{c(HA)}{c(A^-)}.$$

Diese Gleichung ist gleichwertig mit:

$$pH = pK_S + \log \frac{c(A^-)}{c(HA)}$$ (**Henderson-Hasselbalch-Gleichung**).

$pH = pK_S$, wenn: $c(HA) = c(A^-)$

Aus dieser „Puffergleichung" geht hervor, dass der pH-Wert einer Pufferlösung gleich dem pK_S-Wert der schwachen Säure ist, wenn die Gleichgewichtskonzentrationen der Säure $c(HA)$ und der korrespondierenden Base $c(A^-)$ gleich sind.

$$pH\,(Puffer) = pK_S\,(Säure)$$

Im Bereich des pH-Werts $pH = pK_S$ erfolgt die Pufferung.

In der Praxis setzt man häufig die Säure und die korrespondierende Base im Stoffmengenverhältnis 1:1 ein. Bei diesem Verhältnis kann man in guter Näherung für die Gleichgewichtskonzentrationen $c(A^-)$ und $c(HAc)$ die Ausgangskonzentrationen $c_0(A^-)$ und $c_0(HA)$ einsetzen.

Ein Puffersystem kann selbstverständlich nicht beliebig viele Oxoniumionen oder Hydroxidionen neutralsieren. Die **Pufferkapazität** ist erschöpft, wenn der größte Teil der schwachen Säure zur korrespondierenden Base oder diese zur Säure reagiert hat.

Bedeutung von Puffersystemen

Puffersysteme spielen in vielen Bereichen der Chemie eine große Rolle. Die gebräuchliche pH-Skala wird durch die pH-Werte einer Reihe von Standard-Pufferlösungen festgelegt. Standard-Pufferlösungen dienen deshalb auch zum Eichen der Glaselektroden von pH-Metern. In der analytischen Chemie werden Pufferlösungen z. B. bei komplexometrischen Titrationen eingesetzt. Auch bei vielen Industrieprozessen finden Pufferlösungen Verwendung. Beipiele sind die Herstellung von Leder, fotografischen Materialien und Farbstoffen sowie das Galvanisieren.

Von großer Bedeutung ist die Pufferung für den lebenden Organismus. Das menschliche Blut ist sehr gut gepuffert durch die Systeme $H_2CO_3/NaHCO_3$ und NaH_2PO_4/Na_2HPO_4 sowie das Globin des Hämoglobins.

Blutpuffer:
$H_2CO_3/NaHCO_3$
NaH_2PO_4/Na_2HPO_4

Eine gute Pufferung der Erdböden z. B. durch Calciumcarbonat ($CaCO_3$) und Calciumhydrogencarbonat macht die im Humus enthaltenen sowie die durch Wurzeln und Mikroorganismen ausgeschiedenen Säuren unschädlich und verhindert damit eine Versauerung des Bodens.

Säure-Base-Titrationen

Säure-Base-Reaktionen in wässriger Lösung können zur **quantitativen Bestimmung** der Stoffmenge bzw. Ausgangskonzentration einer Säure oder Base genutzt werden. Als Beispiel soll zunächst die Reaktion von Salzsäure mit Natronlauge betrachtet werden.

Für die Salzsäure gilt: $HCl\,(g) + H_2O\,(l) \longrightarrow H_3O^+\,(aq) + Cl^-\,(aq).$

Für die Natronlauge gilt: $NaOH\,(s) \longrightarrow Na^+\,(aq) + OH^-\,(aq).$

$$n\,(H_3O^+) \approx n_0\,(HCl) \quad \text{und} \quad n\,(OH^-) \approx n_0\,(NaOH)$$

Die Säure-Base-Reaktion besteht in der Bildung der Wassermoleküle aus Oxonium- und Hydroxidionen: $H_3O^+ + OH^- \longrightarrow 2\,H_2O$. Die Natrium- und die Chloridionen sind an der Säure-Base-Reaktion nicht beteiligt.

Titration

Um die Stoffmenge bzw. Konzentration an Salzsäure bzw. Oxoniumionen zu bestimmen, führt man eine **Titration** durch. Dabei fügt man zu einem bestimmten Volumen Salzsäure (Probelösung) einige Tropfen Indikatorlösung, verdünnt evtl. und gibt dann in kleinen Portionen so viel Natronlauge bekannter Konzentration (Maßlösung) zu, bis die Farbe des Indikators umschlägt.

Am Äquivalenzpunkt sind die Stoffmengen der Reaktionspartner gleich.

pH-Titration

Am Beispiel einer pH-Titration (potentiometrische Titration) von 100 ml Essigsäure der Konzentration $c_0(CH_3COOH) = 0{,}1\ \frac{mol}{l}$ mit Natronlauge der Konzentration $c_0(NaOH) = 1\ \frac{mol}{l}$ lassen sich wesentlich Aspekte der Säure-Base-Reaktionen darstellen.

Wertetabelle

V (NaOH) in ml	0	1	2	3	4	5	6	7	8	9	10	11	12
pH-Wert	2,88	3,80	4,15	4,38	4,57	4,75	4,93	5,12	5,35	5,70	8,85	11,96	12,25

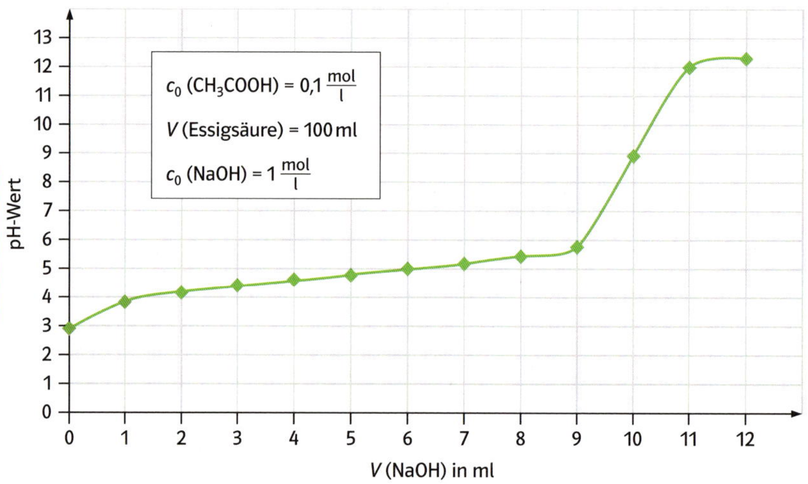

Titration von Essigsäure mit Natronlauge

Vor der Zugabe der Natronlauge weist die Lösung den pH-Wert der schwachen Säure auf:

$$pH = \frac{1}{2}\,[pK_S - \lg c(HA)] = \frac{1}{2}\,[4{,}75 - \lg 10^{-1}] = \frac{1}{2}\,[4{,}75 + 1] = 2{,}88.$$

Mit der Zugabe der Natronlauge setzt die Neutralisation ein:

$$CH_3COOH + NaOH \longrightarrow CH_3COONa + H_2O.$$

Die pH-Werte lassen sich mit der folgenden Gleichung (Henderson-Hasselbalch-Gleichung) berechnen:

$$pH = pK_S + \lg \frac{c(A^-)}{c(HAc)} = 4{,}75 + \lg \frac{c(CH_3COO^-)}{c(CH_3COOH)}.$$

$$c(CH_3COO^-) = \frac{c_0(NaOH) \cdot V(NaOH)}{V(CH_3COOH) + V(NaOH)}$$

$$c(CH_3COOH) = \frac{c_0(HAc) \cdot V(HAc) - c_0(NaOH) \cdot V(NaOH)}{V(HAc) + V(NaOH)}$$

$$pH = 4{,}75 + \lg \frac{c_0(NaOH) \cdot V((NaOH)}{c_0(HAc) \cdot V(HAc) - c_0(NaOH) \cdot V(NaOH)}$$

Beispiel:
Nach Zugabe von 3 ml Natronlauge beträgt der pH-Wert der Lösung:

$$pH = 4{,}75 + \lg \frac{1 \frac{mol}{l} \cdot 3\,ml}{0{,}1 \frac{mol}{l} \cdot 100\,ml - 1 \frac{mol}{l} \cdot 3\,ml} = 4{,}75 - 0{,}37 = 4{,}38.$$

Ein weiterer markanter Punkt der Titrationskurve ist nach der Zugabe von 5 ml Natronlauge erreicht; jetzt ist die Hälfte der Essigsäure neutralisiert, für den pH-Wert gilt:

$$pH = pK_S = 4{,}75.$$

Um diesen pH-Wert puffert eine Essigsäure-Acetat-Lösung.

Bei der Zugabe von 10 ml Natronlauge hat die gesamte Essigsäure mit der Natronlauge reagiert. Der Äquivalenzpunkt (pH = 8,85) liegt im alkalischen Bereich. Dieses liegt daran, dass die Acetationen mit den Wassermolekülen reagieren. Acetat ist die korrespondierende Base einer schwachen Säure:

$$CH_3COO^- + H_2O \rightleftharpoons CH_3COOH + H_2O.$$

Für den pH-Wert gilt:

$$pH = 14 - pOH = 14 - \tfrac{1}{2}\,[pK_B - \lg c_0(CH_3COO^-)]$$

$$= 14 - \tfrac{1}{2}\left[9{,}25 - \lg \frac{0{,}01}{0{,}11}\right]$$

$$= 8{,}85.$$

Bei weiterer Zugabe von Natronlauge findet keine Reaktion mehr mit Essigsäure statt, der pH-Wert wird durch die Hydroxidionenkonzentriert bestimmt: $pH = 14 + \lg c(OH^-)$.

Nach Zugabe von 11 ml Natronlauge:

$$pH = 14 + \lg \frac{0{,}001}{0{,}111} = 11{,}95.$$

Als Indikator für die Titration von Essigsäure mit Natronlauge ist Phenolphthalein geeignet, weil der Äquivalenzpunkt der Titration in den Umschlagsbereich des Indikators fällt:

$$pH = pK_S \pm 1 = 9{,}4 \pm 1.$$

Aus dem Volumen und der Konzentration der verbrauchten Maßlösung und dem Volumen der Probelösung kann dann die Ausgangskonzentration c_0(HCl) der Salzsäure berechnet werden. Der Farbwechsel des Indikators dient dazu, den Punkt zu erkennen, an dem die Stoffmenge der zugegebenen Hydroxidionen der Stoffmenge der Oxoniumionen der Probelösung entspricht. Dieses ist der Äquivalenzpunkt. Ein **Äquivalenzpunkt** kann meist genauer mit Hilfe einer **Titrationskurve** bestimmt werden.

Mit einer Titration wird der Äquivalenzpunkt bestimmt.

Titrationskurven

Im Verlauf einer Säure-Base-Titration ändert sich der pH-Wert der Probelösung durch die Säure-Base-Reaktion und durch die Volumenzunahme (Zugabe von Maßlösung). Die Änderung des pH-Wertes durch die Volumenzunahme kann man vernachlässigen, wenn man bei der Titration eine Maßlösung verwendet, deren Konzentration wesentlich größer ist als die der Probelösung. Die grafische Darstellung des pH-Wertes der Probelösung in Abhängigkeit vom Volumen der zugegebenen Maßlösung bezeichnet man als Titrationskurve.

Betrachtet man die Titrationskurve für die Titration von Salzsäure mit Natronlauge, sieht man, dass der pH-Wert (Ausgangswert ist der pH-Wert der Probelösung) zunächst verhältnismäßig wenig, dann sprunghaft und schließlich wieder weniger stark ansteigt (Endwert entspricht etwa dem pH-Wert der Maßlösung).

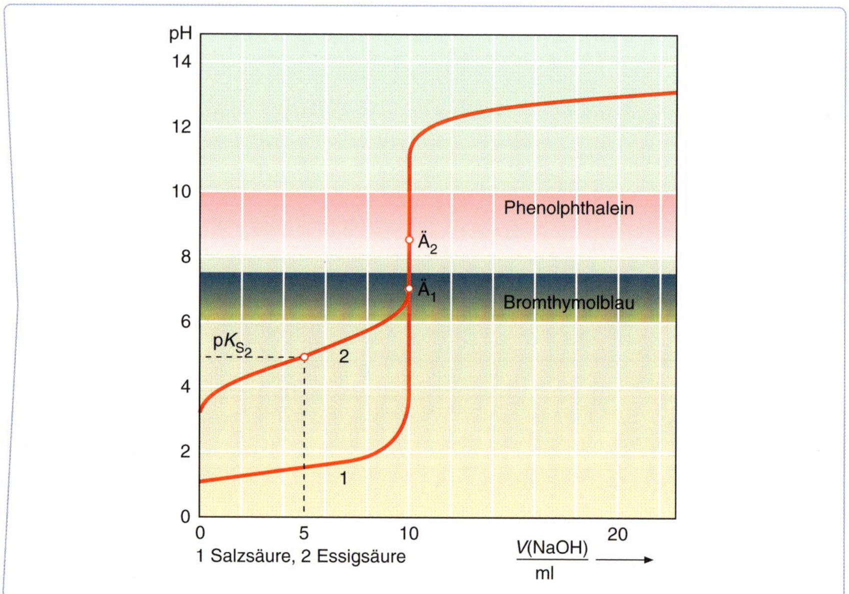

Titrationskurven von Salzsäure (V(Salzsäure) = 100 ml; c_0(HCl) = 0,1 $\frac{mol}{l}$) und **Essigsäure** (V(Essigsäure) = 100 ml; $c_0(CH_3COOH)$ = 0,1 $\frac{mol}{l}$) **mit Natronlauge** der Konzentration c_0(NaOH) = 1 $\frac{mol}{l}$

Die Mitte des **pH-Sprungs** liegt hier bei pH = 7,00 und stellt einen **Wendepunkt der Titrationskurve** dar.

Der Wendepunkt des pH-Sprungs der Titrationskurve entspricht dem Äquivalenzpunkt.

Dieser Punkt entspricht dem **Äquivalenzpunkt** der Titration. Anschaulich ist zu erkennen, dass in der Nähe des Äquivalenzpunktes bereits ein minimaler Zusatz von Natronlauge genügt, um einen sprunghaften pH-Wert-Anstieg zu bewirken.

Auch die Titrationskurve für die Titration von Essigsäure zeigt einen pH-Sprung. Dieser ist allerdings wesentlich kleiner als der bei der Titration von Salzsäure der gleichen Ausgangskonzentration. Außerdem liegt die Mitte des pH-Sprungs, d. h. der Äquivalenzpunkt, im alkalischen Bereich (pH = 8,9).

Dies hat folgenden Grund: Am Äquivalenzpunkt liegt eine Natriumacetatlösung vor. Diese reagiert alkalisch. Charakteristisch ist weiterhin das Auftreten eines zweiten Kurvenwendepunktes bei pH = 4,75. Dieser Wert entspricht dem pK_S-Wert der Essigsäure. Aus dem Volumen der verbrauchten Maßlösung kann man erkennen, dass an dieser Stelle gerade die Hälfte der Essigsäure-Moleküle reagiert hat, d. h., es ist $c(Ac^-) = c(HAc)$. Aus der experimentell einfach zu ermittelnden Titrationskurve einer schwachen Säure kann also deren pK_S-Wert entnommen werden.

Dieser Wendepunkt wird Halbäquivalenzpunkt genannt.

Bei der Betrachtung der Titrationskurve der Essigsäure mit der Natronlauge fällt noch eine Feinheit ins Auge. Zu Beginn steigt der pH-Wert der Titrationskurve ein wenig steiler an als bei der Kurve der Titration der Salzsäure mit Natronlauge. Dieses liegt daran, dass die pH Wert-Erhöhung bei der Essigsäure nicht allein durch die Abnahme der neutralisierten Oxoniumionen bzw. Essigsäuremoleküle bestimmt wird, sondern auch durch die Zunahme der Acetationen

$$pH = pK_S + \lg \frac{c(Ac^-)}{c(HAc)}.$$

Jenseits des Äquivalenzpunktes stimmt die Titrationskurve der Essigsäure mit der der Salzsäure überein, da der pH-Wert dann nur noch von der zugegebenen Natronlauge abhängt.

Alle für die Titration von Säuren mit starken Basen getroffenen Feststellungen gelten analog für die Titrationen von Basen mit einer starken Säure (z. B. Salzsäure). Die Titrationskurven der Basen ergeben sich aus denen der Säuren (bei gleichen Ausgangskonzentrationen und gleichen pK-Werten) durch Spiegelung an der Geraden pH = 7. Der pH-Wert-Bereich wird während der Titration in entgegengesetzter Richtung durchlaufen, und auch die Indikator-Umschläge erfolgen umgekehrt.

Die **Titration von Phosphorsäure mit Natronlauge** verläuft in mehreren Schritten (Bildung von $H_2PO_4^-$, HPO_4^{2-} bzw. PO_4^{3-}). Es existiert eine diesen

Schritten entsprechende Anzahl von Äquivalenzpunkten bzw. pH-Sprüngen in der Titrationskurve. Allerdings ist der dritte pH-Sprung kaum ausgeprägt. Die Titrationskurve entspricht formal der Überlagerung der Titrationskurven einer starken und einer schwachen Säure.

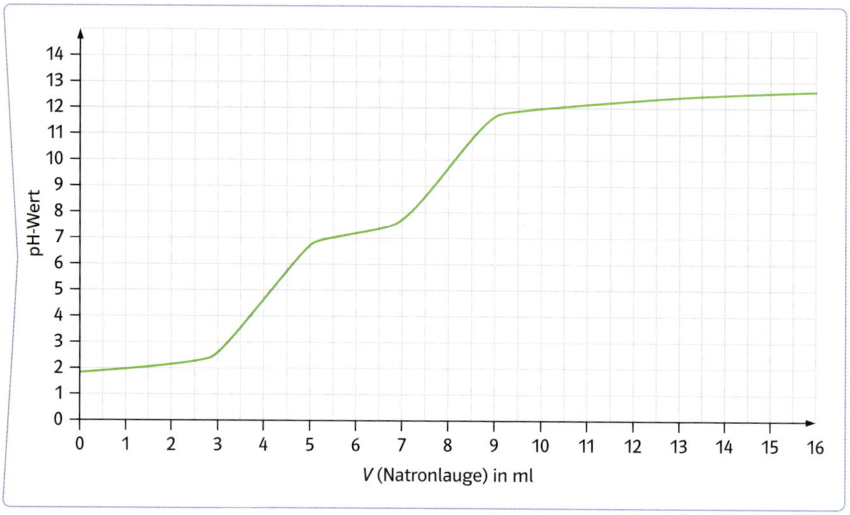

Titration von 100 ml Phosphorsäure der Konzentration $c(H_3PO_4) = 0{,}04\ \frac{mol}{l}$ mit Natronlauge der Konzentration $c(NaOH) = 1\ \frac{mol}{l}$

Quantitative Bestimmung von Säuren oder Basen gehören in vielen Forschungseinrichtungen, Untersuchungsämtern und Industriebetrieben zu den Routineuntersuchungen. Fallen viele Probebestimmungen an, werden diese mit Titrierautomaten und Computern durchgeführt. Mit dem Computer können die Messdaten erfasst, ausgewertet und archiviert werden.

Titration und Indikator

Ein Säure-Base-Indikator ist im Allgemeinen eine schwache organische Säure, deren korrespondierende Base eine andere Farbe als die Säure hat.

Zur Bestimmung des Äquivalenzpunktes einer Titration wird häufig der Farbumschlag eines Indikators herangezogen. Ein Säure-Base-Indikator ist im Allgemeinen eine schwache, farbige organische Säure, deren korrespondierende Base eine andere Farbe als die Säure aufweist. In wässriger Lösung stellt sich für einen Indikator HIn ein Säure-Base-Gleichgewicht ein, das pH-abhängig ist:

$$\underset{\text{Indikator-Säure (Farbe 1)}}{HIn} + H_2O \rightleftharpoons \underset{\text{korrespondierende Indikator-Base (Farbe 2)}}{In^-} + H_3O^+$$

$$K_S = \frac{c(H_3O^+) \cdot c(In^-)}{c(HIn)} \qquad pH = pK_S + \lg \frac{c(In^-)}{c(HIn)}$$

Da die Empfindlichkeit des Auges für die verschiedenen Farben unterschiedlich und begrenzt ist, muss die Konzentration der Indikatorsäure etwa das Zehnfache der korrespondierenden Base betragen, damit die Farbe der Säure wahrgenommen werden kann.

Die Feststellung zur Wahrnehmung der Farbe gilt auch für die Indikatorbase In^-. Ein **Indikator** hat also einen **Umschlagsbereich** von etwa $\Delta pH \approx 2$ ($pH = pK_S \pm 1$). Der Farbumschlag findet statt, wenn der pH-Wert dem pK_S-Wert entspricht.

Der pH-Wert des Äquivalenzpunktes der Titration muss im Umschlagsbereich des Indikators liegen: $pH = pK_{S_{Ind}} \pm 1$.

Neben **Zweifarben-Indikatoren** (z.B. Methylrot), die auf beiden Seiten des Umschlagsbereiches unterschiedliche Farben zeigen, gibt es auch Einfarben-Indikatoren (z.B. Phenolphthalein), die nur auf einer Seite ihres Umschlagsbereiches eine Farbe aufweisen, auf der anderen Seite dagegen farblos sind. Innerhalb eines Umschlagsbereiches zeigen Zweifarben-Indikatoren eine Mischfarbe.

Indikator	Farbe der Säure	pH-Bereich des Farbumschlags	Farbe der Base	$pK_S(HIn)$
Thymolblau	rot	1,2 – 2,8	gelb	1,7
Methylorange	rot	3,0 – 4,4	gelborange	3,4
Bromkresolgrün	gelb	3,8 – 5,4	blau	4,7
Methylrot	rot	4,2 – 6,2	gelb	5,0
Lackmus	rot	5,0 – 8,0	blau	6,5
Bromthymolblau	gelb	6,0 – 7,6	blau	7,1
Phenolphthalein	farblos	8,2 – 10,0	purpur	9,4
Thymolphthalein	farblos	9,3 – 10,5	blau	10,0
Alizaringelb R	gelb	10,1 – 12,1	rot	11,2

Ein bestimmter Indikator ist dann für eine Titration geeignet, wenn der pH-Wert des Äqivalenzpunktes innerhalb des Umschlagsbereiches des Indikators liegt. Für die Titration von Salzsäure mit Natronlauge ist dies z.B. Bromthymolblau. Für dieselbe Titration kann man aber auch die Indikatoren Methylorange oder Phenolphthalein verwenden, in deren Umschlagsbereichen der Äquivalenzpunkt zwar nicht liegt, die aber innerhalb des pH-Sprungs ihre Farben ändern, sodass der Fehler in der Anzeige des Äquivalenzpunktes vernachlässigbar klein bleibt. Je kleiner der pH-Sprung ist, um so geringer ist die Anzahl der für die betreffende Titration geeigneten Indikatoren. Ist der pH-Sprung kleiner als $\Delta pH = 2$ oder ist der pH-Sprung nicht steil genug, kann ein Äquivalenzpunkt mit einem Indikator nicht mehr ermittelt werden. Da Indikatoren bei einer

Titration ebenfalls Maßlösung verbrauchen, darf stets nur eine geringe Menge des Indikators zur Probelösung gegeben werden.

Dünnschichtchromatografie

Universalindikator besteht aus mehreren Indikatoren, die unterschiedliche Umschlagsbereiche haben. Mit Hilfe einer Dünnschichtchromatografie kann unter anderem bestimmt werden, welche Indikatoren im Universalindikator enthalten sind.

Die Dünnschichtchromatografie ist ein Verfahren zur Stofftrennung, die über eine stationäre und eine mobile Phase erfolgt. Die stationäre Phase besteht in der Regel aus einer Schicht feinkörnigen Materials (z.B. aus Aluminiumoxid oder Cellulose), die auf einer Trägerplatte aufgetragen ist. Darüber fließt in einer Trennkammer die mobile Phase, also ein Lösungsmittel, das auch als Fließmittel bezeichnet wird. Das Lösungsmittel befindet sich auf dem Boden der Trennkammer. Eine Probe des Universalindikators wird auf den unteren Rand der Dünnschichtplatte aufgetragen und in der Trennkammer in das Fließmittel gestellt, welches nun durch Kapillarkräfte nach oben steigt. Die unterschiedlichen Reinstoffe im Universalindikator binden unterschiedlich stark an die stationäre Phase bzw. lösen sich unterschiedlich gut in der mobilen Phase. Daher wandern die einzelnen Reinstoffe unterschiedlich weit auf der stationären Phase. Das Ergebnis ist ein Chromatogramm, das nun ausgewertet werden kann. Dazu wird der Retentionsfaktor R_f ermittelt und mit Tabellenwerten verglichen. Den Retentionsfaktor R_f erhält man, indem man die Strecke, die der jeweilige Stoff gewandert ist, durch die Strecke, die das Fließmittel gewandert ist, teilt:

$$R_f = \frac{\text{Laufstrecke Substanz}}{\text{Laufstrecke Fließmittelfront}}$$

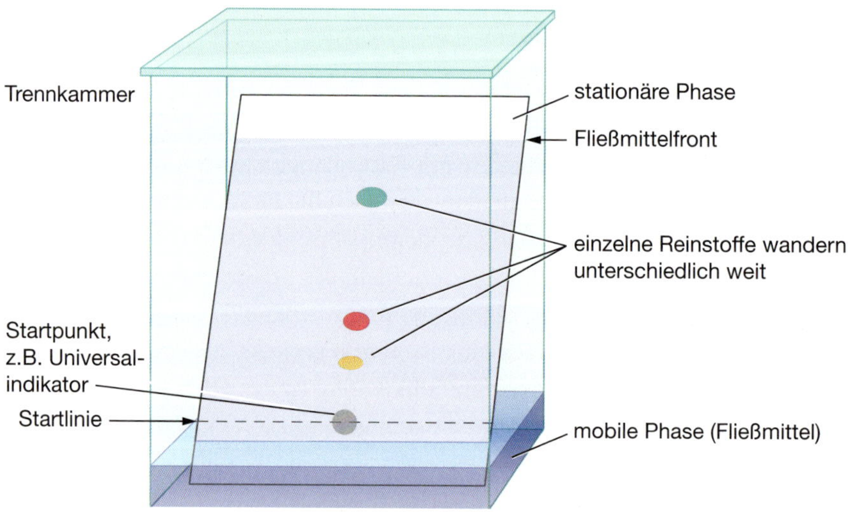

Säure-Base-Reaktionen

Teilchen, die bei einer Reaktion Protonen abgeben, nennt man im Sinne von Brønsted **Säuren (Protonendonatoren)**. Teilchen, die bei einer Reaktion Protonen binden, nennt man **Basen (Protonenakzeptoren)**. Damit werden bei einer Säure-Base-Reaktion, einer **Protolyse**, Protonen übertragen.

Teilchen, die je nach Reaktionspartner als Säure oder Base reagieren, bezeichnet man als **amphotere Teilchen** oder **Ampholyte**. Auch Wassermoleküle sind amphotere Teilchen. Durch einen Protonenübergang zwischen den Wassermolekülen liegen auch in reinstem Wasser sowohl Oxonium- als auch Hydroxidionen vor. Diese Autoprotolyse führt zu einem chemischen Gleichgewicht, das sich mit dem **Ionenprodukt des Wassers** erfassen lässt:
$K_W = c(H_3O^+) \cdot c(OH^-) = 10^{-14}\ mol^2 \cdot l^{-2}$.

In jeder wässrigen Lösung sind sowohl H_3O^+- als auch OH^--Ionen vorhanden. Über das Ionenprodukt des Wassers sind die beiden Ionensorten miteinander verknüpft. Zur Angabe, ob eine Lösung sauer, neutral oder alkalisch ist, genügt es, die **Konzentration der Oxoniumionen** anzugeben. Um einfachere Zahlenwerte zu erhalten, gibt man die Oxoniumionenkonzentration in Form des **pH-Wertes** an:
$pH = -\lg c(H_3O^+)$.

Lösungen von Säuren gleicher Konzentration oder Basen gleicher Konzentration können unterschiedliche pH-Werte aufweisen. Dieses liegt an der unterschiedlichen **Säure- bzw. Basestärke**. Die Stärke einer Säure wird durch den K_S- bzw. pK_S-Wert und die Stärke einer Base durch den K_B- bzw. pK_B-Wert beschrieben.

Mithilfe der K_S- und K_B-Werte bzw. der pK_S- und pK_B-Werte lassen sich die pH-Werte der wässrigen Lösungen von Säuren und Basen berechnen. Die K_S- und K_B-Werte bzw. die pK_S- und pK_B-Werte der Kationen und Anionen sind auch entscheidend dafür, ob eine Salzlösung sauer, neutral oder alkalisch ist.

Die Lösungen von schwachen Säuren und ihrer korrespondierenden Basen bzw. die Lösungen von schwachen Basen und ihrer korrespondierenden Säuren bilden **Pufferlösungen**. Diese ändern ihren pH-Wert bei Zugabe von Oxonium- oder Hydroxidionen nur wenig.

Im Verlauf einer **Säure-Base-Titration** ändert sich der pH-Wert der Probelösung. Die grafische Darstellung des pH-Wertes der Probelösung in Abhängigkeit vom Volumen der zugegebenen Maßlösung ergibt die Titrationskurve. Weist diese einen deutlichen pH-Sprung auf, entspricht die Mitte des pH-Sprungs dem Äquivalenzpunkt. An diesem Punkt entspricht die Stoffmenge der in der Probelösung gelösten Säure bzw. Base der Stoffmenge der in der zugesetzten Maßlösung enthaltenen Base bzw. Säure.

Wird zur Bestimmung des Äquivalenzpunktes einer Titration ein Indikator eingesetzt, so muss der pH-Wert des Umschlagsbereichs des Indikators im Bereich des pH-Wertes des Äquivalenzpunktes liegen.

AUF EINEN BLICK

Oxidation und Reduktion

Die heutige Bedeutung: Oxidation ist die Abgabe von Elektronen, Reduktion ist die Aufnahme von Elektronen.

Galvanisches Element

Eine Versuchsanordnung, bei der die Oxidation und die Reduktion räumlich getrennt ablaufen, bezeichnet man als galvanisches Element oder als galvanische Zelle.

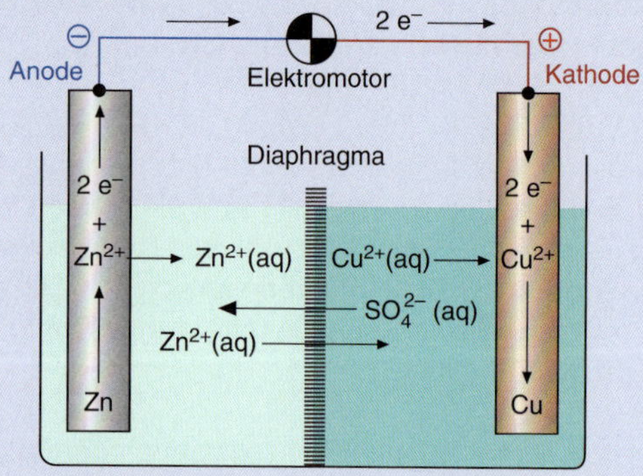

Standard-Wasserstoff-Halbzelle

ist eine platinierte Platinelektrode, die bei 25 °C in eine Lösung der Oxoniumionenkonzentration $c(H_3O^+) = 1 \frac{mol}{l}$ taucht und von Wasserstoff unter einem Druck von 1013 hPa umspült wird.

Standardpotenzial

Die Spannung zwischen einem Halbelement unter Standardbedingungen und dem Bezugshalbelement (Standard-Wasserstoff-Halbzelle) heißt Standardredoxpotenzial, kurz Standardpotenzial.

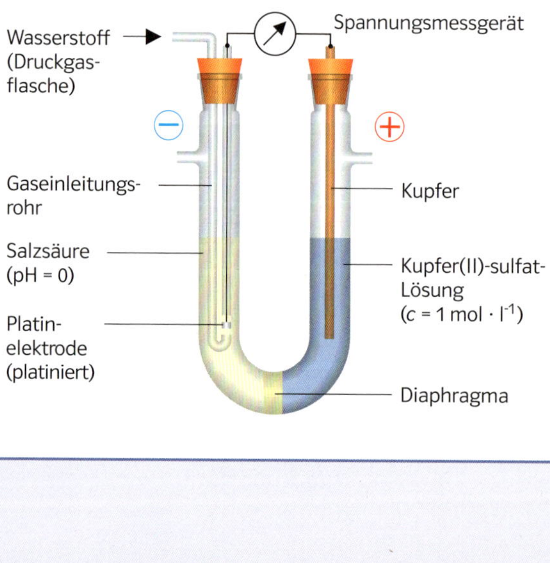

Elektrochemische Spannungsreihe

Halbelemente, d. h. verschiedene korrespondierende Redoxpaare, können nach den Standardpotenzialen in einer Reihe angeordnet werden.

Nernst-Gleichung

$$E(\text{Red/Ox}) = E^\circ(\text{Red/Ox}) + \frac{0{,}059\,\text{V}}{z} \lg \frac{\{c(\text{Ox})\}}{\{c(\text{Red})\}}$$

Für Metallhalbzellen:

$$E(\text{M/M}^{z+}) = E^\circ(\text{M/M}^{z+}) + \frac{0{,}059\,\text{V}}{z} \lg \{c(\text{M}^{z+})\}$$

4 Redoxreaktionen und Elektrochemie

Elektrolyse

ist die Umkehrung der in einem galvanischen Element freiwillig unter Abgabe elektrischer Energie ablaufender Redoxreaktionen. Die Elektrolyse wird durch Zufuhr elektrischer Energie erzwungen.

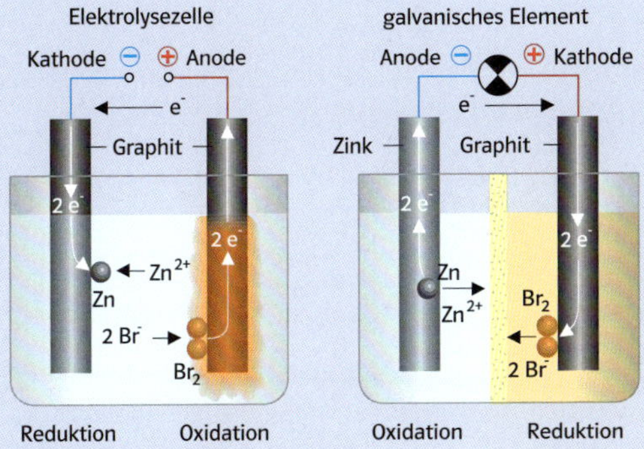

Faraday-Gesetz

Um die Stoffmenge n z-fach positiv oder negativ geladener Ionen zu entladen, ist die Ladung:

$$Q = I \cdot t = n \cdot z \cdot F$$

notwendig.

F: Faraday-Konstante
$F = 96\,485 \text{ A} \cdot \text{s} \cdot \text{mol}^{-1}$

Batterie und Akkumulator

Kann ein galvanisches Element nicht wieder aufgeladen werden, bezeichnet man es als Primärelement. Bei einem wieder aufladbaren galvanischen Element spricht man von einem Sekundärelement oder Akkumulator.

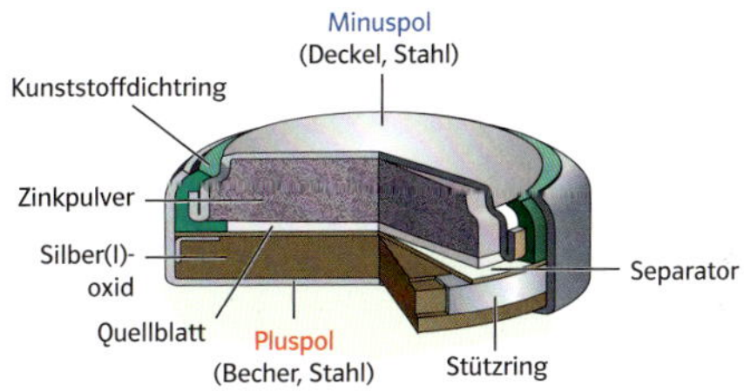

Brennstoffzelle

ist ein galvanisches Element, bei dem das Reduktionsmittel („Brennstoff") und das Oxidationsmittel kontinuierlich von außen zugeführt werden.

Leitfähigkeitstitration

Die elektrische Leitfähigkeit von Lösungen kann genutzt werden, um die Konzentration von gelösten Stoffen zu bestimmen.

Korrosion

Die von der Oberfläche eines Metalls durch chemische Reaktionen mit seiner Umgebung ausgehende Zerstörung bezeichnet man als Korrosion.

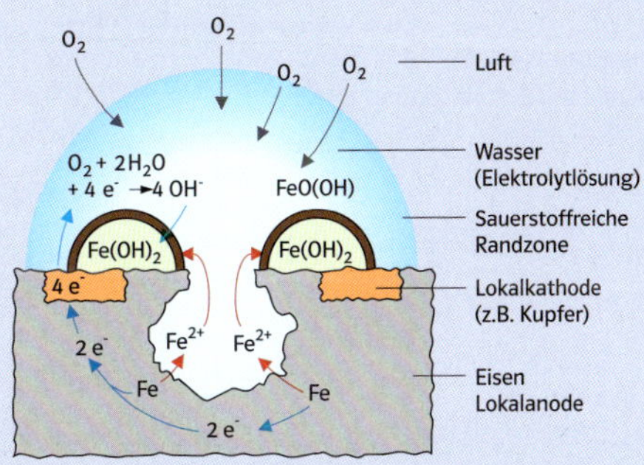

4 Redoxreaktionen und Elektrochemie

- Oxidation und Reduktion bezeichnen die Abgabe bzw. Aufnahme von Elek-tronen; bei Redoxreaktionen finden Elektronenübergänge statt.
- In einem galvanischen Element (einer galvanischen Zelle) laufen Oxidation und Reduktion räumlich getrennt ab.
- Die Elektrode, an der Teilchen oxidiert werden, wird Anode genannt; die Elektrode, an der Teilchen reduziert werden, ist die Kathode.
- Die Standard-Wasserstoff-Halbzelle ist das Bezugshalbelement für die Standardredoxpotenziale (Standardpotenziale).
- Halbelemente, d.h. korrespondierende Redoxpaare, können in die elektrochemische Spannungsreihe eingeordnet werden.
- Mit der Nernst-Gleichung kann für ein Redoxpaar bei bekanntem Standardpotenzial das Redoxpotenzial für beliebige Konzentrationen berechnet werden.
- Die Elektrolyse ist die Umkehrung der in einem galvanischen Element freiwillig ablaufenden Redoxreaktion.
- Mit dem Faraday-Gesetz lassen sich quantitative Aussagen zur Elektrolyse machen.
- Batterien, Akkumulatoren und Brennstoffzellen sind ortsunabhängige elektrochemische Stromquellen.
- Die elektrochemische Korrosion beruht auf der Bildung von Lokalelementen.

Redoxreaktionen – Elektronenübergänge

Historisch: Oxidation ist die Reaktion eines Stoffes mit Sauerstoff.

Reduktion ist die Gewinnung eines Metalls aus einem Metalloxid.

Die Begriffe Oxidation und Reduktion haben im Laufe der Entwicklung der Chemie einen Bedeutungswandel erfahren. Ursprünglich verstand man unter Oxidation eine chemische Reaktion, bei der Sauerstoff mit einem anderen Stoff reagiert, z.B. die Verbrennung von Magnesium in reinem Sauerstoff. Von einer Reduktion sprach man bei einem chemischen Vorgang, bei dem aus einem Metalloxid das Metall gewonnen wird. Die Namen „Oxidation“ (von griech./lat. *oxygenium*, Sauerstoff) und „Reduktion“ (von lat. *reducere*, zurückführen) leiten sich unmittelbar aus dieser Definition ab.

Erweiterte Definitionen von Oxidation und Reduktion

Bei der Reaktion von Magnesium mit Sauerstoff entsteht eine Ionenverbindung aus Magnesium- und Sauerstoffionen. Magnesiumionen entstehen auch bei der Reaktion von Magnesium mit Chlor. Die Ähnlichkeit beider Reaktionen zeigt sich, wenn man die Vorgänge in Teilschritte zerlegt:

$2\,Mg + O_2$	$\longrightarrow$	$2\,MgO$	$Mg + Cl_2$	$\longrightarrow$	$MgCl_2$
$2\,Mg$	$\longrightarrow$	$2\,Mg^{2+} + 4\,e^-$	Mg	$\longrightarrow$	$Mg^{2+} + 2\,e^-$
$O_2 + 4\,e^-$	$\longrightarrow$	$2\,O^{2-}$	$Cl_2 + 2\,e^-$	$\longrightarrow$	$2\,Cl^-$

In beiden Fällen geben die Magnesiumatome Elektronen ab, die nach Spaltung der Moleküle von den Sauerstoff- bzw. Chloratomen aufgenommen werden. Es ist daher sinnvoll, auch die Reaktion von Magnesium mit Chlor als eine Oxidation des Magnesiums anzusehen. Umgekehrt kann man die Bildung der Chloridionen bzw. der Oxidionen als Reduktion auffassen. Entsprechende Betrachtungen an vielen anderen Reaktionen führten dazu, die Begriffe Oxidation und Reduktion nicht auf Reaktionen zu beschränken, an denen Sauerstoff beteiligt ist, sondern auf alle Reaktionen anzuwenden, bei denen **Elektronenübergänge** stattfinden.

Oxidation ist die **Abgabe** von **Elektronen**, **Reduktion** ist die **Aufnahme** von **Elektronen**. Eine Elektronenabgabe ist immer mit einer Elektronenaufnahme verknüpft. Reaktionen, bei denen Elektronenübergänge stattfinden, werden als Reduktions-Oxidations-Reaktionen oder kurz **Redoxreaktionen** bezeichnet. Ein Teilchen (Atom, Ion, Molekül), welches Elektronen aufnimmt, d. h. als **Elektronenakzeptor** wirkt, heißt **Oxidationsmittel**, weil es den Reaktionspartner oxidiert. Entsprechend wird ein Teilchen, welches Elektronen abgibt, d. h. als **Elektronendonator** wirkt, als **Reduktionsmittel** bezeichnet. Das Oxidationsmittel wird also selbst reduziert. Entsprechend wird das Reduktionsmittel oxidiert.

Oxidation ist die Abgabe von Elektronen, Reduktion die Aufnahme von Elektronen. Bei Redoxreaktionen finden Elektronenübergänge statt. Redoxreaktionen basieren auf dem Donator-Akzeptor-Prinzip, da Elektronen von einem auf ein anderes Teilchen übertragen werden. Oxidationsmittel wirken als Elektronenakzeptoren, Reduktionsmittel als Elektronendonatoren.

An jeder Redoxreaktion sind stets zwei korrespondierende (von mlat. *correspondere*, in Beziehung stehen) **Redoxpaare** beteiligt.

Beispiel:

$$Fe^{2+} + Ag^+ \rightleftharpoons Fe^{3+} + Ag$$

Redoxpaar 1: Fe^{2+}/Fe^{3+} Redoxpaar 2: Ag/Ag^+

Redoxpaare (Beispiele):
Zn/Zn^{2+} Fe/Fe^{2+}
Fe^{2+}/Fe^{3+} Ag/Ag^+

Allgemeines Funktionsschema:

korrespondierend (Red 1 – Ox 1)

$$\text{Red 1} + \text{Ox 2} \rightleftharpoons \text{Ox 1} + \text{Red 2}$$

korrespondierend (Ox 2 – Red 2)

Oxidationszahlen

Die Reaktion von Wasserstoff mit Sauerstoff ist eine Oxidation im ursprünglichen Sinn. In den entstehenden Wassermolekülen liegt keine Ionenbindung,

Die Oxidationszahl (OZ) eines Atoms in einem Teilchen gibt die gedachte Ladung an, die dieses Atom erhält, wenn man sich das Teilchen nur aus Atomionen aufgebaut denkt.

sondern eine polare Atombindung vor, d.h., bei der Reaktion findet keine Elektronenübertragung statt. Um auch hier die erweiterte Redoxdefinition anwenden zu können, stellt man sich vor, die bindenden Elektronen einer polaren Atombindung seien an das stärker elektronegative Atom abgegeben. Den Atomen wird damit eine Ladung, die Oxidationszahl, zugeordnet. Man erhält die **Oxidationszahl** (OZ), indem man die Anzahl der dann vorhandenen Elektronen von der Anzahl der Elektronen des ungebundenen Atoms subtrahiert. Die Oxidationszahl eines Atoms in einem Teilchen gibt die gedachte Ladung an, die dieses Atom erhält, wenn man sich das Teilchen nur aus Atomionen aufgebaut denkt. In Formeln werden Oxidationszahlen in römischen Ziffern (negative Oxidationszahlen mit vorgesetztem Minuszeichen) über die betreffenden Atomsymbole geschrieben.

Regeln zur Ermittlung von Oxidationszahlen

Aufgrund der Elektronegativitätswerte der Atome ergeben sich einige nützliche Regeln zur Festlegung häufig auftretender Oxidationszahlen.

- Ein einzelnes Atom in einem Element hat die Oxidationszahl null.

> **Beispiel:**
> Die OZ des Stickstoffatoms im N_2-Molekül ist 0 ($\overset{0}{N}_2$).

- Die Oxidationszahl eines einatomigen Ions ist identisch mit seiner Ionenladung.

> **Beispiel:**
> Die OZ des Fe^{3+}-Ions ist III ($\overset{III}{Fe}{}^{3+}$).

- Die Summe der Oxidationszahlen aller Atome eines Moleküls ist null. Da sich die Oxidationszahlen in Molekülformeln immer auf die einzelnen Atome beziehen, muss man sie zur Summenbildung mit dem jeweiligen Index in der Formel multiplizieren.

> **Beispiel:**
> Die Summe der beiden Oxidationszahlen der beiden H-Atome und des O-Atoms im H_2O-Molekül ist 0 ($\overset{I}{H}_2\overset{-II}{O}$; $2 \cdot I + 1 \cdot (-II) = 0$).

- Die Summe der Oxidationszahlen aller Atome eines Molekül-Ions ist gleich der Ladung dieses Ions.

> **Beispiel:**
> Die Summe der OZ der drei H-Atome und des O-Atoms im H_3O^+-Ion ist +1 ($\overset{I}{H}_3\overset{-II}{O}{}^+$: $3 \cdot I + 1 \cdot (-II) = +1$).

- Fluor, das elektronegativste Element, hat in allen Verbindungen die Oxidationszahl –I.
- Sauerstoff, das zweitelektronegativste Element, hat meistens die Oxidationszahl –II. Ausnahmen gibt es nur, wenn O-Atome miteinander verbunden sind (in Peroxiden wie H_2O_2 und in OF_2; im H_2O_2 hat das O-Atom die Oxidationszahl –I; im OF_2 hat das O-Atom die Oxidationszahl II).
- Wasserstoff hat in Verbindungen mit Nichtmetallen (häufigster Fall) die Oxidationszahl I. In Metallhydriden (z. B. LiH) hat das Wasserstoffatom die Oxidationszahl –I (hier liegt das Hydrid-Ion, H^-, vor).
- In Verbindungen der Nichtmetalle ist die Oxidationszahl des elektronegativeren Elements negativ und entspricht der Ionenladung, welches dieses Element in Ionenverbindungen aufweist.

Fluor (F) hat in allen Verbindungen die Oxidationszahl – I.
Sauerstoff hat meistens die Oxidationszahl – II.
Wasserstoff hat in Verbindungen mit Nichtmetallen die Oxidationszahl I.

Beispiel:
In PCl_3 hat das Chloratom die Oxidationszahl – I, da Chlorid-Ionen (Cl^-) einfach negativ geladen sind.

Redoxreihen

Bei Redoxreaktionen in wässriger Lösung, an denen Metalle beteiligt sind, geben die Metallatome in der Regel unter Bildung von Kationen Elektronen ab. Die Fähigkeit zur Elektronenabgabe und somit das Reduktionsvermögen ist unterschiedlich ausgeprägt. Taucht z. B. ein Eisennagel in eine Kupfer(II)-sulfat-Lösung, so scheidet sich am Eisen Kupfer ab, und es bilden sich Eisen(II)-Ionen. Die Reaktion ist eine Redoxreaktion, bei der Eisenatome Kupfer(II)-Ionen zu Kupferatomen reduzieren.

Oxidation	Fe	$\longrightarrow$	$Fe^{2+} + 2\,e^-$
Reduktion	$Cu^{2+} + 2\,e^-$	$\longrightarrow$	Cu
Redoxreaktion:	$Fe + Cu^{2+}$	$\longrightarrow$	$Fe^{2+} + Cu$

Gibt man umgekehrt ein Stück Kupferblech in eine Eisen(II)-sulfat-Lösung, so ist keine Reaktion feststellbar. Kupferatome sind nicht in der Lage, Eisen(II)-Ionen zu reduzieren. Eisenatome geben offensichtlich leichter Elektronen ab als Kupferatome. Eisen ist somit von den beiden Metallen das stärkere Reduktionsmittel. Von den beiden entsprechenden Metallkationen ist demnach das Kupfer(II)-Ion das stärkere Oxidationsmittel. Derartige Versuche kann man systematisch auch mit anderen Metallen und Salzlösungen durchführen. Mit den Ergebnissen dieser Versuche lassen sich die Metalle nach zunehmendem Reduktionsvermögen bzw. die entsprechenden Metallkationen nach zunehmendem Oxidationsvermögen in einer Reihe, der Redoxreihe, anordnen.

Metallatome zunehmend starke Reduktionsmittel ↓	Ag/Ag^+ Cu/Cu^{2+} Fe/Fe^{2+} Zn/Zn^{2+}	↑ Ionen der Metalle zunehmend starke Oxidationsmittel

Ein Metallatom kann die Ionen des in der Redoxreihe über ihm stehenden Metalls reduzieren.

Eine Redoxreihe kann auch für Redoxpaare des Typs Nichtmetallanion/Nichtmetallmolekül aufgestellt werden. Fluormoleküle können z. B. Chloridionen zu Chlormolekülen oder Bromidionen zu Brommolekülen oxidieren.

Ionen der Nichtmetalle zunehmend starke Reduktionsmittel ↓	F^-/F_2 Cl^-/Cl_2 Br^-/Br_2 I^-/I_2	↑ Nichtmetallmoleküle zunehmend starke Oxidationsmittel

Galvanische Elemente

Taucht ein Zinkblech in eine Kupfer(II)-sulfat-Lösung, so scheidet sich Kupfer am Zink ab.

Oxidation	Zn	$\longrightarrow$	$Zn^{2+} + 2\,e^-$
Reduktion	$Cu^{2+} + 2\,e^-$	$\longrightarrow$	Cu
Redoxreaktion	$Zn + Cu^{2+}$	$\longrightarrow$	$Zn^{2+} + Cu$

Der Elektronenübergang findet unmittelbar an der Oberfläche des Zinks statt. Er kann als elektrischer Strom mit einer geeigneten Versuchsanordnung, einem **galvanischen Element**, nachgewiesen und nutzbar gemacht werden.

Eine Vorrichtung, in der die Oxidation und die Reduktion getrennt ablaufen, bezeichnet man als galvanische Zelle oder galvanisches Element.

Eine Vorrichtung, in der die Oxidation und die Reduktion getrennt ablaufen, bezeichnet man als galvanisches Element oder galvanische Zelle. Taucht man ein Kupferblech in eine Kupfer(II)-sulfat-Lösung und ein Zinkblech in ein Zinksulfatlösung, so kann ein kleiner Elektromotor betrieben werden. Die beiden Elektrolytlösung müssen durch ein Diaphragma (poröse Trennwand) voneinander getrennt sein. Das Diaphragma erlaubt eine Ionenwanderung zwischen den beiden Elektrolytlösungen, verhindert aber eine rasche Vermischung der Lösungen durch Diffusion. Bei der Redoxreaktion: $Zn + Cu^{2+} \longrightarrow Zn^{2+} + Cu$ gehen Zinkionen in Lösung, die Elektronen fließen durch den äußeren Draht und den Motor zur Kupferelektrode, an der Kupferelektrode werden Kupferionen reduziert zu Kupferatomen. Zu jeder Zeit ist die elektrische Neutralität der Lösungen gewahrt: Sulfationen bewegen sich in Richtung auf die Zinkelektrode, gleichzeitig wandern Zinkionen zur Kupferelektrode.

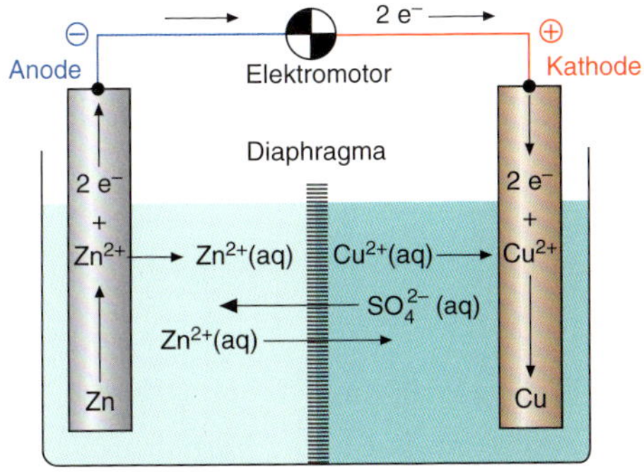

Reaktionen in einem galvanischen Element

Ein galvanisches Element, das wie hier aus einer Zink- und einer Kupfer-Halbzelle besteht, wird als Daniell-Element bezeichnet.

Eine galvanische Zelle (galvanisches Element) besteht aus zwei Halbzellen (Halbelementen), die durch ein Diaphragma getrennt sind. Ein Elektronenleiter (Metall oder Graphit), der in eine Elektrolytlösung taucht, wird als **Elektrode** bezeichnet. Die Elektrode, an der die Teilchen oxidiert werden, wird **Anode** genannt. Die Elektrode, an der Teilchen reduziert werden, ist die **Kathode**. Die Anode stellt bei einem galvanischen Element den Minuspol dar, da hier Elektronen aus dem Element in den äußeren Metalldraht austreten. Die Kathode ist der Pluspol. Eine galvanische Zelle kann durch folgende Schreibweise dargestellt werden:

Eine galvanische Zelle (galvanisches Element) besteht aus zwei Halbzellen (Halbelementen), die durch ein Diaphragma getrennt sind.

$$\mathrm{Zn}/\mathrm{ZnSO_4}\left(c = 1\ \frac{\mathrm{mol}}{\mathrm{l}}\right) // \mathrm{CuSO4}\left(c = 1\ \frac{\mathrm{mol}}{\mathrm{l}}\right)/\mathrm{Cu}.$$

Die Schrägstriche bedeuten jeweils eine Phasengrenze. Der doppelte Schrägstrich kennzeichnet ein Diaphragma. Üblicherweise wird zuerst die Halbzelle angegeben, die den Minuspol bildet.

Lösungsdruck und Abscheidungsdruck

Das Zustandekommen der Spannung einer galvanischen Zelle von der Art $Zn/Zn^{2+}//Cu^{2+}/Cu$ lässt sich anschaulich darstellen. Jedes Metall kann grundsätzlich in wässriger Lösung hydratisierte Ionen bilden. Diese als Lösungsdruck bezeichnete Fähigkeit ist von Metall zu Metall verschieden und ist von der Energiebilanz bei der Bildung hydratisierter Metallionen aus dem Metallgitter abhängig. Das Ausmaß der Ionenbildung hängt auch davon ab, wie groß die Konzentration dieser Ionen in der Lösung bereits ist. Treten aus der Metalloberfläche Metallionen in die Lösung über, so bleiben Elektronen im Metall zurück; das Metall lädt sich dadurch negativ auf. Durch die Ionenbildung entsteht an der Grenze zwischen Metall und Lösung ein elektrisches Feld, das die Bildung weiterer Ionen behindert. Umgekehrt besteht auch die Tendenz, dass Metallionen durch das elektrische Feld wieder zum Metall zrückgeführt werden und dort Elektronen aufnehmen. Diese Tendenz nennt man Abscheidungsdruck. Durch die beiden gegenläufigen Prozesse bildet sich ein für jedes Metall charakteristisches dynamisches Gleichgewicht (➛ S. 17):

$$M \underset{\text{Abscheidungsdruck}}{\overset{\text{Lösungsdruck}}{\rightleftharpoons}} M^{z+} + z \cdot e^-.$$

An einer Elektrode in einer Elektrolytlösung bildet sich eine elektrische Doppelschicht aus Elektronen und Ionen.

Dieses Gleichgewicht führt zur Bildung einer Doppelschicht aus Ionen und Elektronen. Die Gleichgewichtslage ist vom Verhältnis des Lösungsdrucks zum Abscheidungsdruck abhängig: Die beiden Größen werden durch die Stellung des Metalls in der Redoxreihe und durch die Konzentration der Metallionen in der Lösung bestimmt. Außerdem wird die Gleichgewichtslage durch die Temperatur beeinflusst.

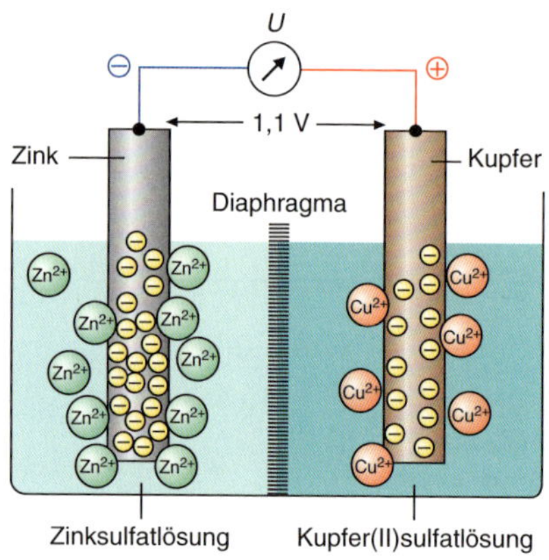

Zustandekommen der Spannung eines galvanischen Elements

Mit der Ausbildung der Doppelschicht lässt sich das Zustandekommen der Spannung bei der $Zn/Zn^{2+}//Cu^{2+}/Cu$-Zelle erklären. An der Kupferelektrode gehen weit weniger Ionen in die Lösung über als an der Zinkelektrode. Auf der Kupferelektrode bleiben somit weniger Elektronen zurück, d. h., es herrscht dort ein geringerer „Elektronendruck". Verbindet man die Elektroden durch einen Draht miteinander, so werden Elektronen vom Ort höheren Elektronendrucks (Zink) zum Ort niedrigeren Elektronendrucks (Kupfer) verschoben.

Taucht ein Metall in eine Lösung seiner Ionen, liegt ein korrespondierendes Redoxpaar vor und es ist sowohl Oxidation als auch Reduktion möglich. Man kann aber auch eine Spannung messen, wenn zwei verschiedene Metalle in dieselbe Elektrolytlösung tauchen, da die Metalle gegenüber der Lösung einen unterschiedlichen Lösungsdruck zeigen.

Standardpotenziale und elektrochemische Spannungsreihe

Die Spannung eines galvanischen Elements ist abhängig vom Elektrodenmaterial, den verwendeten Elektrolytlösungen und deren Konzentrationen sowie der Temperatur. Sind Gase an den Reaktionen beteiligt, so ist die Spannung auch vom Gasdruck abhängig. Für einen Vergleich ist es daher sinnvoll, die Spannung galvanischer Elemente bei standardisierten Bedingungen anzugeben.

Standard-Wasserstoff-Halbzelle ist eine platinierte Platinelektrode, die bei 25 °C in eine Lösung der Oxoniumionenkonzentration $c(H_3O^+) = 1\ \frac{mol}{l}$ taucht und von Wasserstoff unter einem Druck von 1013 hPa umspült wird.

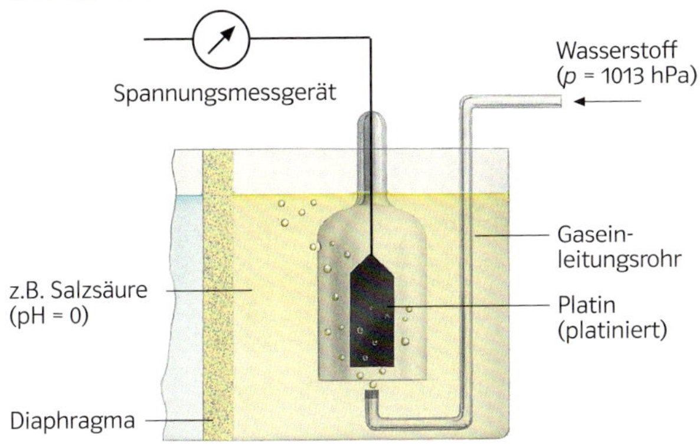

Standard-Wasserstoff-Halbzelle

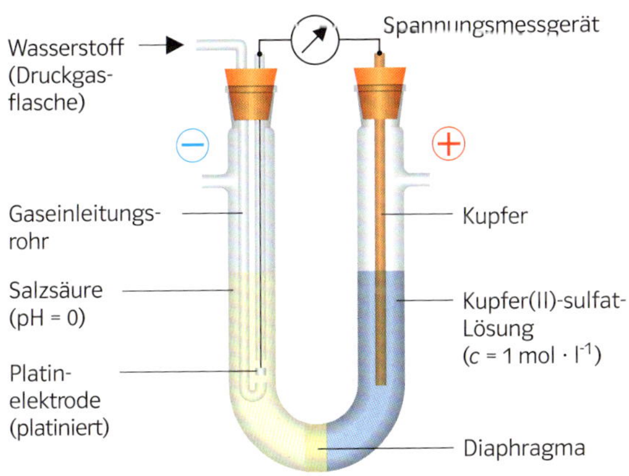

Messung des Standardpotenzials $E^0(Cu/Cu^{2+})$ im U-Rohr mit Diaphragma

Nach internationaler Übereinkunft nimmt man als Bezugshalbelement eine Platinelektrode, deren Oberfläche durch aufgebrachtes, fein verteiltes Platin stark vergrößert ist. Diese platinierte Platinelektrode taucht bei $\vartheta = 25\,°C$ in eine Lösung der Oxoniumionenkonzentration $c(H_3O^+) = 1\ \frac{mol}{l}$ (pH = 0) und

Die Spannung zwischen einem Halbelement unter Standardbedingungen und der Standard-Wasserstoff-Halbzelle heißt Standard-potenzial.

wird von Wasserstoff unter einem Druck von $p = 1013\,\text{hPa}$ umspült. Die Spannung zwischen einem Halbelement unter Standardbedingungen und der **Standard-Wasserstoff-Halbzelle**, dem Bezugshalbelement, heißt Standardredoxpotenzial, kurz **Standardpotenzial**.

Standardpotenziale werden mit dem Symbol E^0 gekennzeichnet und in Volt angegeben. Standardbedingungen sind: Konzentration $c = 1\ \frac{\text{mol}}{\text{l}}$ bzw. Druck $p = 1013\ \text{hPa}$ für alle Reaktionsteilnehmer, Temperatur $\vartheta = 25\,°\text{C}$.

Elektrochemische Spannungsreihe

Spannungsreihe: Anordnung der Halbelemente nach den Standardpotenzialen

Halbelemente, d. h. verschiedene korrespondierende Redoxpaare, können nach den Standardpotenzialen in einer Reihe angeordnet werden. Standardpotenziale von Halbelementen, die den Minuspol darstellen, wenn sie mit der Standard-Wasserstoff-Halbzelle kombiniert werden, bekommen ein negatives Vorzeichen. Man erhält so die elektrochemische Spannungsreihe, welche mit der Redoxreihe identisch ist. Dem Redoxpaar H_2/H_3O^+ wird definitionsgemäß das Standardpotenzial $E^0 = 0\,\text{V}$ zugeordnet.

Red	⇌	Ox	Standardpotenzial E^0 (in Volt)
$2\,F^-$	⇌	$F_2 + 2\,e^-$	+2,87
$Mn^{2+} + 12\,H_2O$	⇌	$MnO_4^- + 8\,H_3O^+ + 5\,e^-$	+1,49
Au	⇌	$Au^{3+} + 3\,e^-$	+1,42
$2\,Cl^-$	⇌	$Cl_2 + 2\,e^-$	+1,36
$2\,Br^-$	⇌	$Br_2 + 2\,e^-$	+1,07
Ag	⇌	$Ag^+ + e^-$	+0,80
Fe^{2+}	⇌	$Fe^{3+} + e^-$	+0,77
$2\,I^-$	⇌	$I_2 + 2\,e^-$	+0,54
$4\,OH^-$	⇌	$O_2 + 2\,H_2O + 4\,e^-$	+0,40
Cu	⇌	$Cu^{2+} + 2\,e^-$	+0,34
$H_2 + 2\,H_2O$	⇌	$2\,H_3O^+ + 2\,e^-$	0
Pb	⇌	$Pb^{2+} + 2\,e^-$	−0,13
Fe	⇌	$Fe^{2+} + 2\,e^-$	−0,41
Zn	⇌	$Zn^{2+} + 2\,e^-$	−0,76
Al	⇌	$Al^{3+} + 3\,e^-$	−1,66
Na	⇌	$Na^+ + e^-$	−2,71
Li	⇌	$Li^+ + e^-$	−3,02

Zunahme der Stärke des Reduktionsmittels (↓)

Zunahme der Stärke des Oxidationsmittels (↑)

Ausschnitt aus der elektrochemischen Spannungsreihe

Bei der Messung von Standardpotenzialen für Redoxpaare wie z. B. Cl^-/Cl_2 oder Fe^{2+}/Fe^{3+} ist wie bei der Standard-Wasserstoff-Halbzelle eine Elektrode zur Ableitung bzw. Zuleitung der Elektronen erforderlich. Meist dient dazu eine Platinelektrode, die eine geringe chemische Angreifbarkeit aufweist.

Zur Messung des Standardpotenzials des Redoxpaares Cl^-/Cl_2 taucht man eine von Chlor (p = 1013 hPa) umspülte Platinelektrode in eine Chloridlösung der Konzentration $c(Cl^-) = 1\ \frac{mol}{l}$ und kombiniert diese mit der Standardwasserstofflektrode. Zur Messung des Standardpotenzials des Redoxpaares Fe^{2+}/Fe^{3+} taucht die Platinelektrode in eine Lösung, die Fe^{2+}- und Fe^{3+}-Ionen jeweils in der Konzentration $c = 1\ \frac{mol}{l}$ enthält.

Aussagen aus der Spannungsreihe

Die **Standardpotenziale** charakterisieren das **Reduktions- bzw. Oxidationsvermögen** von Teilchen in wässriger Lösung. Je negativer das Standardpotenzial ist, um so stärker ist das Reduktionsmittel. So ist Lithium, das am unteren Ende der Spannungsreihe steht, ein besonders starkes Reduktionsmittel. Die am oberen Ende der Spannungsreihe stehenden edlen Metalle (Cu, Ag, Pt, Au) sind nur schwer zu oxidieren und wirken in Form ihrer Ionen als starke Oxidationsmittel.

Je negativer das Standardpotenzial ist, umso stärker ist das Reduktionsmittel. Lithium ist ein starkes Reduktionsmittel, es wird selbst leicht oxidiert.

Je stärker ein Reduktionsmittel ist, umso schwächer ist sein korrespondierendes Oxidationsmittel und umgekehrt. Zu den stärksten Oxidationsmitteln gehören die Halogene als typische Nichtmetalle. Fluor ist das stärkste Oxidationsmittel.

Die elektochemische Spannungsreihe liefert wichtige Aussagen über den Ablauf von Redoxreaktionen in wässrigen Lösungen. Dies gilt sowohl für Redoxreaktionen, bei denen das Reduktions- und das Oxidationsmittel unmittelbar miteinander reagieren, als auch für galvanische Elemente.

Je positiver das Standardpotenzial ist, umso stärker ist das Oxidationsmittel. Fluor ist ein starkes Oxidationsmittel, es wird selbst leicht reduziert.

Unter Standardbedingungen gibt das Reduktionsmittel des Redoxpaares mit dem kleineren (negativeren) Standardpotenzial Elektronen an das Oxidationsmittel mit dem größeren (positiveren) Standardpotenzial ab. Das in der Spannungsreihe tiefer stehende Reduktionsmittel reduziert das höher stehende Oxidationsmittel.

Standardpotenziale ermöglichen die Voraussagen von Redoxreaktionen. Unter Standardbedingungen können z. B. Eisen(II)-Ionen sowohl mit Chlormolekülen als auch mit Brommolekülen zu Eisen(III)-Ionen oxidiert werden, wobei Chlorid- bzw. Bromidionen entstehen, Iodmoleküle sind dazu nicht in der Lage.

Berechnung der Spannung galvanischer Elemente

Aus den Standardpotenzialen kann auch die **Spannung** (**Potenzialdifferenz**) zwischen zwei verschiedenen Halbelementen im Standardzustand berechnet werden.

$\Delta E^0 = E^0\,(\text{Pluspol}) - E^0\,(\text{Minuspol})$ bzw. $\Delta E^0 = E^0\,(\text{Kathode}) - E^0\,(\text{Anode})$

Kathode, das ist bei galvanischen Elementen der Pluspol, ist stets das Halbelement mit dem größeren (positiveren) Standardpotenzial.

1. Beispiel:

$Zn / Zn^{2+} // Ag^{+} / Ag$

$\Delta E^0 = E^0 (Ag / Ag^{+}) - E^0 (Zn / Zn^{2+}) = +0{,}80\,V - (-0{,}76\,V) = 1{,}56\,V$

2. Beispiel:

$Cl_2 / Cl^- // I^- / I_2$

$\Delta E^0 = E^0 (Cl^- / Cl_2) - E^0 (I^- / I_2^-) = 1{,}36\,V - 0{,}54\,V = 0{,}82\,V$

3. Beispiel:

$F_2 / F^- // Li^{+} / Li$

$\Delta E^0 = E^0 (F^- / F_2) - E^0 (Li / Li^{+}) = 2{,}87\,V - (-3{,}02\,V) = 5{,}89\,V$

Die Nernst-Gleichung

Die Standardpotenziale gelten für Ionenkonzentration $c = 1\ \frac{mol}{l}$. Die Elektrolytlösungen können aber andere Konzentrationen aufweisen, dann gilt für beliebige verdünnte Lösungen bei bekanntem Standardpotenzial E^0 (Red/Ox):

$$E\,(Red/Ox) = E^0\,(Red/Ox) + \frac{0{,}059\,V}{z}\ lg\ \frac{\{c\,(Ox)\}}{\{c\,(Red)\}}.$$

Für Redoxpaare aus einem Metall und seinen Ionen lässt sich die obige Gleichung vereinfachen. Die reduzierte Form stellt die Metallelektrode dar, die nicht gelöst vorliegt, deren Konzentration ist mit $1\ \frac{mol}{l}$ festgelegt. Der dekadische Logarithmus von 1 ist aber 0, sodass die Nernst-Gleichung lautet:

$$E\,(M/M^{z+}) = E^0\,(M/M^{z+}) + \frac{0{,}059\,V}{z}\ lg\ \{c\,(M^{z+})\}$$

1. Beispiel:

$Zn/Zn^{2+}\left(c = 0{,}01\ \frac{mol}{l}\right) // Ag^{+}\left(c = 0{,}1\ \frac{mol}{l}\right)/Ag$

$E\,(Ag / Ag^{+}) = E^0\,(Ag / Ag^{+}) + (0{,}059\,V : 1)\ lg\ \{c(Ag^{+})\}$

$= 0{,}80\,V + 0{,}059\,V\ lg\ 0{,}1 = 0{,}80\,V - 0{,}059\,V = 0{,}741\,V$

$E\,(Zn / Zn^{2+}) = E^0\,(Zn / Zn^{2+}) + (0{,}059\,V : 2)\ lg\ \{c(Zn^{2+})\}$

$= -0{,}76\,V + (0{,}059\,V : 2)\ lg\ 0{,}01 = -0{,}76\,V - 0{,}059\,V = -0{,}819\,V$

$\Delta E^0 = E\,(Pluspol) - E\,(Minuspol) = 0{,}741\,V - (-0{,}819\,V) = \mathbf{1{,}56\,V}$

2. Beispiel:

$$Cu/Cu^{2+}\left(c = 0{,}03\ \frac{mol}{l}\right)//Au^{3+}\left(c = 10^{-6}\ \frac{mol}{l}\right)/Au$$

$$E\,(Au/Au^{3+}) = E^0\,(Au/Au^{3+}) + (0{,}059\,V:3)\ lg\ \{c(Au^{3+})\}$$

$$= 1{,}42\,V + (0{,}059\,V:3)\ lg\ 10^{-6} = 1{,}42\,V - 0{,}118\,V = 1{,}302\,V$$

$$E\,(Cu/Cu^{2+}) = E^0\,(Cu/Cu^{2+}) + (0{,}059\,V:2)\ lg\ \{c(Cu^{2+})\}$$

$$= 0{,}34\,V + (0{,}059\,V:2)\ lg\ 0{,}03 = 0{,}34\,V - 0{,}045\,V = 0{,}295\,V$$

$$\Delta E = E\,(Pluspol) - E\,(Minuspol) = 1{,}302\,V - 0{,}295\,V = \mathbf{1{,}007\,V}$$

Redoxpaar	Nernst-Gleichung
$M(s) \rightleftharpoons M^{z+}(aq) + z \cdot e^-$ (M = Metall)	$E\,(M/M^{z+}) = E^0\,(M/M^{z+}) + \frac{0{,}059\,V}{z} \cdot lg\ \{c(M^{z+})\}$
$2\,Cl^-(aq) \rightleftharpoons Cl_2(g) + 2\,e^-$	$E\,(Cl^-/Cl_2) = E^0\,(Cl^-/Cl_2) + \frac{0{,}059\,V}{2} \cdot lg\ \frac{1}{\{c^2(Cl^-)\}}$ $E\,(Cl^-/Cl_2) = E^0\,(Cl^-/Cl_2) - 0{,}059\,V \cdot lg\ \{c(Cl^-)\}$
$Fe^{2+}(aq) \rightleftharpoons Fe^{3+}(aq) + e^-$	$E\,(Fe^{2+}/Fe^{3+}) = E^0\,(Fe^{2+}/Fe^{3+}) + 0{,}059\,V \cdot lg\ \frac{\{c(Fe^{3+})\}}{\{c(Fe^{2+})\}}$
$H_2(g) + 2\,H_2O\,(l) \rightleftharpoons 2\,H_3O^+(aq) + 2\,e^-$	$E\,(H_2/H_3O^+) = E^0\,(H_2/H_3O^+) + \frac{0{,}059\,V}{2} \cdot lg\ \{c^2(H_3O^+)\}$ $E\,(H_2/H_3O^+) = 0{,}059\,V \cdot lg\,c(H_3O^+) = -0{,}059\,V \cdot pH$
$Mn^{2+}(aq) + 12\,H_2O\,(l) \rightleftharpoons MnO_4^-(aq) + 8\,H_3O^+(aq) + 5\,e^-$	$E\,(Mn^{2+}/MnO_4^-)$ $= E^0\,(Mn^{2+}/MnO_4^-) + \frac{0{,}059\,V}{5} \cdot lg\ \frac{\{c(MnO_4^-) \cdot \{c^8(H_3O^+)\}}{\{c(Mn^{2+})\}}$

Nernst-Gleichung für einige Redoxpaare. Die Konzentration reiner fester, flüssiger bez. gasförmiger Stoffe ist mit $c = 1\ \frac{mol}{l}$ eingesetzt. $\{c\}$ kennzeichnet den Zahlenwert der Konzentration c.

Die Tabelle oben zeigt einige Beispiele für die Anwendung der Nernst-Gleichung für verschiedene Redoxpaare. Es fällt auf, dass im Argument des Logarithmus Ausdrücke von der Gestalt auftreten, wie sie sich auch bei der Anwendung des Massenwirkungsgesetzes auf die entsprechenden Gleichgewichte ergeben. Treten H_3O^+- bzw. OH^--Ionen in der Teilgleichung für ein korrespondierendes Redoxpaar (z. B. Mn^{2+}/MnO_4^-) und damit auch im Quotienten des Massenwirkungsgesetzes (→ S. 21) auf, ist das Redoxpotenzial pH-abhängig.

Die elektrochemische Zelle

An der folgenden Versuchsanordnung und Durchführung der beschriebenen Versuche lassen sich einige Grundlagen der Elektrochemie vertiefen.

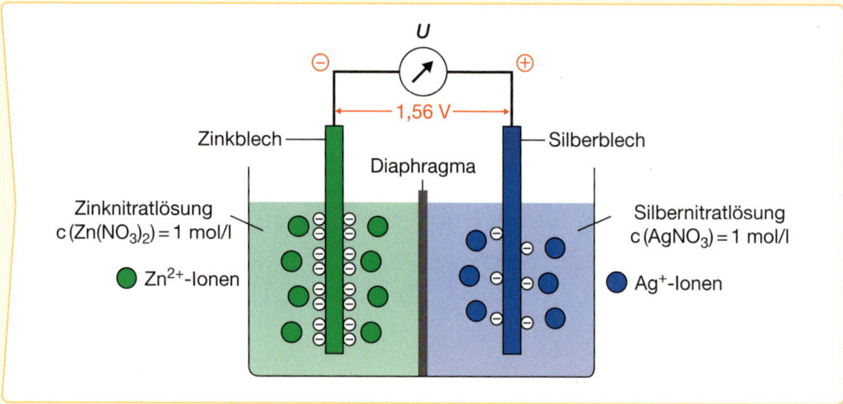

1. Erklärung des Zustandekommens der Spannung

$$Zn \rightleftharpoons Zn^{2+} + 2\,e^- \qquad Ag \rightleftharpoons Ag^+ + e^-$$

Wenn die Metalle Zink und Silber in eine wässrige Lösung ihrer Salze tauchen, bilden sich an den Elektrodenoberflächen Zink- bzw. Silberionen. Die Lösungstension ist bei Zink größer als bei Silber. Treten aus den Metalloberflächen Metallionen in die Lösung über, so bleiben Elektronen in den Metallen zurück, diese laden sich dadurch negativ auf. Durch die Ionenbildung entsteht an der Grenze zwischen Metall und Lösung ein elektrisches Feld, das die Bildung weiterer Ionen behindert. Umgekehrt kehren auch Metallkationen zum Metall zurück und nehmen dort Elektronen auf. Es bildet sich ein für beide Metalle charakteristisches dynamisches Gleichgewicht aus Ionen und Elektronen. An der Zinkelektrode gehen weit mehr Ionen in die Lösung über als an der Silberelektrode. Auf der Zinkelektrode bleiben also mehr Elektronen zurück als auf der Silberelektrode. Die Zinkelektrode bildet den Minuspol, die Silberelektrode den Pluspol dieses galvanischen Elementes.

2. Berechnung der Spannung

$$\Delta E^0 = E^0\,(\text{Pluspol}) - E^0\,(\text{Minuspol}) = +0{,}80\,V - (-0{,}76\,V) = 1{,}56\,V$$

Diese Spannung wird als Zersetzungsspannung bezeichnet.

3. Berechnung der Spannung für die galvanische Zelle bei folgenden Konzentrationen:

$Zn/Zn^{2+}\left(c = 0{,}1\ \frac{mol}{l}\right)//Ag^+\left(c = 0{,}0001\ \frac{mol}{l}\right)/Ag$

$\Delta E = E\,(\text{Pluspol}) - E\,(\text{Minuspol})$

$E\,(Ag/Ag^+) = 0{,}80\,V + 0{,}059\,V/1\ \lg 0{,}0001 = 0{,}80\,V - 0{,}236\,V \approx 0{,}56\,V$

$E\,(Zn/Zn^{2+}) = -0{,}760\,V + 0{,}059\,V/2\ \lg 0{,}1 = -0{,}760\,V - 0{,}0295\,V \approx -0{,}79\,V$

$\Delta E = 0{,}56\,V - (-0{,}79\,V) = 1{,}35\,V$

Hinweis: Die tatsächliche Spannung, die für die Elektrolyse notwendig ist, kann von der berechneten Spannung abweichen. Die Differenz aus berechneter und tatsächlicher Zersetzungsspannung wird als Überspannung bezeichnet. Überspannungen liegen häufig vor, wenn bei einer Reaktion Gase beteiligt sind. Durch die richtige Wahl des Elektrodenmaterials kann die Überspannung verringert werden. Platinierte Platinelektroden führen durch ihre große Oberfläche z.B. häufig zu niedrigeren Überspannungen.

4. Was passiert, wenn das Spannungsmessgerät durch einen Verbraucher (z.B. einen leichtgängigen Motor) oder ein Stromstärkemessgerät ersetzt wird?
   An der Zinkelektrode herrscht ein höherer „Elektronendruck" als an der Silberelektrode. Wird das Spannungsmessgerät gegen einen Verbraucher oder ein Stromstärkemessgerät ausgetauscht, so fließen Elektronen vom Ort höheren Elektronendrucks (Zinkelektrode) zum Ort niedrigeren Elektronendrucks (Silberelektrode). Zinkatome werden oxidiert, Silberionen werden reduziert: $Zn + 2\ Ag^+ \longrightarrow Zn^{2+} + 2\ Ag$. Der Elektronenfluss hört auf, wenn der Unterschied im Elektronendruck nicht mehr vorhanden ist. In der Zn/Zn^{2+}-Halbzelle nimmt durch die Bildung der positiv geladenen Zinkionen die Konzentration der positiv geladenen Ladungsträger zu. In der Ag/Ag^+-Halbzelle nimmt durch die Reduktion der Silberionen die Konzentration der positiv geladenen Ladungsträger ab. Durch eine Wanderung positiv oder negativ geladener Ionen durch die Membran kann in den Elektrolytlösungen ein Ladungsausgleich erfolgen.

5. Wie groß ist der Massenabnahme an der Zinkelektrode bzw. die Massenzunahme an der Silberelektrode, wenn der Strom für 1 min mit einer Stromstärke von 10 mA fließt?

   $Q = I \cdot t = n \cdot F \cdot z; \quad F = 96\,585\ A \cdot s \cdot mol^{-1}; \quad n = \frac{m}{M}$

   $$m\,(\text{Zink}) = \frac{I \cdot t}{z \cdot F} \cdot M\,(\text{Zn}) = \frac{0{,}01\ A \cdot 60\ s}{2 \cdot 96\,485\ A \cdot s \cdot mol^{-1}} \cdot 65{,}39\,g \cdot mol^{-1}$$

   $$= 2 \cdot 10^{-4}\ g = 0{,}2\,mg$$

   Die Massenabnahme an der Zinkelektrode beträgt 0,2 mg.

   $$m\,(\text{Silber}) = \frac{I \cdot t}{z \cdot F} \cdot M\,(\text{Ag}) = \frac{0{,}01\ A \cdot 60\ s}{1 \cdot 96\,485\ A \cdot s \cdot mol^{-1}} \cdot 107{,}87\,g \cdot mol^{-1}$$

   $$= 6{,}7 \cdot 10^{-4}\ g = 0{,}67\,mg$$

   Die Massenzunahme an der Silberelektrode beträgt 0,67 mg.

Elektrolysen in wässrigen Lösungen

In Lösungen leiten frei bewegliche Kationen und Anionen den elektrischen Strom. Metalle und Graphit zeigen dagegen Elektronenleitung.

Bei einer Elektrolyse findet an der Anode eine Oxidation und an der Kathode eine Reduktion statt.

Der Stromfluss in wässrigen Lösungen und in Schmelzen von Elektrolyten beruht auf der Wanderung frei beweglicher Kationen und Anionen. Taucht man zwei Elektroden in eine wässrige Elektrolytlösung und legt eine genügend große elektrische Gleichspannung von außen an die Elektroden an, so findet eine Elektrolyse statt. Auch Elektrolysen sind Redoxreaktionen.

Elektrolysiert man eine Zinkbromidlösung an Platinelektroden, so werden an der mit dem Pluspol der Gleichspannungsquelle verbundenen Elektrode Bromidionen zu Brommolekülen oxidiert. Davon räumlich getrennt werden an der mit dem Minuspol verbundenen Elektrode Zinkionen zu Zinkatomen reduziert.

Pluspol:	$2\,Br^-$	$\longrightarrow$	$Br_2 + 2\,e^-$	Oxidation
Minuspol:	$Zn^{2+} + 2\,e^-$	$\longrightarrow$	Zn	Reduktion
	$Zn^{2+} + 2\,Br^-$	$\longrightarrow$	$Zn + Br_2$	Redoxreaktion

Die Elektrodenreaktionen laufen nur ab, solange die Gleichspannung angelegt ist, d.h., solange die Gleichspannungsquelle elektrische Arbeit verrichtet. Die oben genannte Redoxreaktion läuft in dieser Richtung nicht freiwillig ab.

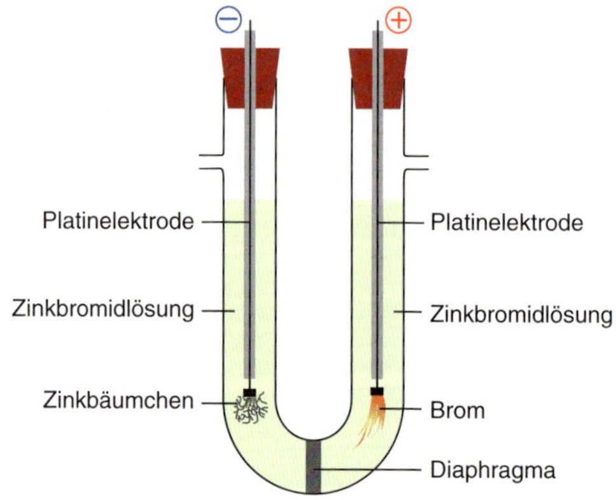

Elektrolyse einer Zink-Bromid-Lösung

Unterbricht man die Elektrolyse, so bleibt zwischen den Elektroden noch eine elektrische Spannung bestehen. Durch die Abscheidung der Elektrolyseprodukte verändern sich die Elektroden an der Oberfläche. Sie sind zu einer Zink- bzw. Bromelektrode geworden, d.h., es ist ein galvanisches Element entstanden, das aus einem Zn/Zn^{2+}-Halbelement und einem Br^-/Br_2-Halbelement besteht. Wird ein Elektromotor angeschlossen, so verrichtet das galvanische Element elektrische Arbeit und es laufen die folgenden Reaktionen freiwillig ab:

Minuspol:	Zn	$\longrightarrow$	$Zn^{2+} + 2\,e^-$	Oxidation
Pluspol:	$Br_2 + 2\,e^-$	$\longrightarrow$	$2\,Br^-$	Reduktion
	$Zn + Br_2$	$\longrightarrow$	$Zn2+ + 2\,Br^-$	Redoxreaktion

Die Elektrolyse ist die Umkehrung der in einem galvanischen Element freiwillig unter Abgabe elektrischer Energie ablaufenden Redoxreaktion. Die Elektrolyse wird durch die Zufuhr elektrischer Energie erzwungen.

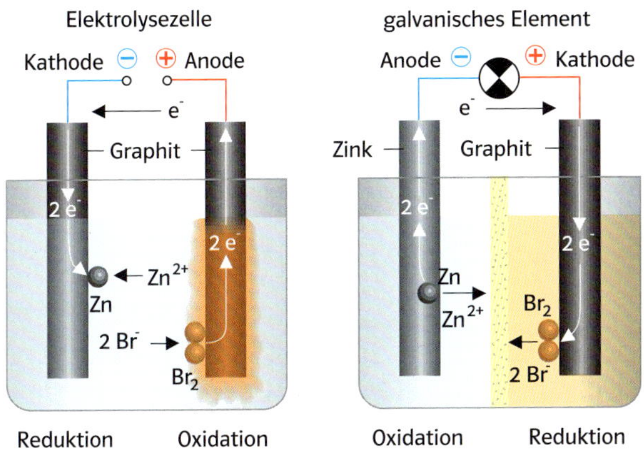

Vergleich einer Elektrolysezelle mit einem galvanischen Element

Liegen in einer Elektrolytlösung unterschiedliche Anionen und Kationen nebeneinander vor, so werden am Pluspol (Anode) zuerst die Teilchen oxidiert, die sich am leichtesten oxidieren lassen. Dieses sind die Ionen, die das negativere Redoxpotenzial haben. Iodidionen werden also vor Bromid-, diese vor Chlorid-, Chlorid- vor Fluoridionen oxidiert, bei gleichen oder nahezu gleichen Ionenkonzentrationen. Am Minuspol (Kathode) werden zuerst die Teilchen reduziert, die sich am leichtesten reduzieren lassen. Das sind die Ionen, die das positivere Redoxpotenzial haben, also Ag^+-Ionen werden vor Cu^{2+}-Ionen, diese z. B. vor Fe^{2+}-Ionen, diese wiederum vor Zn^{2+}-Ionen reduziert.

An den Elektrodenvorgängen kann auch das Elektrodenmaterial selbst beteiligt sein. Wird z. B. bei der Elektrolyse einer Schwefelsäure-Lösung eine Kupferelektrode als Pluspol eingesetzt, so wird meist die Elektrode selbst oxidiert ($Cu \longrightarrow Cu^{2+} + 2\,e^-$), bevor Sulfat- oder Hydroxid-Ionen oxidiert werden.

Faraday-Gesetz

$Q = I \cdot t$
$= n \cdot z \cdot F$
$F = 96\,485\ A \cdot s \cdot mol^{-1}$

Von der bei einer Elektrolyse angelegten Gleichspannung hängt es ab, welche Stoffe an den Elektroden abgeschieden werden. Die Stärke des Elektrolysestroms und die Dauer der Elektrolyse bestimmen die Mengen der gebildeten Stoffe. Um die Stoffmenge n z-fach geladener Ionen an einer Elektrode zu entladen, ist die Ladung $Q = n \cdot z \cdot F$ erforderlich. F ist die Faraday-Konstante:

$$F = 96\,485\ \mathrm{A \cdot s \cdot mol^{-1}}.$$

Für die Ladung Q gilt: $Q = I \cdot t$ (Ladung = Stromstärke · Zeit).
Die Gleichung $Q = n \cdot z \cdot F$ kann natürlich auch umgestellt werden:

$$n = \frac{I \cdot t}{z \cdot F}.$$

Zur Berechnung von Massen bzw. Volumina dienen die Gleichungen $M = \frac{m}{n}$ bzw. $V_\mathrm{m} = \frac{V}{n}$.

Kupfer-Raffination

Hochreines Kupfer wird elektrolytisch durch Kupfer-Raffination gewonnen.

Auch hochreines Gold und Silber werden elektrolytisch gewonnen.

Für elektrische Leitungen und andere technische Zwecke wird hochreines Kupfer benötigt. Dieses wird aus Rohkupfer, das Verunreinigungen, z. B. Silber, Gold, Platin, Nickel, Blei und Eisen enthält, elektrolytisch gewonnen. Dazu wird das Rohkupfer mit dem Pluspol einer Spannungsquelle verbunden, es bildet die Anode. Bei der Elektrolyse, die bei einer niedrigen Spannung von ca. 0,3 V erfolgt, werden alle im Vergleich zum Kupfer unedlen Metalle oxidiert und gehen in Lösung, während die edleren Metalle als Anodenschlamm absinken. Als Elektrolyt dient eine Kupfer(II)-sulfat-Lösung. Am Minuspol, der Kathode, wer-

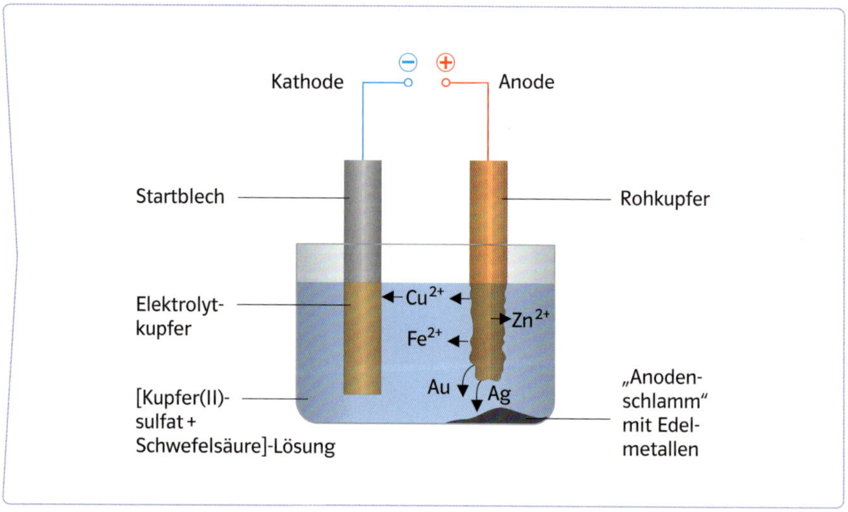

Elektrolytische Raffination (Reinigung) von Kupfer

den nur die Kupferionen reduziert. Die Kupferionenkonzentration der Lösung verändert sich nicht, weil an der Anode Kupferatome zu Kupferionen oxidiert werden, während gleichzeitig an der Kathode Kupferionen reduziert werden.

Anode: $Cu \longrightarrow Cu^{2+} + 2\,e^-$ Kathode: $Cu^{2+} + 2\,e^- \longrightarrow Cu$

Elektrochemische Stromerzeugung

Galvanische Elemente werden als ortsunabhängige Spannungsquellen in vielen Bereichen des täglichen Lebens (z. B. Handy, Smartphone, Laptop) und auch zur Stromversorgung von Kraftfahrzeugen eingesetzt. Oft werden mehrere galvanische Elemente (Zellen) hintereinander geschaltet, d.h., man verbindet den Plus-Pol eines galvanischen Elementes jeweils mit dem Minus-Pol eines anderen galvanischen Elementes. So wird eine Spannung erzielt, die der Summe der Spannungen der einzelnen galvanischen Elemente entspricht. Man spricht dann von Batterien, benutzt diese Bezeichnung aber auch im Fall einzelner Zellen. Batterien können, je nachdem, ob die Elektrodenreaktionen umkehrbar sind, in Primärlemente und in Sekundärelemente eingeteilt werden. Kann ein galvanisches Element nicht wieder aufgeladen werden, bezeichnet man es als Primärelement. Bei einem wieder aufladbaren Element spricht man von einem Sekundärelement oder Akkumulator.

Primärelement, im Alltag häufig nur Batterie genannt, ist nicht wieder aufladbar.

Sekundärelement, im Alltag häufig nur Akku genannt, ist wieder aufladbar.

Primärelemente

Während über 100 Jahren war die vom Franzosen Georges Leclanché (1839–1882) entwickelte Leclanché-Batterie oder **Zink-Kohle-Batterie** die meist verwendete elektrochemische Stromquelle. Sie erlangte Berühmtheit als sogenannte Taschenlampenbatterie. Als Minuspol dient ein Zinkbecher, der mit einer Paste aus Ammoniumchlorid und Zinkchlorid als Elektrolyt gefüllt ist. Als Pluspol dient ein Graphitstab, der von Mangan(IV)-oxid (Braunstein) umgeben ist. In den letzten Jahren wurde dieser Batterietyp durch die viel leistungsfähigere **Alkali-Mangan-Batterie** (*alkaline*) praktisch vollständig verdrängt. Ihre Überlegenheit beruht auf drei Veränderungen in der Bauweise: Verwendung eines Zinkgels anstelle eines Zinkbechers und eines alkalischen Elektrolyten sowie eines Überschusses an Braunstein. Die bei Stromfluss an den Elektroden ablaufenden Reaktionen lassen sich vereinfacht durch die folgenden Gleichungen beschreiben:

Minuspol (Anode): $\overset{0}{Zn} \longrightarrow \overset{II}{Zn}{}^{2+} + 2\,e^-$

Pluspol (Kathode): $2\,\overset{IV}{Mn}O_2 + 2\,H_2O + 2\,e^- \longrightarrow 2\,\overset{III}{Mn}O(OH) + 2\,OH^-$

Die für die Alkali-Mangan-Batterie angegebene Spannung für den Normalbetrieb – die so genannte Nennspannung – beträgt 1,5 V. Batterien werden in zahlreichen Bauformen hergestellt. Darunter sind die **Knopfzellen** (Knopfbatterien) als besonders kleine Spannungsquellen von großer Bedeutung. Die **Zink-Luft-Knopfzelle** (Nennspannung 1,4 V) eignet sich für den Einsatz in Hörgeräten. Sie wird auch als Großbatterie für Langzeitanwendungen eingesetzt, zum Beispiel für Weidezaungeräte und Baustellenbeleuchtungen. Elektrolytlösung ist Kalilauge. Als Kathode steht ein Aktivkohle-Ruß-Gemisch mit der Luft in Verbindung. An der katalytisch wirkenden Aktivkohle wird Sauerstoff reduziert.

Minuspol (Anode): $2\,\overset{0}{Zn} \longrightarrow 2\,\overset{II}{Zn}{}^{2+} + 4\,e^-$

Pluspol (Kathode): $\overset{0}{O}_2 + 2\,H_2O + 4\,e^- \longrightarrow 4\,\overset{-II}{O}H^-$

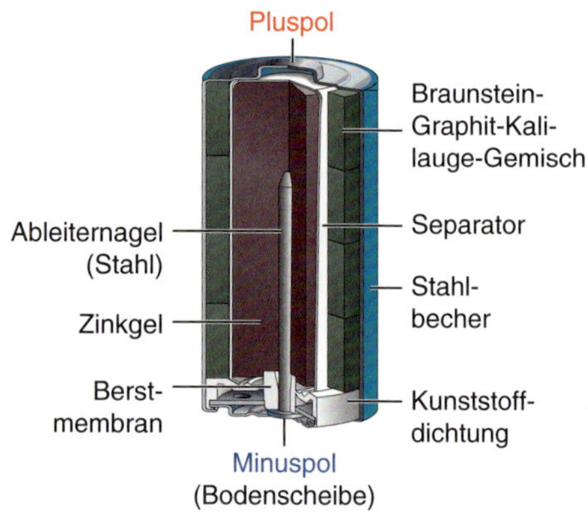

Alkali-Mangan-Batterie

Die **Zink-Silberoxid-Knopfzelle** (Nennspannung 1,55 V) wird vor allem in Uhren eingesetzt. Als Elektrolytlösung dient Kalilauge oder Natronlauge. Als Oxidationsmittel am Pluspol ist Silberoxid; als Reduktionsmittel wird auch hier Zink eingesetzt. In der Silberoxid-Batterie laufen folgende Reaktionen ab:

Minuspol (Anode): $\overset{0}{Zn} \longrightarrow \overset{II}{Zn}{}^{2+} + 2\,e^-$

Pluspol (Kathode): $\overset{I}{Ag}_2O + 2\,H_2O + 2\,e^- \longrightarrow 2\,\overset{0}{Ag} + 2\,OH^-$

Der große Vorteil von Silberoxid-Batterien ist, dass ihre Spannung während der gesamten Betriebszeit praktisch konstant bleibt.

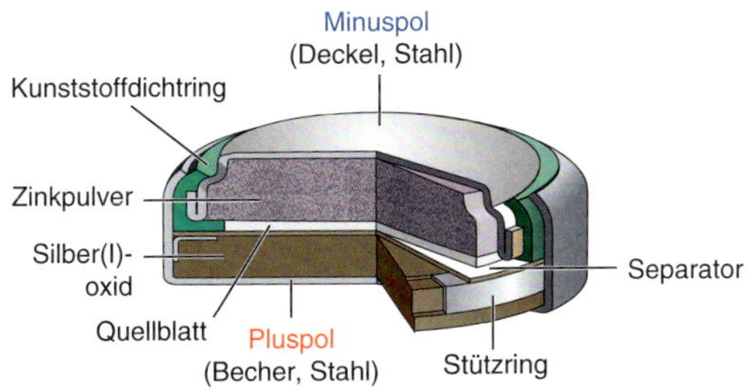

Zink-Silberoxid-Knopfzelle

Die **Lithium-Mangan-Batterie** ist eine Primärzelle mit hoher Spannung (Nennspannung 3 V) und langer Lebensdauer. Sie wird als Spannungsquelle in der Mikroelektronik eingesetzt, zum Beispiel in Fotoapparaten mit hohem Strombedarf, elektronischen Datenspeichern oder in Herzschrittmachern. Lithium bildet das Anodenmaterial, Braunstein das Kathodenmaterial. Elektrolytlösung ist ein Gemisch aus wasserfreien Lösungsmitteln und darin gelöstem Lithiumperchlorat ($LiClO_4$). Bei Stromfluss werden Mangan(IV)-Ionen reduziert. Die durch Oxidation der Lithiumatome gebildeten Lithiumionen werden in das Kristallgitter des Braunsteins eingebaut:

Minuspod (Anode); $\overset{0}{Li} \longrightarrow \overset{I}{Li^+}\ e^-$

Pluspol (Kathode); $Li^+ + e^- + \overset{IV}{MnO_2} \longrightarrow \overset{III}{LiMnO_2}$

Sekundärelemente

In **Akkumulatoren** (von lat. *accumulare*, sammeln) – oder kurz **Akkus** – sind die Elektrodenreaktionen umkehrbar. Damit sind sie wieder aufladbar.

Der Bleiakkumulator besitzt eine große Bedeutung als Starterbatterie in Motorfahrzeugen. Sein Aufbau ist verhältnismäßig einfach. Zwei Sätze von parallel geschalteten Gitterplatten bilden einen Plattenblock, der in Schwefelsäure taucht ($w(H_2SO_4) = 20-38\,\%$, $\varrho(H_2SO_4)$ $1{,}15-1{,}28\ \frac{g}{ml}$, bei $\vartheta = 20\,°C$). In einer modernen, wartungsfreien Starterbatterie bestehen die mit Blei(IV)-oxid gefüllten Gitter des ersten Satzes aus einer Legierung aus Blei, Calcium, Silber, Zinn und Aluminium; die mit fein verteiltem Blei gefüllten Gitter des zweiten Satzes bestehen aus einer Legierung aus Blei und Calcium. Die Blei(IV)-oxid-Platten befinden sich in säurefesten Separatoren (mikroskopische Trennwände), die den direkten Kontakt der Platten und damit einen Kurzschluss verhindern. In 12-V-Bleiakkus sind sechs solcher Plattenblöcke (Nennspannung 2 V) hintereinander geschaltet. In vereinfachter Darstellung laufen beim Entladen in einem Bleiakkumulator die folgenden Reaktionen von links nach rechts ab:

Minuspol (Anode): $\overset{0}{\mathrm{Pb}} + \mathrm{SO_4^{2-}} \rightleftharpoons \overset{\mathrm{II}}{\mathrm{Pb}}\mathrm{SO_4} + 2\,\mathrm{e^-}$

Pluspol (Kathode): $\overset{\mathrm{IV}}{\mathrm{Pb}}\mathrm{O_2} + 4\,\mathrm{H^+} + \mathrm{SO_4}^{2-} + 2\,\mathrm{e^-} \rightleftharpoons \overset{\mathrm{II}}{\mathrm{Pb}}\mathrm{SO_4} + 2\,\mathrm{H_2O}$

$$\mathrm{Pb} + \mathrm{PbO_2} + 2\,\mathrm{H_2SO_4} \underset{\text{Laden}}{\overset{\text{Entladen}}{\rightleftharpoons}} 2\,\mathrm{PbSO_4} + 2\,\mathrm{H_2O}$$

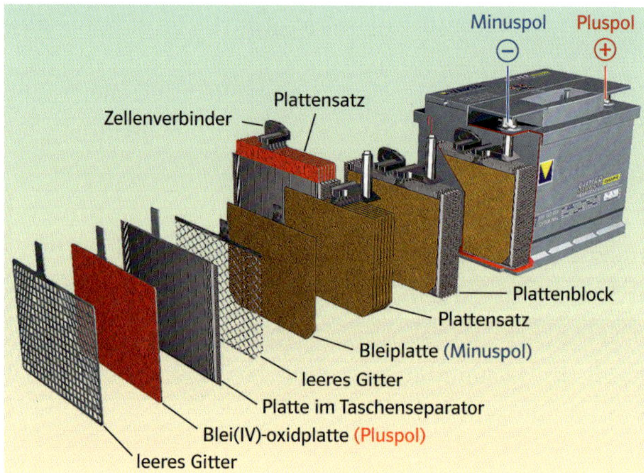

Aufbau eines Bleiakkumulators („Autobatterie")

Das gebildete schwerlösliche Blei(II)-sulfat scheidet sich als Überzug auf den Elektroden oder als Bodenkörper ab. Da beim Entladen eines Bleiakkumulators Schwefelsäure verbraucht wird, sinkt die Dichte des Elektrolyten. Deshalb kann durch Dichtemessung auf den Ladezustand des Akkumulators geschlossen werden. Beim Laden, das heißt beim Anlegen einer äußeren Spannung, kehren sich die chemischen Reaktionen um: Ist am Ende des Aufladevorgangs das bei der Entladung gebildete Blei(II)-sulfat verbraucht, entsteht an der Kathode Wasserstoff und an der Anode Sauerstoff („Gasen" des Akkumulators). In geringem Maß laufen diese Reaktionen immer gleichzeitig mit den Ladereaktionen ab. Beim Laden steigt die Dichte der Schwefelsäurelösung wieder an.

Der **Nickel-Metallhydrid-Akkumulator** zeichnet sich durch seine konstante Spannung und hohe Belastbarkeit aus. Als Minuspol dient eine Metallegierung, die neben Nickel noch Lanthan und Cer enthält. Diese Legierung kann Wasserstoff adsorbieren („Metallhydrid"). Elektrolytlösung ist Kalilauge. Der Pluspol wird von Nickel(III)-hydroxid-oxid gebildet. Die Nennspannung dieses Akkus beträgt etwa 1,2 V. Stark vereinfacht kann man die elektrochemischen Prozesse wie folgt formulieren.

$$\overset{III}{NiO(OH)} + \overset{0}{Metall\text{-}H} \underset{Laden}{\overset{Entladen}{\rightleftharpoons}} \overset{II}{Ni(OH)_2} + Metall$$

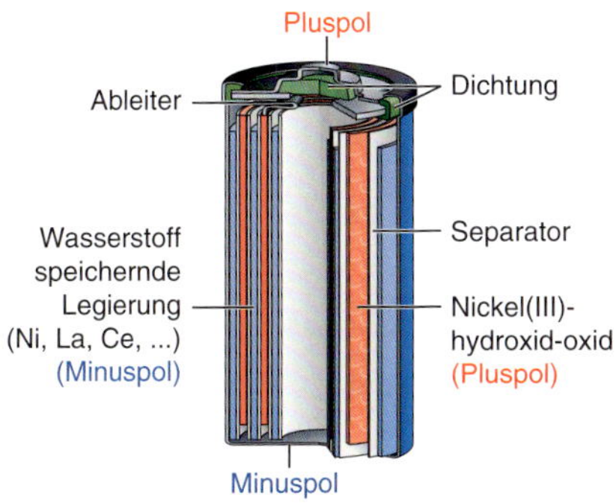

Nickel-Metallhydrid-Akkumulator

Der **Lithium-Ion-Akkumulator** gehört mit einer Spannung von 3,8 V zu den Sekundärelementen mit der höchsten Spannung und ist besonders für den Betrieb mobiler Telefone, Camcorder und tragbarer Computer geeignet. Als Minuspol dient eine Kohlenstoffelektrode (Graphit, Koks) und als Pluspol insbesondere Lithiummangan(III,IV)-oxid ($LiMn_2O_4$). Als Elektrolyte werden organische Lösungsmittel eingesetzt, in denen ein organisches oder anorganisches Lithiumsalz gelöst ist. Beide von einem Separator getrennten Elektrodenmaterialien dienen als Einlagerungselektroden für Lithiumionen und haben unterschiedliche Redoxpotenziale. Beim Laden werden in der Kohlenstofflektrode Lithiumionen reversibel ins Kohlenstoffgitter eingelagert. Umgekehrt werden beim Entladen Lithiumionen im Metalloxidgitter eingelagert. Zwischen den Elektroden werden also lediglich Lithiumionen ausgetauscht.

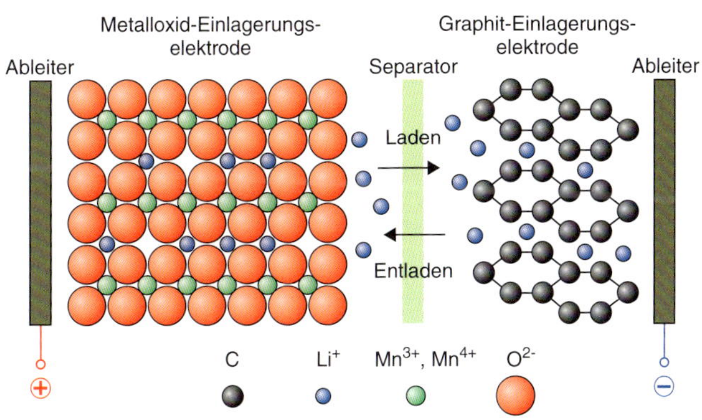

Funktionsweise des Lithium-Ion-Akkumulators

Brennstoffzellen

Bei einer Brennstoffzelle werden das Oxidations- und das Reduktionsmittel von außen zugeführt.

Bei den bisher beschriebenen galvanischen Elementen liegen die an den Elektrodenvorgängen beteiligten Stoffe in der Zelle selbst vor. Durch die vorgegebenen Stoffportionen wird somit die dem Element entnehmbare elektrische Energie begrenzt. Bei Brennstoffzellen werden das Reduktionsmittel, der Brennstoff, und das Oxidationsmittel kontinuierlich von außen zugeführt. Der PEM-Brennstoffzelle (von engl. *proton exchange membrane*, weitere Bedeutung: *polymer elektrolyt membrane*) wird eine gute Zukunft vorausgesagt. Sie besteht aus drei Teilen: einer negativ geladenen Elektrode, einer Elektrolytmembran und einer positiv geladenen Elektrode. Zusammen bilden sie eine Zelle. Mehrere Zellen in Reihe bilden einen Stapel, einen so genannten Stack. Zwischen den Zellen befinden sich Bipolarplatten. Diese haben mehrere Aufgaben: Verteilung der Gase auf die Elektroden, Verknüpfung der Einzelzellen, Ableitung der Wärme und der Reaktionsprodukte. Wasserstoff wird auf eine Elektrode geleitet. Die Wasserstoffmoleküle werden unter Einfluss des katalytisch wirkenden Metalls der Elektrode in Atome gespalten. Jedes Wasserstoffatom gibt ein Elektron ab, die Elektrode ist negativ geladen. Es entstehten Wasserstoffionen (Protonen), die die Elektrolytmembran durchdringen.

$$\text{Minuspol (Anode):} \quad 2\,H_2 \longrightarrow 4\,H^+ + 4\,e^-$$

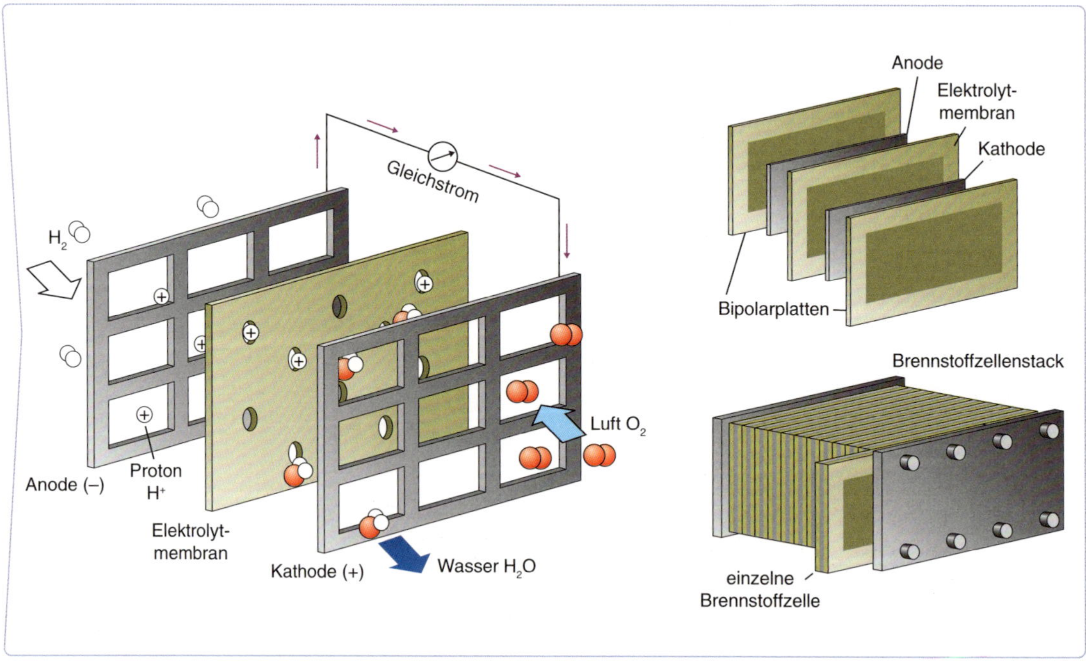

Aufbau und Funktion einer PEM-Brennstoffzeille

An der positiv geladenen Elektrode reagieren die Sauerstoffmoleküle unter Aufnahme der Elektronen, die durch den Verbraucher geflossen sind, mit den Protonen zu Wasser.

$$\text{Pluspol (Kathode):} \quad O_2 + 4\,H^+ + 4\,e^- \longrightarrow 2\,H_2O$$

Es wird entweder reiner Sauerstoff oder Luft auf die positiv geladene Elektrode geleitet. Die Zelle hat eine theoretische Spannung von ca. 1,2 V. Erreicht werden in der Praxis allerdings nur 0,6 bis 0,9 V. Die in Kraftfahrzeugen eingesetzten Stacks weisen eine Leistung von 150 bis 250 kW auf.

Die PEM-Brennstoffzellen haben vor allem in der Automobilbranche eine große Bedeutung. Die ersten Autos mit Brennstoffzellenantrieb sind bereits in der Serienproduktion. Brennstoffzellen haben gegenüber Ottomotoren gewichtige Vorteile. Zum einen ist der Wirkungsgrad bei der PEM-Brennstoffzelle mit etwa 60 % deutlich höher als der Wirkungsgrad von knapp 40 % bei Ottomotoren. Insbesondere im Hinblick auf die Nachhaltigkeit ist die Brennstoffzelle interessant. Beim Betrieb entstehen keine umweltschädlichen Gase, sondern lediglich Wasser.
Wasserstoff liegt in der Natur jedoch nicht in reiner Form vor, sondern muss produziert werden. Damit der Antrieb über Brennstoffzellen noch umweltfreundlicher und nachhaltiger wird, muss es Ziel sein, den Wasserstoff möglichst ohne Kohlenstoffdioxid-Emissionen zu erzeugen. Auch Transport und Lagerung des Wasserstoffs sind nicht einfach. Deshalb werden aktuell Brennstoffzellen entwickelt, die statt Wasserstoff Flüssigkeiten wie Methanol zum Betrieb verwenden. Das Wirkungsprinzip ist vergleichbar, die technische Umsetzung jedoch einfacher. Allerdings haben diese Brennstoffzellen den Nachteil, dass der Wirkungsgrad geringer ist, mit knapp 30 % sogar noch geringer als bei Ottomotoren, weshalb rund um die Brennstoffzelle noch vielfältig geforscht und entwickelt werden wird.

Elektrochemische Korrosion

Die von der Oberfläche eines Metalls durch chemische Reaktionen mit seiner Umgebung ausgehende Zerstörung eines Metalls bezeichnet man als **Korrosion**. Beim Eisen spricht man vereinfacht vom **Rosten**. Bei der Korrosion von Metallen laufen Redoxreaktionen ab. Berühren sich zwei verschiedene Metalle und ist die Kontaktfläche von einer Elektrolytlösung umgeben, entsteht auf kleinstem Raum ein kurzgeschlossenes galvanisches Element, ein **Lokalelement** oder Kontaktelement. Ein solches Lokalelement kann sich z. B. beim Verlöten von Zinkrohren mit Kupfer bilden. Das unedlere Zink ($E^\circ = -0{,}76\,V$) bildet die Lo-

Bei der Korrosion von Metallen laufen Redoxreaktionen ab.

Lokalelement: kurzgeschlossenes galvanisches Element; Ausgangspunkt für Korrosionsvorgänge

kalanode (Minuspol). Zinkatome werden oxidiert: $Zn \longrightarrow Zn^{2+} + 2\ e^-$. Die Elektronen fließen zum Kupfer, das die Lokalkathode (Pluspol) bildet. Da die Kombination Cu/Cu^{2+} ein positiveres Elektrodenpotenzial als die Kombination $H_2 + 2\ H_2O/2\ H_3O^+$ hat, erfolgt an der Kathode die Reduktion von Oxoniumionen aus der Lösung zu Wasserstoff: $2\ H_3O^+ + 2\ e^- \longrightarrow H_2 + 2\ H_2O$.

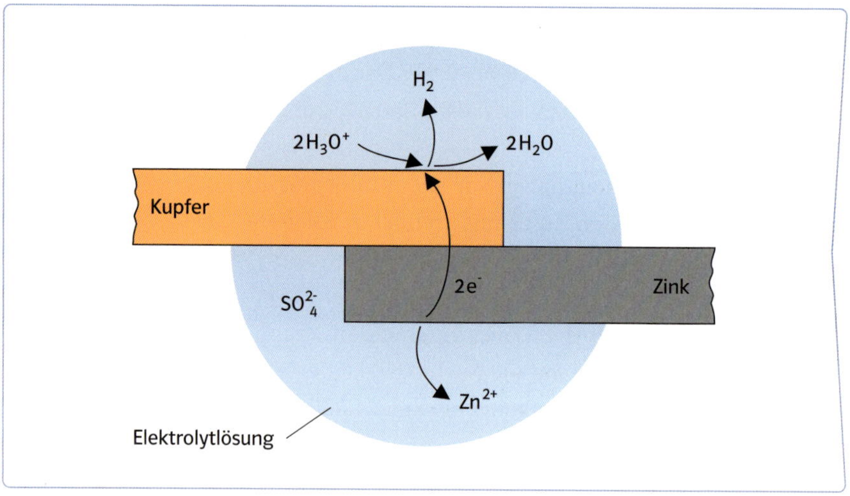

Zink-Kupfer-Lokalelement

Auch das Rosten des Eisens ist durch die Bildung von Lokalelementen gekennzeichnet. Neben Beimengungen edlerer Metalle (Legierungsbestandteile) können dabei auch oxidbedeckte Stellen der Metalloberfläche als elektronenableitende Lokalkathoden wirken. Das Eisen ist die Lokalanode und wird oxidiert:

$$Fe \longrightarrow Fe^{2+} + 2\ e^-.$$

An der Lokalkathode können entweder Oxoniumionen zu Wasserstoffmolekülen oder in die Elektrolytlösung diffundierende Sauerstoffmoleküle zu Hydroxidionen reduziert werden.

Säurekorrosion: $4\ H_2O \rightleftharpoons 2\ H_3O^+ + 2\ OH^-$

$2\ H_3O^+ + 2\ e^- \longrightarrow 2\ H_2O + H_2$

Sauerstoffkorrosion: $O_2 + 2\ H_2O + 4\ e^- \longrightarrow 4\ OH^-$

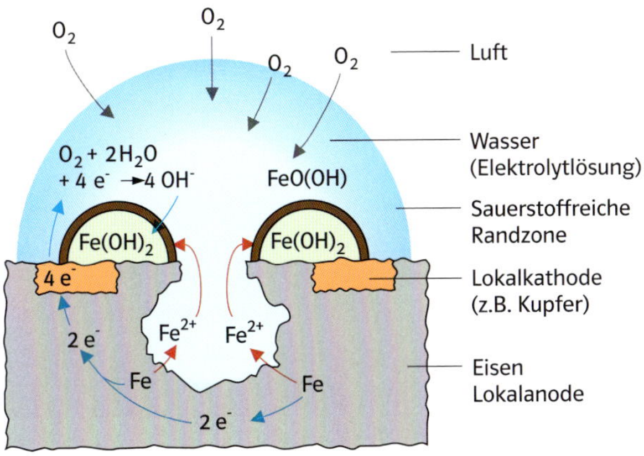

Sauerstoffkorrossion (Rosten) von Eisen bei Lokalelementbildung mit einem edleren Metall.

Die Säurekorrosion erfolgt überwiegend in sauren Lösungen bei Sauerstoffmangel, Sauerstoffkorrosion in neutralen oder alkalischen Lösungen bei Sauerstoffzutritt. Treffen sich im Fall der Sauerstoffkorrosion durch Diffusion die gebildeten Eisen(II)-Ionen und Hydroxidionen, entsteht schwer lösliches Eisen(II)-hydroxid, das durch Sauerstoff stufenweise weiter zu rotbraunem Eisen(III)-hydroxid-oxid (Rost) oxidiert wird.

$$Fe^{2+} + 2\,OH^- \longrightarrow Fe(OH)_2 \quad | \cdot 4$$
$$4\,Fe(OH)_2 + O_2 \longrightarrow 4\,FeO(OH) + 2\,H_2O$$

Die entstehende Rostschicht ist spröde, porös und leitfähig und kann das Eisen nicht vor weiterer Korrosion schützen. Der gesamte Korrosionsvorgang wird bei Anwesenheit von Salzen (z. B. Streusalz) beschleunigt, da diese die Leitfähigkeit erhöhen oder katalytisch wirken können.

Korrosionsschutz

Der Schutz vor Korrosion ist von großer wirtschaftlicher Relevanz. Daher versucht man, Korrosionen durch „passiven" und „kathodischen" Korrosionsschutz zu verhindern.

Passiver Korrosionsschutz
Über der Metalloberfläche wird eine Schutzschicht erzeugt, die das Metall vor Korrosion schützt. Der Überzug selbst ist in der Regel nicht korrodierbar, z.B. Lacke oder edle Metalle. Einen Überzug mit einem edlen Metall erhält man durch Galvanisieren. Wird die edlere Metallschicht jedoch beschädigt, so bildet sich ein Lokalelement, wodurch es zur Korrosion des zu schützenden Metalls kommt und diese sogar beschleunigt wird.

Kathodischer Korrosionsschutz
Beim kathodischen bzw. aktiven Korrosionsschutz wird mit unedleren Metallen wie z.B. Zink gearbeitet. Das zu schützende Metall wird mit dem unedleren Metall leitend verbunden, sodass die Korrosion am unedleren Metall stattfindet. Das unedlere Metall bildet dabei die Anode und löst sich mit der Zeit auf, weshalb sie auch als "Opferanode" bezeichnet wird.

Leitfähigkeitstitrationen

Die elektrische Leitfähigkeit einer Lösung setzt sich additiv aus den Beiträgen der Kationen und Anionen zusammen.

Saure und alkalische Lösungen leiten ebenso wie Salzlösungen den elektrischen Strom. Dieser Stromfluss beruht auf der Wanderung frei beweglicher Ionen unter dem Einfluss einer elektrischen Spannung U. Die elektrische Leitfähigkeit äußert sich in der gemessenen Stromstärke I oder elektrischen Leitfähigkeit $\varkappa$ (Kappa). Die einzelnen Ionenarten tragen in unterschiedlichem Maße zur Leitfähigkeit bei. Die Einzelleitfähigkeit einer Ionenart nennt man Ionenäquivalentleitfähigkeit. Für verdünnte Lösungen setzt sich die Leitfähigkeit additiv aus den Beiträgen von Kationen und Anionen zusammen. Besonders große Ionenbeweglichkeit und damit auch Ionenäquivalentleitfähigkeit weisen Oxoniumionen sowie Hydroxidionen auf.

Die besondere Leitfähigkeit von Hydroxid- bzw. Oxoniumionen wird als Grotthuß-Mechanismus bezeichnet.

Die Unterschiede in den Ionenbeweglichkeiten können in **Leitfähigkeitstitrationen** zur Bestimmung des Äquivalenzpunktes bei einer Säure-Base-Reaktion genutzt werden. Bei der Leitfähigkeitstitration (konduktometrische Titration) wird an einen Leitfähigkeitsprüfer, der in die Probelösung taucht, eine konstante Wechselspannung angelegt. In Abhängigkeit vom Volumen der zugegebenen

Maßlösung wird die elektrische Leitfähigkeit gemessen. An Stelle der Leitfähigkeit kann auch die Stromstärke erfasst werden, weil bei konstanter Spannung und Elektrodenanordnung Stromstärke und Leitfähigkeit direkt proportional sind. Wechselspannung verwendet man, um die Abscheidung von Elektrolyseprodukten weitgehend zu vermeiden.

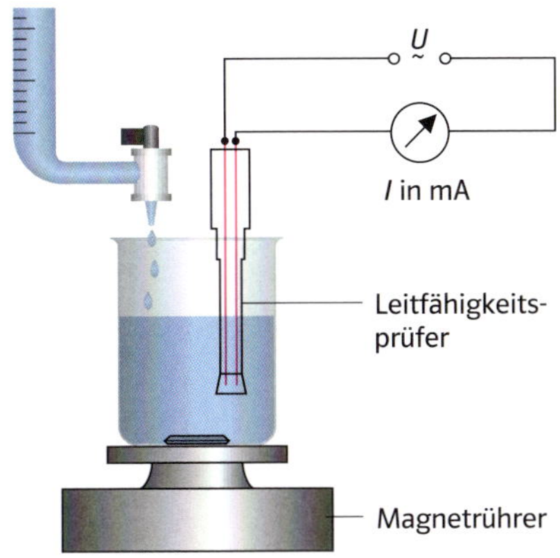

Messprinzip zur konduktometrischen Titration

Titriert man z.B. Salzsäure mit Natronlauge, nimmt die Leitfähigkeit bis zum Erreichen des Äquivalenzpunktes (➤ S. 70) ab. Bei weiterer Zugabe der Natronlauge nimmt die Leitfähigkeit wieder zu, d.h., die Leitfähigkeit durchläuft am Äquivalenzpunkt ein Minimum. Der Schnittpunkt der beiden linearen „Kurvenäste" ergibt den Verbrauch an Maßlösung bis zum Äquivalenzpunkt. Die Leitfähigkeit nimmt zunächst dadurch ab, dass Oxoniumionen mit Hydroxidionen zu Wassermolekülen reagieren und durch Natriumionen ersetzt werden. Diese tragen zur Leitfähigkeit in geringerem Maße bei als die Oxoniumionen.

$$H_3O^+ + Cl^- + Na^+ + OH^- \longrightarrow 2\,H_2O + Cl^- + Na^+$$

Am Äquivalenzpunkt liegen nur noch Natrium- und Chloridionen vor. Die dann zunehmende Leitfähigkeit erklärt sich aus der Konzentrationszunahme überschüssiger Natrium- und Hydroxidionen. Die Konzentrationsverminderung durch Vergrößerung des Gesamtvolumens ist dabei vernachlässigbar klein.

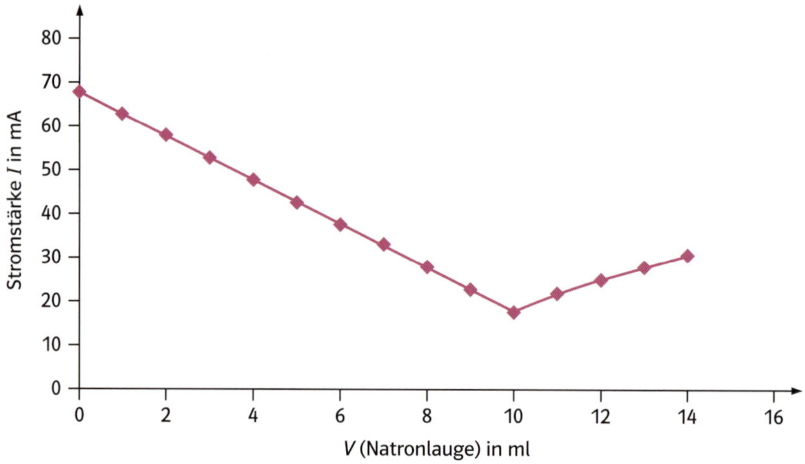

Messprinzip zur konduktometrischen Titration

Iodometrie

Auch Redoxreaktionen können Titrationen zugrunde liegen. Iodteilchen sind hierfür vorteilhaft. Zum einen können elementares Iod reduziert und Iodid-Ionen oxidiert werden. Zum anderen lässt sich Iod sehr gut nachweisen und sichtbar machen, denn Iod und Stärke bilden eine tiefblaue Farbe aus und das schon beim Vorhandensein von geringsten Mengen Iod.
Titrationen, die sich Redoxreaktionen unter Beteiligung von Iod-Teilchen zunutze machen, gehören zur Iodometrie. Die Iodometrie ist eine chemische Analysemethode, die zur quantitativen Bestimmung von verschiedenen Substanzen angewendet wird.

Titration mit reduzierenden Analyten

Ist bei der Titration ein Stoff mit reduzierender Wirkung beteiligt, können durch ihn Iod-Moleküle zu Iodid-Ionen reduziert werden. Häufig wird für die Titration Iod-Maßlösung im Überschuss eingesetzt. Der Stoff mit reduzierender Wirkung wird zur Iod-Maßlösung gegeben. Im Anschluss kann bestimmt werden, wie viel Iod nicht an der Reaktion teilgenommen hat und daraus berechnet werden, wie viele Iod-Moleküle vom reduzierenden Stoff umgesetzt wurden und wie viele Teilchen des reduzierenden Stoffes notwendig waren. Experimentell wird die Stoffmenge der noch vorhandenen Iod-Moleküle üblicherweise durch eine Titration mit einer Natriumthiosulfat-Lösung bestimmt.

Titration mit oxidierenden Analyten

Ist bei der Titration ein Stoff mit oxidierender Wirkung beteiligt, können Iodid-Ionen zu Iod-Molekülen oxidiert werden. Auch hier wird üblicherweise ein Überschuss an Iodid-Ionen eingesetzt, sodass der oxidierende Stoff vollständig umgesetzt wird. Im Anschluss wird mittels einer Titration mit einer Natriumthio-sulfat-Lösung bestimmt, wie viel Iod nicht an der Reaktion teilgenommen hat. Nun kann darauf geschlossen werden, wie viel Iod durch den oxidierenden Stoff entstanden ist und damit die Stoffmenge bzw. Konzentration des oxidierenden Stoffes.

Äquivalenzpunkt und Auswertung

In beiden Fällen macht man sich die tiefblaue Färbung, die entsteht, wenn Iod und Stärke aufeinander treffen, zunutze. Bei der Titration mit der Natriumthiosulfat-Lösung werden kurz vor dem Äquivalenzpunkt (→ S. 70) einige Tropfen Stärkelösung zugegeben. Wurden durch die Titration alle Iod-Moleküle umgesetzt, so verschwindet die tiefblaue Farbe. Dies ist am Äquivalenzpunkt der Fall. Ein Iod-Molekül reagiert mit zwei Thiosulfat-Ionen. Es gilt folglich:

$$n(I_2) = \frac{1}{2} n\left(S_2O_3^{2-}\right)$$

Anhand der Stoffmenge an Iod kann nun die Stoffmenge der eingesetzten oxidierenden bzw. reduzierenden Stoffe berechnet werden.

Redoxreaktionen und Elektrochemie

Oxidation ist die Abgabe von Elektronen, **Reduktion** ist die Aufnahme von Elektronen. Reaktionen, bei denen Elektronenübergänge stattfinden, werden kurz als **Redoxreaktionen** bezeichnet.

Durch eine Redoxreaktion kann in einem **galvanischen Element** elektrische Energie erzeugt werden. Bei einem galvanischen Element laufen Oxidation und Reduktion räumlich getrennt ab.

Die Spannung eines galvanischen Elementes ist abhängig vom Elektrodenmaterial, den Elektrolytlösungen und deren Konzentrationen sowie der Temperatur. Spannungen galvanischer Elemente werden bei Standardbedingungen gemessen ($\vartheta = 25\,°C$, $p = 1013\ hPa$, c(Elektrolytlösung) $= 1\ \frac{mol}{l}$).

Nach internationaler Übereinkunft nimmt man als Bezugshalbelement eine platinierte Platinelektrode. Sie taucht bei $\vartheta = 25\,°C$ in eine Lösung der Oxoniumionenkonzentration $c(H_3O^+) = 1\ \frac{mol}{l}$ (pH = 0) und wird von Wasserstoff unter einem Druck von $p = 1013\ hPa$ umspült. Die Spannung zwischen diesem Bezugshalbelement und einem Halbelement unter Standardbedingungen heißt **Standardredoxpotenzial**, kurz Standardpotenzial.
Halbelemente, d.h. korrespondierende Redoxpaare, können nach den Standardpotenzialen in einer elektrochemischen Spannungsreihe angeordnet werden. Die Standardpotenziale charakterisieren das Reduktions- bzw. Oxidationsvermögen von Teilchen in wässriger Lösung.
Mit der **Nernst-Gleichung** wird die Konzentrationsabhängigkeit des Redoxpotenzials eines galvanischen Elements bzw. Halbelements erfasst.

Eine **Elektrolyse** ist die Umkehrung der in einem galvanischen Element freiwillig unter Abgabe elektrischer Energie ablaufenden Redoxreaktion. Die Elektrolyse wird durch die Zufuhr elektrischer Energie erzwungen.
Von der bei einer Elektrolyse angelegten Gleichspannung hängt es ab, welche Stoffe an den Elektroden abgeschieden werden. Die Stärke des Elektrolysestroms und die Dauer der Elektrolyse bestimmen die Mengen der gebildeten Stoffe.

Galvanische Elemente können als ortsunabhängige Spannungsquellen genutzt werden. Ein nicht wieder aufladbares galvanisches Element bezeichnet man als **Primärlement**, ein wieder aufladbares galvanisches Element als **Sekundärelement** oder Akkumulator. Eine **Brennstoffzelle** ist ein galvanisches Element, bei dem das Reduktionsmittel („Brennstoff") und das Oxidationsmittel kontinuierlich von außen zugeführt werden.

Bei der **Korrosion** von Metallen laufen Redoxreaktionen ab. Häufig liegt dabei ein kurzgeschlossenes galvanisches Element, ein Lokalelement, vor. Beim Korrosionsschutz werden unterschiedliche Methoden eingesetzt, um die Redoxprozesse zu verhindern, die zur Zerstörung eines Metalls führen.

Saure und alkalische Lösungen leiten ebenso wie Salzlösungen den elektrischen Strom. Dieser Stromfluss beruht auf der Wanderung frei beweglicher Ionen unter dem Einfluss einer elektrischen Spannung U. Die **elektrische Leitfähigkeit** äußert sich in der gemessenen Stromstärke oder elektrischen Leitfähigkeit.

AUF EINEN BLICK

Alkane, Alkene, Alkine, Cycloalkane und Cycloalkene

sind jeweils durch eine charakteristische Molekülstruktur gekennzeichnet.

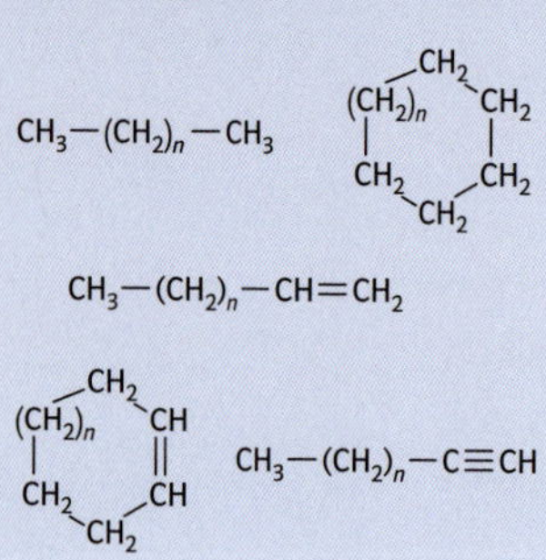

Kohlenwasserstoffe

bilden homologe Reihen. Dabei unterscheiden sich die Moleküle aufeinander folgender Glieder um jeweils eine CH_2-Gruppe. Damit können für die Substanzgruppen allgemeine Formeln angegeben werden.

Name des Alkans	Summenformel
Methan	C_1H_4
Ethan	C_2H_6
Propan	C_3H_8
Butan	C_4H_{10}
Pentan	C_5H_{12}
Hexan	C_6H_{14}
Heptan	C_7H_{16}
Octan	C_8H_{18}
Nonan	C_9H_{20}
Decan	$C_{10}H_{22}$
Undecan	$C_{11}H_{24}$

Isomere

sind Moleküle, die bei gleicher Summenformel unterschiedliche Strukturformeln besitzen.

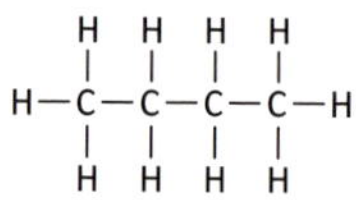

Butan
Sdt. −1 °C

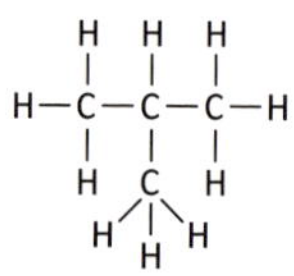

Isobutan
Sdt. −12 °C

Van-der-Waals-Kräfte

sind die typischen zwischenmolekularen Kräfte zwischen den Kohlenwasserstoffmolekülen. Sie beeinflussen Siedetemperatur, Viskosität und Löslichkeit.

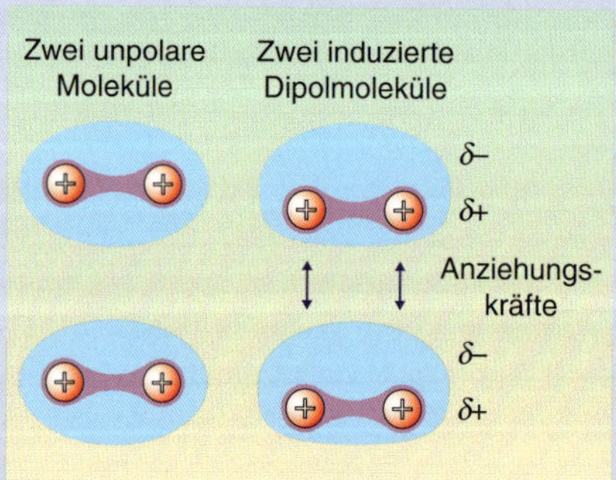

Die Löslichkeit von Stoffen

kann man mit Hilfe der Regel „Ähnliches löst Ähnliches“ (bezogen auf die Polarität der Moleküle) abschätzen. Für Stoffe mit guter Wasserlöslichkeit verwendet man den Begriff hydrophil, für das gegenteilige Lösungsverhalten hydrophob.

Erdöl

besteht hauptsächlich aus Kohlenwasserstoffen. Die Auftrennung erfolgt in einer fraktionierenden Destillation. Besonders wichtig ist dabei die Gewinnung von Benzinen und Diesel-(Heiz-)öl.

In Crackverfahren

werden langkettige Kohlenwasserstoffmoleküle in kurzkettige Moleküle überführt. Je nach Prozessführung unterscheidet man thermisches Cracken, Steamcracken, katalytisches Cracken und Hydrocracken.

Reforming-Verfahren

(z. B. das Platforming-Verfahren) erhöhen die Qualität des so gewonnenen Benzins. Moleküle mit niedriger Octanzahl werden in Moleküle mit höherer Octanzahl überführt.

Benzine

mit höheren Octanzahlen verhindern eine „klopfende Verbrennung" im Otto-Motor. Sie enthalten vor allen stark verzweigte Alkanmoleküle.

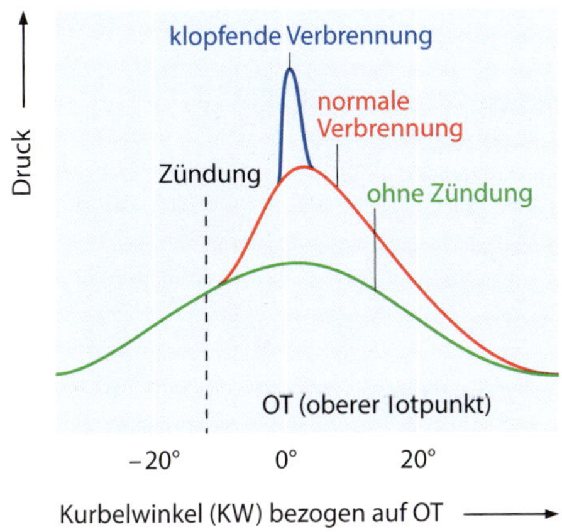

Die radikalische Substitution

mit Chlor oder Brom ist neben der Verbrennung die typische Reaktion der Alkane. Sie läuft in Form einer Kettenreaktion ab.

Alkene reagieren in einer elektrophilen Additionsreaktion

Addiert werden können z. B. Chlor, Brom, Wasserstoff, Halogenwasserstoffe oder Wasser. Bei den Reaktionen unsymmetrischer Alkene verläuft die Reaktion so, dass als Zwischenprodukt das energieärmere Carbokation gebildet wird.

5 Kohlenwasserstoffe

- Erdöl und Erdgas bestehen hauptsächlich aus Kohlenwasserstoffen.
- Die wichtigsten Verbindungsklassen sind Alkane, Alkene, Alkine, Cycloalkane und Cycloalkene.
- Isomere sind Moleküle, die bei gleicher Summenformel unterschiedliche Strukturformeln besitzen.
- Ein Spezialfall der Isomerie ist die cis-trans-Isomerie der Alkene.
- Die Bezeichnung der Kohlenwasserstoffe wird durch die IUPAC-Nomenklatur (Genfer Nomenklatur) geregelt.
- Die Eigenschaften der Kohlenwasserstoffe wie Siedetemperaturen, Viskosität und Lösungsverhalten werden stark von den zwischenmolekularen Kräften dieser Moleküle, den Van-der-Waals-Kräften, bedingt.
- Die Auftrennung des Erdöls erfolgt in einer fraktionierenden Destillation. Von den so gewonnenen Fraktionen (Verbindungen mit einem bestimmten Siedetemperaturbereich) sind v.a. die Benzine und das Dieselöl (Heizöl) bedeutsam.
- In Crackverfahren werden aus langkettigen Molekülen kurzkettige Moleküle gebildet.
- Die Reforming-Verfahren dienen zur Gewinnung von Benzinen mit hoher Octanzahl.
- Benzine mit hoher Octanzahl (mit stark verzweigten Alkanmolekülen) verhindern eine „klopfende Verbrennung" im Otto-Motor (Benzinmotor).
- Dieselmotoren benötigen aufgrund eines anderen Konstruktionsprinzips („Selbstzünder") v.a. geradkettige Alkanmoleküle als Treibstoff. Diese Verbindungen entzünden sich bei hohen Temperaturen selbst.
- Die typische Reaktion der Alkane neben der Verbrennung ist die Reaktion mit Chlor und Brom. Es handelt sich um eine radikalische Substitution, die als Kettenreaktion abläuft.
- Alkene reagieren bevorzugt in elektrophilen Additionsreaktionen.

Übersicht über die Stoffklassen

Erdöl und Erdgas bestehen hauptsächlich aus Verbindungen, deren Moleküle aus Kohlenstoff- und Wasserstoffatomen aufgebaut sind. Diese Kohlenwasserstoffmoleküle bilden die Grundstruktur, von denen sich alle organischen Verbindungen ableiten. Da Kohlenstoffatome in nahezu beliebiger Anzahl und Anordnung miteinander verknüpft sein können, besteht für Moleküle, die neben Kohlenstoff- nur noch Wasserstoffatome enthalten, eine riesige Anzahl von Kombinationsmöglichkeiten. Es gibt Ketten mit Verzweigungen, Ringe oder

Netze, in denen neben Einfachbindungen zwischen den Kohlenstoffatomen auch Doppel- und Dreifachbindungen auftreten können. Man unterscheidet z. B. wichtige Kohlenwasserstoff-Substanzgruppen:

$CH_3-(CH_2)_n-CH_3$ **Alkane** (linear, verzweigt; nur Einfachbindungen in den Molekülen, gesättigte Kohlenwasserstoffe)

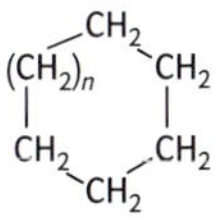

Cycloalkane (ringförmig; nur Einfachbindungen in den Molekülen; gesättigte Kohlenwasserstoffe)

$CH_3-(CH_2)_n-CH=CH_2$ **Alkene** (linear, verzweigt; eine oder mehrere Doppelbindungen in den Molekülen; ungesättigte Kohlenwasserstoffe)

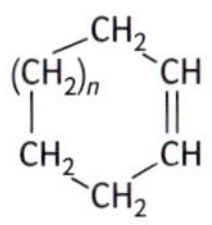

Cycloalkene (ringförmig; eine oder mehrere Doppelbindungen in den Molekülen; ungesättigte Kohlenwasserstoffe)

$CH_3-(CH_2)_n-C\equiv CH$ **Alkine** (linear, verzweigt; eine oder mehrere Dreifachbindungen in den Molekülen; ungesättigte Kohlenwasserstoffe)

Struktur der Alkanmoleküle, homologe Reihe und Isomerie

Erdgas enthält hauptsächlich Methan, daneben sind in geringen Mengen auch Ethan, Propan und Butan enthalten.

Die Struktur der Alkanmoleküle

Im **Methanmolekül CH_4** bildet jeweils eines der vier Außenelektronen des Kohlenstoffatoms mit dem Elektron eines Wasserstoffatoms ein bindendes Elektronenpaar. Ordnet man nach dem EPA-Modell die vier Elektronenpaare so an, dass sie möglichst weit voneinander entfernt sind, führt dies zu einer **tetraedrischen Anordnung**. Zur räumlichen Veranschaulichung verwendet man meist Kugel-Stab-Modelle oder Kalottenmodelle. Zur Wiedergabe der Struktur in der Ebene verwendet man die Strukturformel.

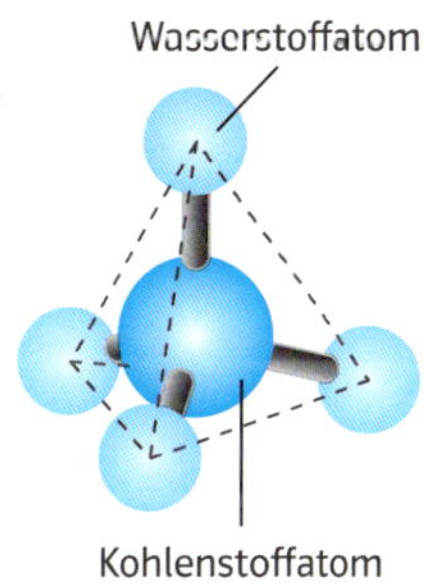

Kugel-Stab-Modell

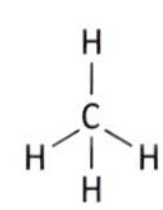

Tetraeder

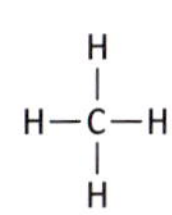

Strukturformel (Projektion)

Das **Ethanmolekül** besitzt die Summenformel **C_2H_6**. Hier sind zwei CH_3-Gruppen über eine C–C-Einfachbindung miteinander verbunden, um deren Bindungsachse eine freie Drehbarkeit stattfindet. Durch die Drehung können verschiedene Stellungen der beiden CH_3-Gruppen zueinander, also verschiedene räumliche Anordnungen, auftreten. Diese werden **Konformationen** eines Moleküls genannt.

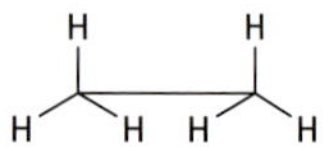

verdeckte Konformation

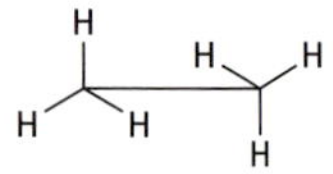

gestaffelte Konformation

Hervorzuheben sind zwei besondere Konformationen, die gestaffelte und die verdeckte Anordnung. Bei der verdeckten Anordnung liegen jeweils zwei Wasserstoffatome auf einer zur Bindungsachse parallelen Geraden. In der gestaffelten Form besitzt das Molekül die niedrigste, in der verdeckten Form die höchste Energie. Die Energiedifferenz ist aber so gering, dass abgesehen von sehr tiefen Temperaturen Rotation um die C–C-Bindungsachse stattfindet.

Homologe Reihe

Name des Alkans	Summenformel
Methan	C_1H_4
Ethan	C_2H_6
Propan	C_3H_8
Butan	C_4H_{10}
Pentan	C_5H_{12}
Hexan	C_6H_{14}
Heptan	C_7H_{16}
Octan	C_8H_{18}
Nonan	C_9H_{20}
Decan	$C_{10}H_{22}$
Undecan	$C_{11}H_{24}$

Homologe Reihe der Alkane

Verbindungen, bei denen sich die Moleküle aufeinander folgender Glieder jeweils um eine CH_2-Gruppe unterscheiden, bilden eine homologe Reihe.

Wie Methan und Ethan sind auch weitere Moleküle aus dem Erdgas oder Erdöl aufgebaut, z. B. Propan C_3H_8 oder Butan C_4H_{10}.

Ein Vergleich der Alkanmoleküle zeigt, dass jedes Glied einer Reihe eine CH_2-Gruppe mehr aufweist als das vorhergehende Molekül. Eine solche Reihe von Verbindungen bezeichnet man als homologe Reihe. Auch die Moleküle der Alkene, Cycloalkane, Cycloalkene und Alkine bilden homologe Reihen.

Für die Glieder einer homologen Reihe lässt sich eine allgemeine Formel angeben:

Alkane: C_nH_{2n+2} Alkene: C_nH_{2n} Alkine: C_nH_{2n-2}
Cycloalkane: C_nH_{2n} Cycloalkene: C_nH_{2n-2}

Die Namen der auf das Butan folgenden Alkane werden aus dem griechischen oder lateinischen Zahlwort für die Anzahl der Kohlenstoffatome im Molekül mit der Nachsilbe „-an“ gebildet, entsprechend bei Alkenen durch die Nachsilbe „-en“ und bei den Alkinen durch die Nachsilbe „-in“. Ringförmige Kohlenwasserstoffe erhalten die Vorsilbe „cyclo-“).

Isomerie

Untersucht man z. B. Feuerzeuggas, findet man zwei Verbindungen, deren Moleküle die gleiche Summenformel, jedoch eine unterschiedliche Struktur besitzen: Butan und Isobutan. Beide Verbindungen besitzen auch unterschiedliche Eigenschaften.

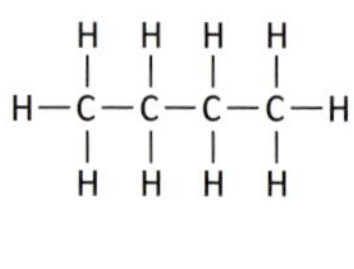

Butan
Sdt. −1 °C

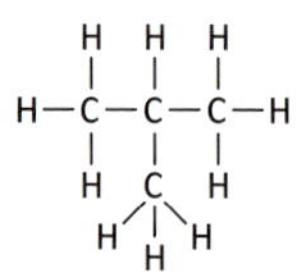

Isobutan
Sdt. −12 °C

Butan und Isobutan sind ein Beispiel für **Isomere**. Das Phänomen bezeichnet man als Isomerie.

Moleküle, die bei gleicher Summenformel unterschiedliche Strukturformeln haben, werden Isomere genannt.

Der **Summenformel** C_5H_{12} entsprechen sogar drei mögliche Strukturformeln und damit eine entsprechende Anzahl von Verbindungen.

Zur Unterscheidung der Moleküle mit der unverzweigten Kette der Kohlenstoffatome von ihren Isomeren, wird häufig vor den Namen noch ein „n“ gesetzt, also n-Butan bzw. n-Pentan (von: **n**ormales Butan oder **N**ormalbutan bzw. -pentan).

Da die Anzahl der Isomere mit zunehmender Anzahl der Kohlenstoffatome rasch zunimmt, kommt man bei Vorliegen vieler Isomere nicht mit dem Namen für die Anzahl der Kohlenstoffatome und einer Vorsilbe aus. Zur eindeutigen Kennzeichnung solcher Moleküle ist man auf die Strukturformel angewiesen. Manchmal ist es auch günstiger, anstatt der oft unübersichtlichen vollständigen Strukturformeln die vereinfachte Strukturformel, die **Halbstrukturformel**, zu verwenden. In ihnen sind nach jeweiligem Bedarf Formelteile wie in Summenformeln zusammengefasst, dabei muss aber die Art der Atomverknüpfung eindeutig erkennbar bleiben.

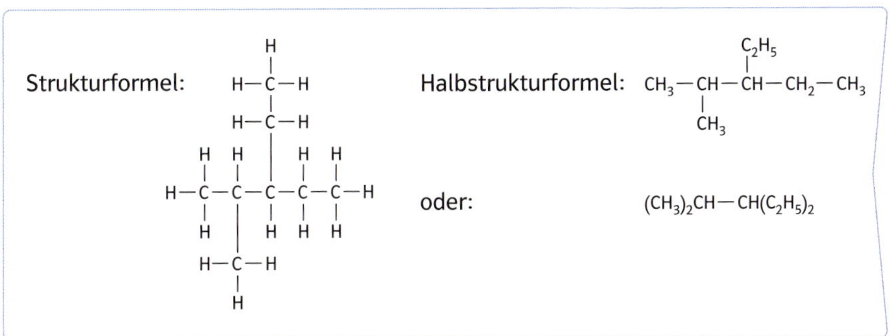

Struktur- und Halbstrukturformel eines Alkans

Für Moleküle mit gleicher Summenformel gibt es unterschiedliche Isomeriearten. Von **Strukturisomerie** spricht man, wenn sich die **Molekülstrukturen** durch unterschiedliche Verknüpfung der Atome unterscheiden. Ab C_7H_{16} gibt es z. B. auch isomere Moleküle, die sich wie Bild und Spiegelbild verhalten (**Spiegelbildisomerie** oder optische Isomerie ➛ S. 168).

Auch bei der Stoffgruppe der Alkene treten Strukturisomere auf, so kann sich z. B. die Doppelbindung bei einem Butenmolekül C_4H_8 zwischen den Kohlenstoffatomen 1 und 2 oder zwischen den Atomen 2 und 3 befinden:

$CH_3—CH_2—CH{=}CH_2$ $\qquad$ $CH_3—CH{=}CH—CH_3$

Ferner kann das Butenmolekül auch verzweigt sein:

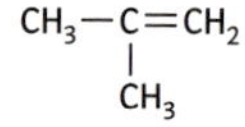

Bei dem Butenmolekül mit der Doppelbindung in der Molekülmitte gibt es wiederum zwei Möglichkeiten, die Atome im Molekül räumlich zu verknüpfen. Da um die Bindungsachse einer C−C-Doppelbindung wegen der Doppelbindung keine freie Drehbarkeit besteht, sind die mit diesen Kohlenstoffatomen verbundenen weiteren Atome in ihrer gegenseitigen räumlichen Lage fixiert.

Cis-trans-Isomere besitzen die gleiche Verknüpfung der Atome. Sie unterscheiden sich jedoch in der räumlichen Anordnung der Atome.

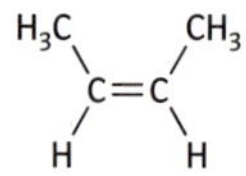

cis-Form

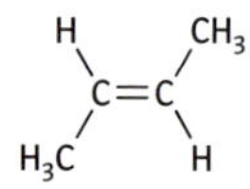

trans-Form

Bei den cis-Isomeren (von lat. *cis*, diesseits) befinden sich die einander entsprechenden Substituenten (CH_3- bzw. $H-$) auf derselben Seite der Bindungsachse der Doppelbindung. Dagegen drückt „trans" (von lat. *trans*, jenseits) aus, dass sie sich auf verschiedenen Seiten (an verschiedenen Kohlenstoffatomen) befinden. Diese Art von Isomerie bezeichnet man als cis-trans-Isomerie.

Nomenklatur der Kohlenwasserstoffe

Alkylgruppe:
Allgemein wird der aus einem Alkanmolekül durch Abspaltung eines Wasserstoffatoms hervorgehende „Molekülrest" als Alkylrest oder Alkylgruppe bezeichnet.
Alkylgruppe: $-C_nH_{2n+1}$;
Methylgruppe: $-CH_3$;
Ethylgruppe: $-CH_2-CH_3$ oder $-C_2H_5$

Da die Anzahl der Isomere mit zunehmender Anzahl der Kohlenstoffatome rasch zunimmt, sind zur Benennung der Verbindungen eindeutige Regeln erforderlich. Diese werden von der IUPAC (International Union of Pure and Applied Chemistry) mit Sitz in Genf festgelegt. Man spricht daher auch von der IUPAC-Nomenklatur oder der Genfer Nomenklatur.

Die systematische Benennung erfolgt nach Nomenklaturregeln, die in der im Folgenden angegebenen Reihenfolge anzuwenden sind (➤ S. 117).

Bei Alkenen und Alkinen muss dabei auch die Stellung der Mehrfachbindung in den Molekülen angegeben werden. Auch hier gilt die Regel der „möglichst kleinen Zahlen":

$CH_3-CH_2-CH=CH_2$	$CH_3-CH=CH-CH_3$	$H-\overset{1}{C}\equiv C-CH_2-CH_3$
1-Buten (But-1-en)	2-Buten (But-2-en)	1-Butin (But-1-in)

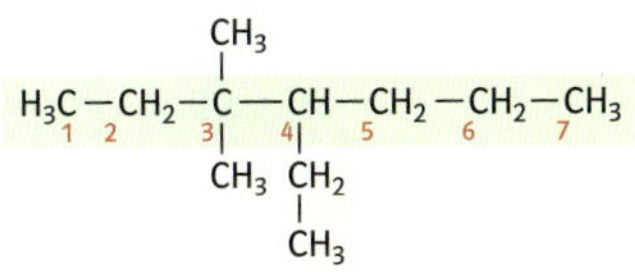

1. **Längste Kette der Kohlenstoffketten** ermitteln und benennen. Aus der Zahl der Kohlenstoffatome ergibt sich der Name der Hauptkette.
2. **Seitenketten** benennen und alphabetisch ordnen. Seitenketten erhalten ebenfalls ihren Namen nach der Zahl der Kohlenstoffatome. Anstelle der Endung „an“ erhalten die Seitenketten die Endung „yl“. Der Name der Seitenkette wird dem Namen der Hauptkette vorangestellt.
3. **Anzahl der gleichen Seitenketten** ermitteln und durch das entsprechende griechische Zahlwort (di-, tri-, tetra-, …) kennzeichnen.
4. **Verknüpfungsstellen zwischen Haupt- und Seitenketten** ermitteln, dabei Hauptkette so durchnummerieren, dass die Verknüpfungsstellen kleinstmögliche Zahlen enthalten.

4- Ethyl- 3,3- di methyl heptan

Benennung eines Alkans. Die Länge der Hauptkette bestimmt den Grundnamen der Verbindung.

Die systematische Benennung ermöglicht es auch, aus dem Namen die Strukturformel eines Moleküls zu entwickeln.

Eigenschaften der Kohlenwasserstoffe

Siedetemperaturen und Van-der-Waals-Kräfte

Innerhalb der homologen Reihen der Kohlenwasserstoffe steigen die Siedetemperaturen und meist auch die Schmelztemperaturen an. Dies lässt auf zunehmende zwischenmolekulare Kräfte schließen. Zwischen den Molekülen der Kohlenwasserstoffe wirken ausschließlich Van-der-Waals-Kräfte. Andere zwischenmolekulare Kräfte besitzen keine Bedeutung. Trotz schwach polarer C–H-Bindungen haben z. B. Alkanmoleküle aufgrund ihres tetraedrischen Bauprinzips keinen Dipolcharakter, dies gilt weitestgehend auch für andere Kohlenwasserstoffmoleküle. Ursache der Anziehung zwischen den unpolaren Molekülen ist eine nicht immer symmetrische Verteilung der Elektronen in der Hülle. Entsteht dabei ein schwacher Dipol, wirkt dieser polarisierend auf benachbarte Moleküle.

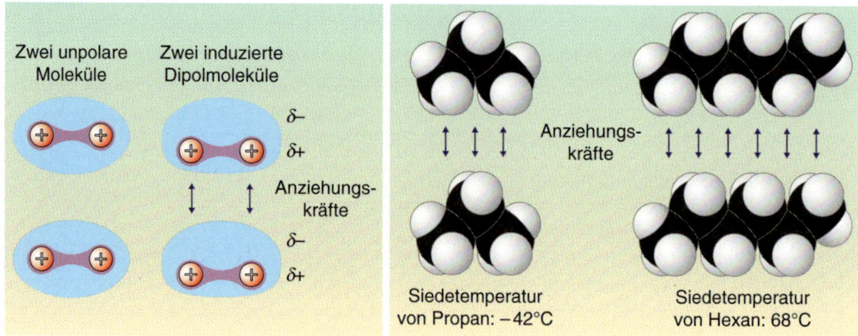

Durch Elektronenverschiebung können Alkanmoleküle zu Dipolmolekülen werden. Die Anziehungskräfte nehmen mit wachsender Kettenlänge zu.

Die Van-der-Waals-Kräfte werden mit zunehmender Elektronenanzahl der Moleküle größer, nehmen also innerhalb der homologen Reihen zu. Obwohl isomere Moleküle dieselbe Elektronenanzahl besitzen, haben z. B. die Isomere eines Alkans unterschiedliche Siedetemperaturen:

Halbstrukturformel	Name	Sdt. (°C)
$CH_3-CH_2-CH_2-CH_2-CH_2-CH_3$	Hexan	68
$CH_3-CH(CH_3)-CH_2-CH_2-CH_3$	2-Methylpentan	60
$CH_3-CH_2-CH(CH_3)-CH_2-CH_3$	3-Methylpentan	63
$CH_3-C(CH_3)_2-CH_2-CH_3$	2,2-Dimethylbutan	50
$CH_3-CH(CH_3)-CH(CH_3)-CH_3$	2,3-Dimethylbutan	58

Die Isomere des Hexans. Isomere Verbindungen haben unterschiedliche Siedetemperaturen.

Dies ist darauf zurückzuführen, dass isomere Moleküle unterschiedliche Moleküloberflächen besitzen, die umso kleiner werden, je mehr sich ein Molekül durch zunehmende Verzweigung der Kugelform nähert. Mit abnehmender Moleküloberfläche nehmen die gegenseitigen Berührungs- und Polarisationsmöglichkeiten und damit die Van-der-Waals-Kräfte ab.

Bei höheren Kohlenwasserstoffen können die Van-der-Waals-Kräfte zwischen den Molekülen größer werden als eine Atombindung. Bei starkem Erwärmen kommt es dann nicht zu einer Trennung von Molekülen, sondern zur Spaltung der Atombindungen im Molekül. Solche Stoffe (etwa ab C_{20}) können deshalb bei Normaldruck nicht mehr unzersetzt verdampft werden.

Viskosität

Die Zunahme der Van-der-Waals-Kräfte innerhalb der homologen Reihen bewirkt auch eine Zunahme der Viskosität (**Zähflüssigkeit**). Beim Fließen gleiten die Moleküle der Flüssigkeit aneinander vorbei. Dieser Vorgang wird durch größer werdende Van-der-Waals-Kräfte verlangsamt, sodass höhere Glieder zähflüssiger sind als niedere. Da Stoffe mit hoher Viskosität eine gute Schmierwirkung besitzen, werden Gemische höherer Alkane, z. B. bestimmte Erdölfraktionen, als Schmieröle eingesetzt.

Löslichkeit

Alle Kohlenwasserstoffe sind ineinander löslich, sie lösen sich jedoch nur in Spuren in Wasser. So entsteht beim Mischen von Heptan mit Wasser durch Schütteln eine Emulsion, die sich rasch wieder in zwei Schichten auftrennt. Da alle Kohlenwasserstoffe eine geringere Dichte als Wasser besitzen, ist die obere Schicht stets der Kohlenwasserstoff. Auch ausgelaufenes Benzin, Heiz- oder Erdöl sammeln sich an der Oberfläche von Gewässern.

Ob sich Stoffe ineinander lösen, hängt von den Eigenschaften ihrer Teilchen ab. Zwischen den polaren Wassermolekülen bestehen Wasserstoffbrücken, zwischen den unpolaren Kohlenwasserstoffmolekülen wirken Van-der-Waals-Kräfte. Die Moleküle dringen nicht in den Molekülverband der jeweils anderen Sorte ein, da zwischen den jeweils gleichen Molekülen insgesamt stärkere Kräfte wirken als zwischen den verschiedenen Molekülen. Eine Emulsion entmischt sich, weil dabei die zwischenmolekularen Kräfte zunehmen. Allgemein gilt, dass sich Stoffe umso besser ineinander lösen, je weniger sich deren Teilchen in ihrer **Polarität** unterscheiden: „Ähnliches löst sich in Ähnlichem". Für Stoffe mit guter Wasserlöslichkeit verwendet man häufig den Begriff hydrophil (wasserfreundlich), die Stoffe besitzen polare Moleküle. Hydrophob (wassermeidend) steht für ein gegenteiliges Lösungsverhalten, diese Stoffe besitzen unpolare Moleküle. Außer den Kohlenwasserstoffen zählen vor allem Fette zu den hydrophoben Stoffen. Fettlösliche Stoffe bezeichnet man daher auch als **lipophil**, wenig fettlösliche als **lipophob**. Kohlenwasserstoffe sind also hydrophob bzw. lipophil.

Je ähnlicher sich die Teilchen zweier Stoffe in Bezug auf ihre Polarität sind, desto besser lösen sich die Stoffe ineinander. „Ähnliches löst sich in Ähnlichem".

Gewinnung und Verarbeitung von Kohlenwasserstoffen – vom Erdöl zum Benzin

Erdöl und Erdgas sind die Rohstoffquellen, aus denen nach Förderung und Transport in die Verbraucherländer v.a. reine Alkane oder Alkangemische gewonnen werden. Sie finden nicht nur Verwendung als Energieträger, sondern sind auch die wichtigsten Rohstoffe für organische Produkte der chemischen Industrie.

Fraktionierende Destillation

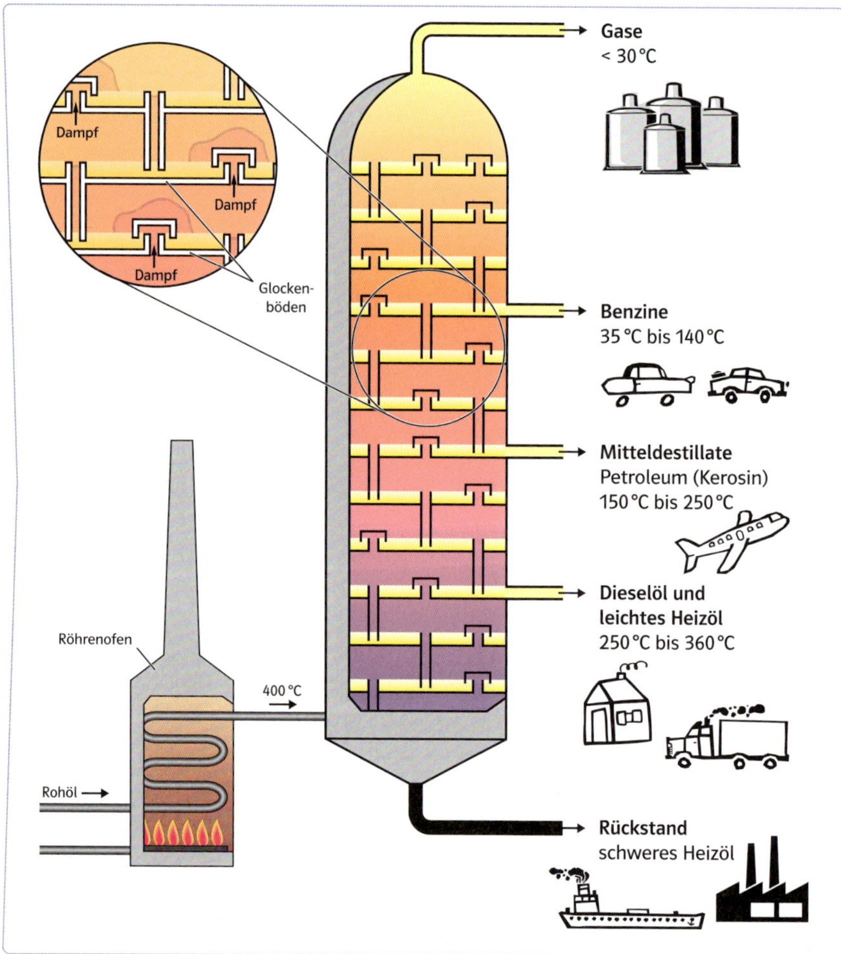

Fraktionierende Destillation bei Atmosphärendruck

In der Praxis begnügt man sich mit der Auftrennung in Alkangemische mit engeren Siedebereichen (Fraktionen). In den Raffinerien wird das Erdöl auf 360 bis 400 °C erhitzt, dabei verdampft der größte Teil. Das Dampf-Flüssigkeits-Gemisch wird in den unteren Teil des Destillationsturms geleitet. Dieser ist im Innern durch zahlreiche Zwischenböden („Glockenböden") stockwerkartig unterteilt. Entsprechend der nach oben abnehmenden Temperatur sammeln sich die Bestandteile des Rohöls mit den höheren Siedetemperaturen auf den unteren, die niedriger siedenden auf den oberen Böden. Durch den Rücklauf über die Glockenböden wiederholen sich die Destillationsprozesse, so dass eine weitere Trennung erreicht wird. Am Boden sammelt sich ein Rückstand, der sich unter Normaldruck nicht mehr verdampfen lässt. Zu seiner Auftrennung wird eine Destillation unter vermindertem Druck (etwa 50 hPa) angeschlossen.

Da aufgrund der natürlichen Zusammensetzung der Erdöle zu wenig Benzin und Mitteldestillate (Diesel- und Heizöl) bzw. zu wenig Benzin mit hoher Octanzahl vorhanden sind, müssen die in großen Mengen anfallenden höher siedenden Erdölfraktionen weiter verarbeitet werden. Dies geschieht in Crack- und Reformingprozessen.

Crackverfahren

Bei diesen Verfahren werden langkettige Kohlenwasserstoffmoleküle durch Spaltung von C–C-Bindungen in kürzerkettige Moleküle überführt. Neben dem thermischen Cracken und dem sog. Steamcracken mit überhitztem Wasserdampf wird vor allem das katalytische Cracken durchgeführt.

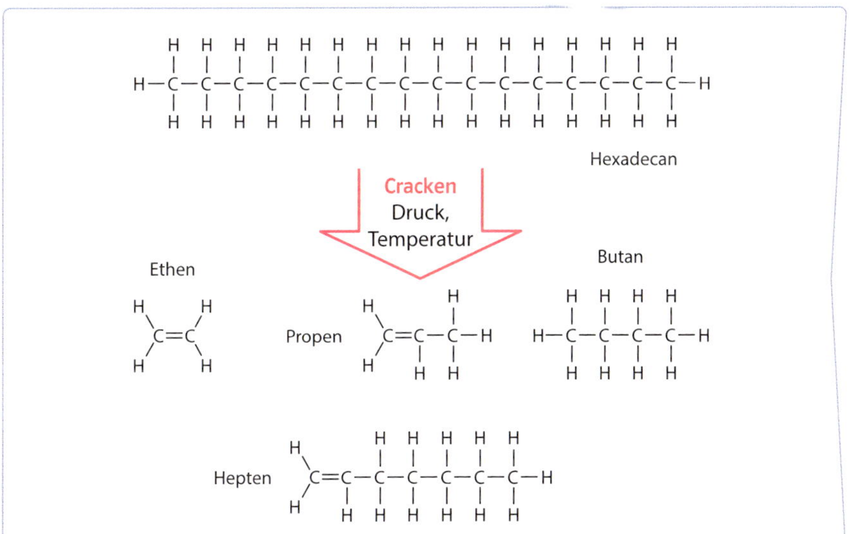

Cracken schematisch. Lange Moleküle werden unter dem Einfluss von Druck und Temperatur in kleinere gespalten.

Hierbei entstehen Kohlenwasserstoffe mit kleineren Molekülen und ungesättigte Verbindungen, aber wenige Kohlenwasserstoffe mit verzweigten Molekülen, die zu hochwertigen Benzinen mit hoher Octanzahl führen würden. Beim Hydrocracken in Gegenwart von Wasserstoff wird der Anteil der ungesättigten Verbindungen zurückgedrängt.

Reforming-Verfahren

Mit verschiedenen Reforming-Verfahren wird vor allem die Qualität des so gewonnenen Benzins erhöht. Das wichtigste Verfahren ist das **Platinum-Reforming**-Verfahren (Platforming-Verfahren) mit Platin als Katalysator. Hierbei werden aus geradkettigen Molekülen (mit geringer Octanzahl) verzweigte Moleküle und aromatische Verbindungen mit hohen Octanzahlen gebildet.

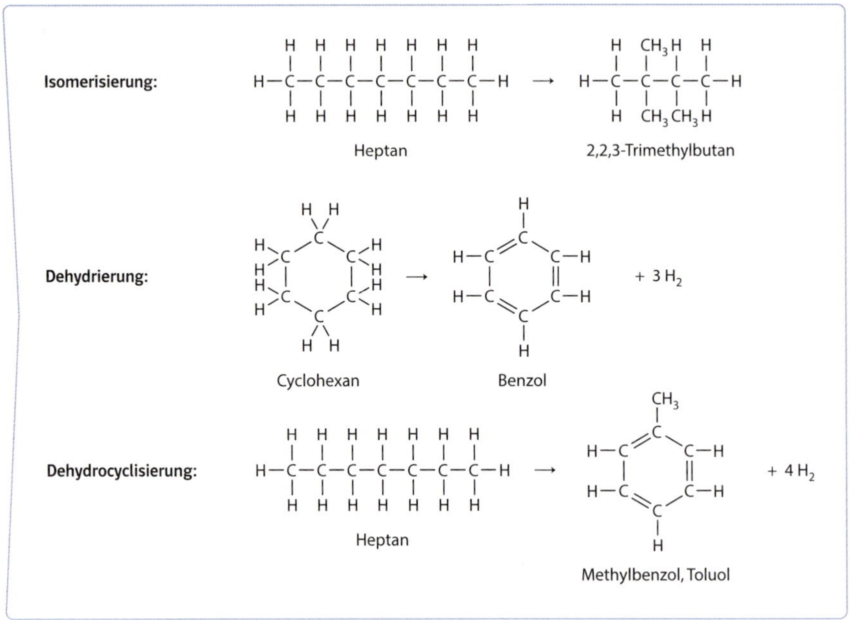

Produkte verschiedener Reformingverfahren

Die Verbrennung im Otto- und Dieselmotor

Dieselöl und Benzin werden hauptsächlich als Treibstoffe für Motoren verwendet.

Verbrennung im Otto-(Benzin-)motor

Im Ottomotor wird ein Benzin-Luft-Gemisch in den Zylinder gesaugt, durch den Kolben komprimiert und durch einen Funken der Zündkerze gezündet. Wegen der Verbrennungswärme dehnen sich die entstehenden Verbrennungsgase stark aus und drücken den Kolben nach unten. Durch eine schnelle, gleichmäßig fortschreitende Verbrennung steigt der Druck zwar rasch, aber nicht schlagartig an. Dadurch wird der Kolben relativ „weich" zurückgeschoben. Beim Verdichten und dem damit verbundenen Temperaturanstieg kann es bereits zur Zündung von Gemischbestandteilen kommen, bevor diese von der Flammfront, die von der Zündkerze ausgeht, erreicht werden.

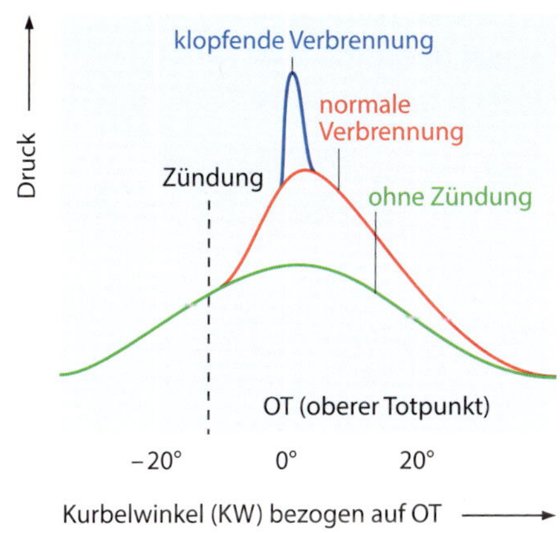

Verbrennung im Ottomotor. Klopfende und normale Verbrennung (schematisch)

Durch solche Sekundärzündungen steigt der Druck abrupt an. Die damit verbundenen Druckwellen können Schwingungen im Zylinder erzeugen, man spricht von einer „klopfenden Verbrennung", die den Verschleiß des Motors stark erhöht.

Die Neigung zum Klopfen ist abhängig von der Zusammensetzung der Benzine. Alkane mit unverzweigten Molekülen neigen eher zu diesen Sekundärzündungen als solche mit stark verzweigten Molekülen, diese werden als „klopffest" bezeichnet. Die Klopffestigkeit von Benzinen wird durch die Octanzahl angegeben. Zu ihrer Ermittlung vergleicht man ein Benzin mit einem Gemisch aus

Alkan	Octanzahl
Pentan	62
Hexan	26
2-Methylpentan	74
Heptan	0
2-Methylhexan	46
2,3-Dimethylpentan	89
Octan (unverzweigt)	< 0
2,2,4-Trimethylpentan („Isooctan“)	100
Cyclohexan	77

Octanzahlen verschiedener Alkane

dem besonders klopffesten 2,2,4-Trimethylpentan, das die Octanzahl 100 erhielt und dem sehr klopffreudigen n-Heptan mit der Octanzahl 0. Um Octanzahlen von 98 („Superplus“) zu erreichen, werden dem Benzin besonders klopffeste aromatische Verbindungen zugesetzt, z. B. das sehr klopffeste, aber krebserregende Benzol. Dessen Anteil geht heute auf Kosten von MTBE (Methyl-tertiär-butylether) und ETBE (Ethyl-tertiär-butylether) zurück (➤ S. 140).

Verbrennung im Dieselmotor

Beim Viertakt-Dieselmotor wird im ersten Takt Luft angesaugt, die im zweiten Takt sehr stark komprimiert wird (auf $\frac{1}{24}$ ihres Ausgangsvolumens, man spricht von einem Verdichtungsverhältnis von 1 : 24).

Durch die Verdichtung nimmt der Druck stark zu und die angesaugte Luft erhitzt sich bis auf etwa 900 °C. Kurz bevor der Kolben seinen obersten Punkt erreicht, wird Dieselöl eingespritzt, das sich dabei von selbst entzündet. Ein Dieselmotor besitzt in der Regel gegenüber dem Ottomotor einen geringeren Kraftstoffverbrauch bei vergleichbarer Leistung. Der Dieselkraftstoff enthält v. a. größere, unverzweigte Alkanmoleküle, die im Gegensatz zu Benzin mit den stark verzweigten Molekülen eine bessere Selbstzündfähigkeit besitzen.

Treibstoffverbrauch und Kohlenstoffdioxidausstoß

Nach geltendem EU-Recht müssen neben dem Treibstoffverbrauch auch Angaben über die Kohlenstoffdioxidemission von Autos gemacht werden. In der EU wird angestrebt, den Kohlenstoffdioxidausstoß auf 120 g oder 130 g pro 1 km für die gesamte Flotte einer Automarke zu begrenzen.

Beispiel:
Beispiel der Berechnung des Kohlenstoffdioxidausstoßes eines Pkws:
Ein Pkw verbraucht 8 l Superkraftstoff auf 100 km. Für die Zusammensetzung des Kraftstoffs wird vereinfacht von Heptan ausgegangen.

a) **Frage:** Wie viel Kohlenstoffdioxid stößt dieser Pkw bezogen auf 1 km aus?

Lösungsweg:

1. Reaktionsgleichung: $C_7H_{16} + 11\,O_2 \longrightarrow 7\,CO_2 + 8\,H_2O$
   Bei der Oxidation von 1 mol Heptan werden 7 mol Kohlenstoffdioxid gebildet.
2. Stoffmengenverhältnis $\frac{n(CO_2)}{n(C_7H_{16})} = \frac{7}{1}$
3. Vom Stoffmengenverhältnis zur Masse des Kohlenstoffdioxids

   $n(CO_2) = \frac{7}{1} \cdot n(C_7H_{16})$; $\quad n = \frac{m}{M}$

   $$\frac{m(\text{Kohlenstoffdioxid})}{M(CO_2)} = \frac{7 \cdot m(\text{Heptan})}{1 \cdot M(C_7H_{16})}$$

$$m(\text{Kohlenstoffdioxid}) = \frac{7 \cdot m(\text{Heptan}) \cdot M(CO_2)}{1 \cdot M(C_7H_{16})}$$

$$M(CO_2) = 44\,\frac{g}{mol};\; M(C_7H_{16}) = 100\,\frac{g}{mol}$$

$$m(\text{Heptan}) = \varrho(\text{Heptan}) \cdot V(\text{Heptan})$$

$$= 0{,}68\,\frac{g}{cm^3} \cdot 80\,cm^3 = 54{,}4\,g$$

$$m(\text{Kohlenstoffdioxid}) = \frac{7 \cdot 54{,}4\,g \cdot 44\,\frac{g}{mol}}{1 \cdot 100\,\frac{g}{mol}} = 167{,}6\,g$$

Ergebnis: Der Pkw stößt auf 1 km 167,6 g Kohlenstoffdioxid aus.

b) **Frage:** Wie groß ist der Kohlenstoffdioxidausstoß, wenn der Pkw 6 l Superbenzin auf 100 km verbraucht?
Lösung: (167,6 g : 8) · 6 = 125,7 g

Radikalische Substitution bei Alkanen

Neben der Reaktion mit Sauerstoff (Verbrennung) zählen die Reaktionen mit Chlor und Brom zu den bedeutsamsten Reaktionen der Alkane und Cycloalkane (Cyclopentan und Cyclohexan).
Die Reaktionen mit Chlor und Brom laufen nur unter Einfluss von Licht bzw. UV-Licht oder bei sehr hohen Temperaturen ab. Dies weist auf einen Ablauf der Reaktion unter Bildung von Radikalen hin (Radikal: Teilchen mit meist einem ungepaarten Elektron). Ferner entsteht dabei immer Chlor- oder Bromwasserstoff, es muss sich also um eine Substitutionsreaktion handeln, z. B.:

> Eine Reaktion, bei der Atome (oder Atomgruppen) durch andere Atome (oder Atomgruppen) ersetzt werden, nennt man Substitution.

$$CH_4 + Cl_2 \xrightarrow{UV} CH_3Cl + HCl$$

Genauere Aufschlüsse über den Reaktionsverlauf erhält man über die Betrachtung des Reaktionsmechanismus. Darunter versteht man die gedankliche Zerlegung eines Reaktionsablaufs in einzelne Reaktionsschritte.

Mechanismus der radikalischen Substitution (S_R)

Startreaktion:
Bei Zimmertemperatur reagieren Alkane mit Chlor oder Brom nur, wenn das Reaktionsgemisch belichtet wird. Dabei bilden sich aus den Halogenmolekülen Radikale (hier: Halogenatome). Diesen Vorgang bezeichnet man als Startreaktion.

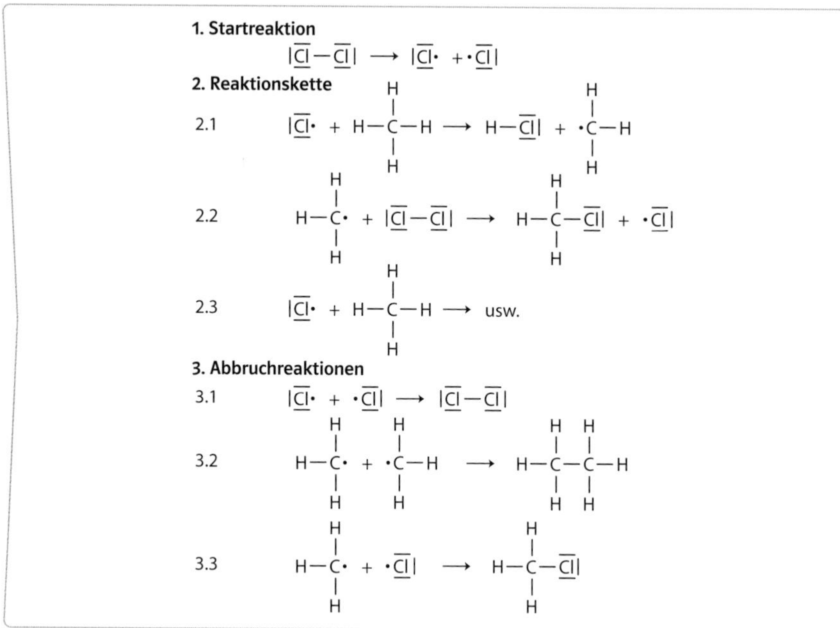

Mechanismus der radikalischen Substitution bei der Reaktion von Methan und Chlor

Reaktionskette:
Wegen des ungepaarten Elektrons neigt das Radikal dazu, eine Atombindung zu anderen Teilchen auszubilden. Ein Chlorradikal ist beim Zusammentreffen mit einem Methanmolekül in der Lage, die C–H-Bindung zu spalten und eine H–Cl-Bindung zu bilden (ein HCl-Molekül). Das entstehende reaktive Methylradikal reagiert nun mit einem Chlormolekül zu einem Chlormethanmolekül und einem Chlorradikal, das wiederum wie beschrieben reagieren kann. Es liegt eine radikalische Reaktionskette (Kettenfortpflanzungsreaktion) vor.

Abbruchreaktionen:
Würden ausschließlich Kettenfortpflanzungsreaktionen ablaufen, müsste die Spaltung eines einzigen Chlormoleküls ausreichen, um das gesamte Stoffgemisch umzusetzen. Dies ist jedoch wegen der auftretenden Abbruchreaktionen nicht der Fall. Dabei reagieren gleiche oder verschiedene Radikale unter Ausbildung von Molekülen.

Bei weiterem Fortschreiten der Reaktion steigt die Wahrscheinlichkeit, dass Chlorradikale bereits teilchlorierte Moleküle treffen und mit ihnen reagieren. Dabei entstehen mehrfachsubstituierte Verbindungen:

$$CH_3Cl + Cl_2 \xrightarrow{UV} CH_2Cl_2 + HCl$$
$$CH_2Cl_2 + Cl_2 \xrightarrow{UV} CHCl_3 + HCl$$
$$CHCl_3 + Cl_2 \xrightarrow{UV} CCl_4 + HCl$$

Diese radikalische Substitutionsreaktionen sind von großer Bedeutung, da auf diese Weise in den unpolaren Alkanmolekülen polare C-Halogen-Bindungen gebildet werden, die einen Angriff weiterer polarer Reaktionspartner ermöglichen, z.B. über nucleophile Substitutionsreaktionen (→ S. 140). Damit können aus den reaktionsträgen Alkanen eine große Anzahl neuer Produkte hergestellt werden.

Elektrophile Addition bei Alkenen

Die typische Reaktion der Alkene (und der Alkine) ist die elektrophile Addition (A_E). Im Gegensatz zu den Alkanen (→ S. 125) reagiert z.B. Ethen sehr rasch mit Brom oder Chlor. Die Reaktion verläuft auch im Dunkeln, es ist nur ein Reaktionsprodukt feststellbar. Es hat eine Addition stattgefunden, ohne Beteiligung von Radikalen:

$$CH_2=CH_2 + Br_2 \longrightarrow CH_2Br-CH_2Br.$$

Untersuchungen des Reaktionsablaufs zeigten, dass es sich um eine elektrophile Additionsreaktion handelt.

Elektrophile Teilchen besitzen eine positive Teilladung oder eine positive Ladung und treten mit Stellen hoher Elektronendichte, z.B. Mehrfachbindungen oder freie Elektronenpaare in Wechselwirkung.

Stößt ein Brommolekül auf die Ladungswolke der Doppelbindung eines Ethenmoleküls, so werden die Elektronen des Brommoleküls durch die hohe negative Ladungsdichte der Doppelbindung etwas verschoben, das Molekül wird polarisiert. Zunächst tritt eine Wechselwirkung mit dem positivierten Ende des Brommoleküls und den Elektronen der Doppelbindung auf. Dadurch sind beide Moleküle locker miteinander verbunden. Die Elektronenverschiebung führt

Nucleophile Teilchen besitzen eine negative Teilladung oder eine negative Ladung. Sie treten mit Stellen geringer Elektronendichte, z.B. Stellen mit positiven Teilladungen oder positiven Ladungen in Wechselwirkung und stellen zur Bindungsbildung ein Elektronenpaar zur Verfügung.

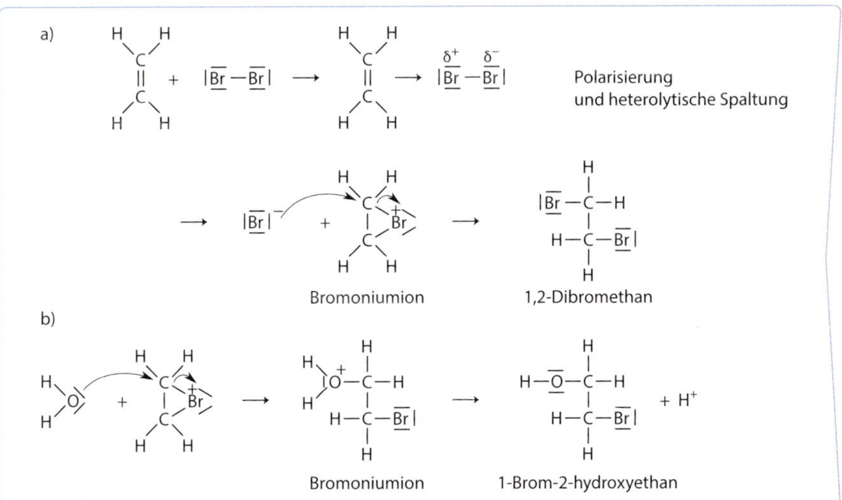

Mechanismus der Reaktion von Ethen mit Bromwasser. Es entsteht 1,2-Dibromethan (a) bzw. 1-Brom-2-hydroxyethan (b)

letztlich zu einer heterolytischen Bindungsspaltung im Brommolekül und damit zur Bildung eines Bromidions. Gleichzeitig bildet sich ein cyclisches Kation aus. In einem zweiten Schritt reagiert dieses mit dem Bromidion zum 1,2-Dibromethanmolekül. Die Bindungsbildung erfolgt von der Rückseite des Bromoniumions. Da es sich zu Beginn der Reaktion um einen elektrophilen Angriff handelte, spricht man von einer elektrophilen Addition. Der Angriff des Bromidions an das Bromoniumion ist ein nucloephiler Angriff. Da die Doppelbindung die typische Reaktionsweise der Alkene bedingt, wird sie als funktionelle Gruppe der Alkene bezeichnet.

Das Bromoniumion kann außer mit Bromidionen auch mit anderen, evtl. im Reaktionsgemisch vorhandenen, nucleophilen Teilchen reagieren. Arbeitet man bei dieser Reaktion nicht mit reinem Brom, sondern z. B. mit Bromwasser (Lösung von Brom in Wasser), so treten im zweiten Reaktionsschritt die ebenfalls nucleophilen Wassermoleküle des Bromwassers in Konkurrenz zu den Bromidionen, sodass neben 1,2-Dibromethan auch 1-Brom-2-hydroxyethan entsteht.

Induktive Effekte

Setzt man Brom jeweils mit Ethen, Propen, und 2-Buten um, so beobachtet man eine Zunahme der Reaktionsgeschwindigkeit in dieser Reihe. Dies lässt sich mit der Erhöhung der Ladungsdichte an der Doppelbindung erklären, die den elektrophilen Angriff erleichtert. Ursache hierfür sind die an den Kohlenstoffatomen der Doppelbindung gebundenen Methylgruppen, denen man, wie Alkylgruppen allgemein, eine elektronenschiebende Wirkung zuschreibt. Man spricht von einen positiven induktiven Effekt (+I-Effekt). Umgekehrt besitzen Substituenten, deren Elektronegativität größer als die eines Wasserstoffatoms ist, z. B. die Halogenatome, einen negativen induktiven Effekt (–I-Effekt), der hier die Reaktionsgeschwindigkeit herabsetzt.

Weitere Additionsreaktionen

Außer mit Brom und Chlor können Alkene auch mit anderen Stoffen, wie z. B. Wasserstoff („Hydrierung“), Halogenwasserstoffen und Wasser Additionsreaktionen eingehen, z. B.

$$CH_2=CH_2 + HCl \longrightarrow CH_3-CH_2Cl$$
$$CH_2=CH_2 + H_2O \longrightarrow CH_3-CH_2OH$$

Bei der Reaktion von Chlorwasserstoff mit Propen entstehen die beiden möglichen Produkte nicht zu gleichen Anteilen (➤ s. Abb. auf S. 130).

Reaktionsverhalten von Alkanen und Alkenen

Das grundsätzlich unterschiedliche Reaktionsverhalten von Alkanen und Alkenen kann mit einfachen Versuchsanordnungen demonstriert werden:

Versuch a:

Gibt man zu n-Heptan einige Tropfen Brom, so entsteht zunächst eine rotbraune Lösung. Diese verändert sich im Dunkeln nicht, entfärbt sich jedoch im Licht (z.B. in dem eines Tageslichtprojektors) langsam. Über der Flüssigkeit bilden sich an feuchter Luft Nebel, die bei einem feuchten Universalindikatorpapier eine Rotfärbung hervorrufen. Im Reaktionsgefäß bleibt eine farblose Flüssigkeit zurück, die nach Reinigung auf einem ausgeglühten Kupferblech in einer Brennerflamme eine Türkis- bis Grünfärbung hervorruft.

Die Beständigkeit der Lösung im Dunkeln zeigt die Bedeutung der durch das Licht gebildeten Radikale für den Reaktionsablauf. Die Nebelbildung und die Rotfärbung des Universalindikatorpapiers sind auf die Bildung von Bromwasserstoff zurückzuführen. Die Grünfärbung der Brennerflamme weist auf ein Halogenalkan hin.
Bei der Reaktion des Heptans mit Brom sind ein oder mehrere Wasserstoffatome im Heptanmolekül durch Bromatome ersetzt (substituiert) worden. Die Reaktion verläuft radikalisch.

Versuch b:

Gibt man zu 1-Hexen (oder Cyclohexen) einige Tropfen Brom oder Bromlösung, so reagieren die Verbindungen schlagartig miteinander, sodass die Flüssigkeit immer farblos bleibt und keine Rotbraunfärbung durch eventuell noch nicht an der Reaktion beteiligtes Brom auftritt. Es treten keine Nebel auf, mit einem Universalindikatorpapier ist kein Bromwasserstoff nachweisbar. Die Reaktion verläuft im Licht wie in Dunkelheit analog.

Bei der Reaktion des 1-Hexens mit Brom werden also keine Wasserstoffatome im Molekül ersetzt. Das Brommolekül wird vollständig an die Doppelbindung des 1-Hexenmoleküls addiert, bei dieser Reaktion können keine Radikale beteiligt sein. Eine eventuelle Konkurrenzreaktion von Lösungsmittelmolekülen zum Bromidion am Bromoniumion weist auf einen ionogenen Ablauf der Reaktion hin.

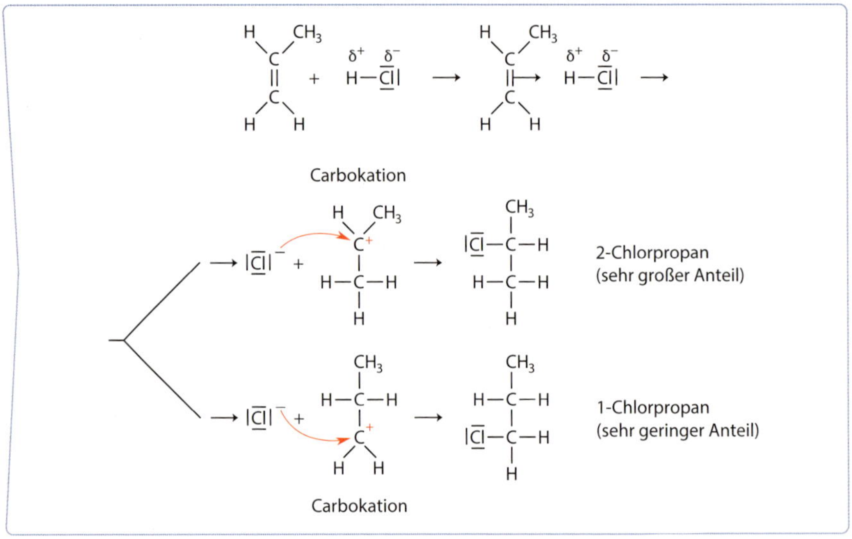

Elektrophile Addition. Reaktion von Chlorwasserstoff mit Propen

Dies beobachtet man auch bei der Reaktion von anderen aus polaren Molekülen bestehenden Stoffen mit Propen und anderen unsymmetrischen Alkenen. In jedem Fall entsteht dasjenige Produkt zu einem größeren Anteil, bei dem die Reaktion über das stabilere Carbokation verläuft, d.h. zu dessen Bildung die geringste Aktivierungsenergie erforderlich ist. Dies ist besonders dann der Fall, wenn die Ladungsdichte des Carbokations durch +I-Effekte von Alkylgruppen verringert werden kann. Entsprechend ergibt sich folgende Reihenfolge der Stabilität von Carbokationen:

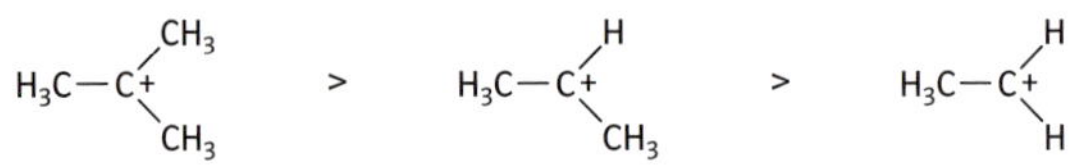

Eine besondere Form der Additionsreaktion ist die Polymerisation von Ethen und Ethenderivaten unter Bildung von Kunststoffen. Die Monomeren (Ethenmoleküle, Moleküle der Ethenderivate) lagern sich zusammen zu den Makromolekülen der entsprechenden Polymeren (➤ S. 204).

Kohlenwasserstoffe

Erdöl und Erdgas bestehen hauptsächlich aus **Kohlenwasserstoffen**. Die wichtigsten Verbindungsklassen sind Alkane, Alkene, Alkine, Cycloalkane und Cycloalkene. Diese Kohlenwasserstoffe bilden homologe Reihen. Dabei unterscheiden sich die Moleküle aufeinander folgender Glieder jeweils um eine CH_2-Gruppe. Die allgemeinen Formeln der Substanzklassen lauten: Alkane C_nH_{2n+2}, Alkene: C_nH_{2n}, Alkine C_nH_{2n-2}, Cycloalkane C_nH_{2n} und Cycloalkene C_nH_{2n-2}.

Isomere sind Moleküle, die bei gleicher Summenformel unterschiedliche Strukturformeln besitzen. Ein Spezialfall ist die cis-trans-Isomerie bei Alkenen.

Die Benennung der Kohlenwasserstoffe erfolgt nach den Regeln der IUPAC-Nomenklatur (Genfer Nomenklatur). Sie stellt die Basis dar für die Benennung aller Verbindungen der organischen Chemie.

Die Eigenschaften der Kohlenwasserstoffe werden von den zwischenmolekularen Kräften zwischen den Kohlenwasserstoffmolekülen bedingt, den **Van-der-Waals-Kräften**. Diese hängen ab von der Elektronenanzahl in den Molekülen und von ihrer Oberfläche. Die Van-der-Waals-Kräfte beeinflussen z. B. Siedetemperatur, Viskosität und Löslichkeit der Kohlenwasserstoffe.

Erdöl wird in einer fraktionierenden Destillation aufgetrennt. Besonders von Bedeutung sind die Fraktionen der Benzine und des Diesel- und Heizöls.
In **Crackreaktionen** werden langkettige Alkanmoleküle in kurzkettige Alkan- und Alkenmoleküle gespalten. Die Reforming-Verfahren (z. B. das Platforming-Verfahren) führen zu qualitativ hochwertigen Benzinen mit hoher Octanzahl.

Die wichtigste Reaktion der Alkane ist die **Verbrennungsreaktion**. Ähnlich bedeutsam ist die Reaktion der an sich reaktionsträgen Verbindungen mit Chlor und Brom, die zu Verbindungen führt, über die sich in Folgereaktionen weitere Verbindungen erschließen lassen. Die Reaktion mit Chlor und Brom ist eine radikalische Substitution, die als Kettenreaktion mit Startreaktion, Kettenfortpflanzungsreaktion und Abbruchreaktionen abläuft.

Die typische Reaktion der Alkene ist die **elektrophile Additionsreaktion** an der C=C-Doppelbindung. Durch die Addition zahlreicher Moleküle erhält man eine Vielzahl von Folgeprodukten. Bei unsymmetrischen Alkenen verläuft die Reaktion über das energieärmste Carbokation, zu dessen Bildung die geringste Aktivierungsenergie erforderlich ist.

AUF EINEN BLICK

Alkohole

Die Moleküle der Alkohole leiten sich formal ab von den Kohlenwasserstoffmolekülen durch Ersatz eines oder mehrerer Wasserstoffatome durch Hydroxygruppen (– OH). Die OH-Gruppe ist die funktionelle Gruppe der Alkohole.

Siedetemperaturen der Alkohole

liegen wesentlich über denen vergleichbarer Alkane, da die Alkoholmoleküle über die polaren Hydroxygruppen gegenseitig Wasserstoffbrücken ausbilden können.

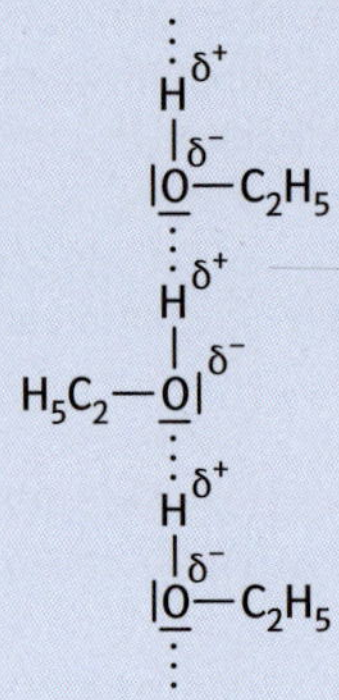

Die Löslichkeit

der Alkohole wird beeinflusst durch die Anzahl der polaren Hydroxygruppen im Molekül und die Größe des unpolaren Alkylrests. Die Löslichkeit in Wasser wird durch die polaren Hydroxygruppen unterstützt, die Löslichkeit in Benzin durch den unpolaren Alkylrest.

Isomere Alkohole

können sich sowohl in der Struktur des Alkylrests unterscheiden als auch in der Stellung der Hydroxygruppe. Ferner unterscheidet man primäre, sekundäre und tertiäre Alkohole, je nachdem, mit wie viel weiteren Kohlenstoffatomen das Kohlenstoffatom verbunden ist, das die Hydroxylgruppe trägt.

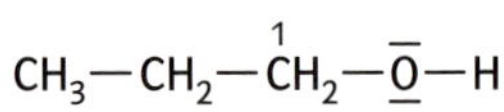

Propan-1-ol
(1-Propanol)

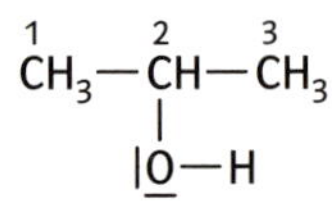

Propan-2-ol
(2-Propanol)

Ethanol

ist der wichtigste Alkohol. Er ist ein bedeutsames Lösungsmittel und der wirksame Inhalt alkoholischer Getränke. Die Herstellung erfolgt mittels der alkoholischen Gärung aus Glucose oder großtechnisch durch die katalytische Addition von Wasser an Ethen.

Mehrwertige Alkohole

enthalten zwei oder mehr Hydroxygruppen in ihren Molekülen. Je nach Anzahl der Hydroxygruppen unterscheidet man ein-, zwei- oder (usw.) mehrwertige Alkohole.

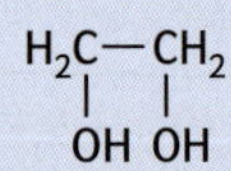

Ethandiol

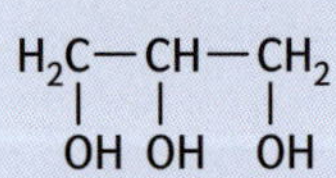

Propantriol

6 Organische Sauerstoffverbindungen

Ether

Die Moleküle der Ether sind gekennzeichnet durch zwei Alkylgruppen, die über ein Sauerstoffatom verbunden sind. Ether werden in der Regel durch eine S_N-Reaktion unter Abspaltung von Wassermolekülen aus Alkoholmolekülen hergestellt.

Aldehyde

entstehen durch Oxidation primärer Alkohole. Werden Alkanole oxidiert, entstehen Alkanale. Ihre funktionelle Gruppe ist die endständige CHO-Gruppe. Nachweisreaktionen für Aldehydgruppen sind die Silberspiegel- (Tollens-) und die Fehling-Reaktion.

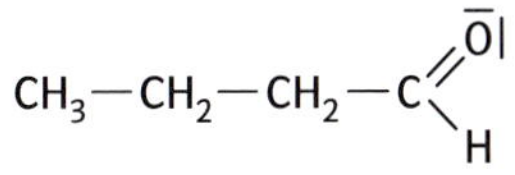

Butanal

Ketone

entstehen durch Oxidation sekundärer Alkohole. Werden Alkanole oxidiert, entstehen Alkanone. Tertiäre Alkohole reagieren nicht unter diesen Bedingungen. Aldehyden und Ketonen gemeinsam ist die Carbonylgruppe: Sie zählen daher zu den Carbonylverbindungen.

Carbonsäuren

besitzen die Carboxygruppe —COOH in ihren Molekülen. Bei der Oxidation von primären Alkanolen oder Alkanalen entstehen Alkansäuren. Langkettige Carbonsäuren werden auch als Fettsäuren bezeichnet.

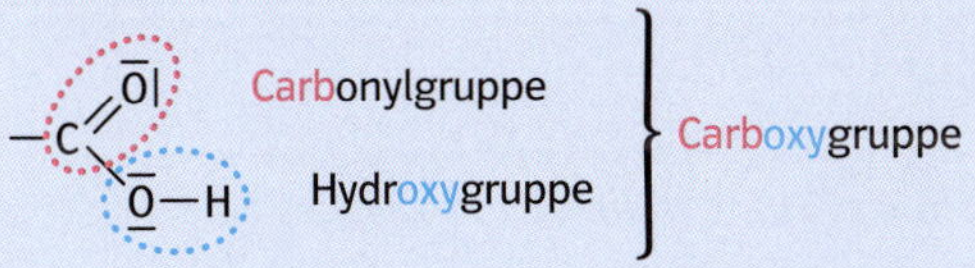

Carbonsäuren sind in der Regel schwache organische Säuren. Die wasserlöslichen Carbonsäuren bilden mit Wassermolekülen ein Protolyse-Gleichgeicht aus. Einen wichtigen Beitrag zur Acidität liefert die Mesomeriestabilisierung der Carboxylat-Anionen.

Ester

entstehen durch die Reaktion von Carbonsäuren mit Alkoholen. Die Reaktion stellt eine Additions-Eliminierungsreaktion dar, die zu einem chemischen Gleichgewicht führt. Ester sind wichtige Lösungsmittel und Aromastoffe.

Name	Aroma
Ethansäure-pentylester	Banane
Propansäure-butylester	Rum
Butansäure-methylester	Ananas
Butansäure-pentylester	Birne
Pentansäure-pentylester	Apfel

6 Organische Sauerstoffverbindungen

- Wichtige organische Verbindungen mit Sauerstoffatomen in den Molekülen sind Alkohole, Ether, Aldehyde, Ketone, Carbonsäuren und Carbonsäureester.
- Die funktionelle Gruppe der Alkohole ist die Hydroxygruppe. Alkanole leiten sich von den Alkanen ab, ihre Moleküle bestehen aus einem Alkylrest und einer Hydroxygruppe. Sie bilden eine homologe Reihe.
- Die Eigenschaften der Alkohole werden von den zwischenmolekularen Kräften der Alkoholmoleküle bedingt. Es sind Wasserstoffbrücken und Dipol-Dipol-Kräfte sowie Van-der-Waals-Kräfte.
- Alkoholmoleküle besitzen einen polaren und einen unpolaren Molekülteil. Je nachdem, welcher Teil überwiegt, überwiegt ein hydrophiles oder hydrophobes Verhalten, z. B. bei der Löslichkeit.
- Je nach Stellung der Hydroxygruppe unterscheidet man primäre, sekundäre und tertiäre Alkohole.
- Ethanol ist der wichtigste Alkohol. Er wird durch alkoholische Gärung gewonnen oder industriell durch katalytische Addition von Wasser an Ethen.
- Methanol und Ethanol können als Treibstoffe in Motoren eingesetzt werden.
- Je nach Anzahl der Hydroxygruppen in den Molekülen unterscheidet man zwischen ein- und mehrwertigen Alkoholen.
- Ethermoleküle sind gekennzeichnet durch zwei Alkylgruppen, die über ein Sauerstoffatom verbunden sind.
- Formal ist die Etherbildung eine Wasserabspaltung zwischen zwei Alkoholmolekülen.
- Aldehyde entstehen durch Oxidation primärer Alkohole. Aus Alkanolen entstehen Alkanale.
- Aldehydgruppen können mit der Silberspiegel- (Tollens-) Reaktion oder mit der Fehling-Reaktion nachgewiesen werden.
- Ketone entstehen durch Oxidation sekundärer Alkohole. Aus Alkanolen entstehen Alkanone.
- Aldehyde und Ketone zählen zu den Carbonylverbindungen. Sie besitzen die Carbonylgruppe in ihren Molekülen.
- Carbonsäuren besitzen als funktionelle Gruppe die Carboxygruppe $-COOH$ in ihren Molekülen. Werden primäre Alkanole oder Alkanale oxidiert, entstehen Alkansäuren.
- Die Gruppe der Alkansäuren bildet eine homologe Reihe.
- Langkettige („höhere") Carbonsäuren heißen Fettsäuren.
- Carbonsäuren sind in der Regel schwache Säuren.
- Eine wichtige Ursache der Säurewirkung ist die Mesomeriestabilisierung der Carboxylat-Anionen.
- Ester entstehen durch die Reaktion von Carbonsäuren mit Alkoholen.
- Die alkalische Esterspaltung nennt man Verseifung, weil auf diese Weise aus Fetten Seifen hergestellt werden können.

Organische Sauerstoffverbindungen enthalten in ihren Molekülen außer Kohlenstoff- und Wasserstoffatomen auch Sauerstoffatome. Durch mögliche Kombinationen führt dies in den Molekülen zum Auftreten verschiedener Atomgruppen und damit zu verschiedenen funktionellen Gruppen bzw. Stoffklassen. Hierzu zählen die Alkohole, Ether, Aldehyde, Ketone, Carbonsäuren und die Carbonsäureester.

Alkohole

Die Moleküle der Alkohole leiten sich formal von den Kohlenwasserstoffmolekülen durch Ersatz von einem oder mehreren Wasserstoffatomen durch Hydroxygruppen (OH-Gruppen) ab. Da die **Hydroxygruppe** für die charakteristischen Eigenschaften der Alkohole verantwortlich ist, wird sie als funktionelle Gruppe der Alkohole bezeichnet.

Alkohole enthalten OH-Gruppen.

Die homologe Reihe der Alkanole

Innerhalb der Gruppe der Alkohole leiten sich die Alkanole von den Alkanen (➛ S. 113) ab. Die Moleküle der Alkanole bestehen aus einem Alkylrest und einer Hydroxygruppe. Ihre allgemeine Formel lautet $C_nH_{2n+1}OH$. Die Namen werden durch Anhängen der Endung „-ol" an den Namen des zugrunde liegenden Alkans gebildet. Die Nummer des Kohlenstoffatoms, an dem die Hydroxygruppe hängt, steht davor:

Alkanole leiten sich von Alkanen ab.

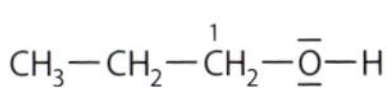

Propan-1-ol
(1-Propanol)

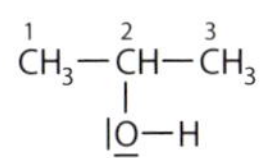

Propan-2-ol
(2-Propanol)

Name	Schmelztemperatur in (°C)	Siedetemperatur in (°C)	Löslichkeit in Wasser	Löslichkeit in Benzin	Viskosität
Methanol	−98	65	unbegrenzt	unbegrenzt	nimmt zu
Ethanol	−117	78			
Propan-1-ol	−126	97			
Butan-1-ol	−89	117	nimmt zu		
Pentan-1-ol	−79	138			
Hexan-1-ol	−47	157			
⋮					
Dodecan-1-ol	26	256			
⋮					
Hexadecan-1-ol	50	344			

Die homologe Reihe der Alkanole. Zusammenhang zwischen Struktur und Eigenschaften

Die Eigenschaften der Alkanole

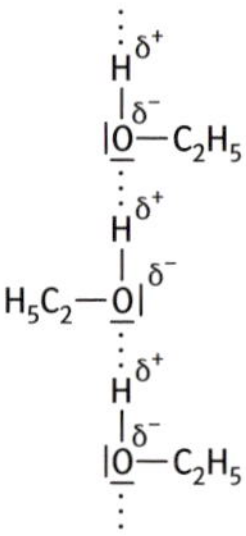

Wasserstoffbrücken zwischen Ethanolmolekülen

Die **Siedetemperaturen** der Alkanole liegen höher als die Siedetemperaturen von Alkanen mit ähnlicher Kettenlänge und Elektronenanzahl. Dies ist auf die **Polarität** der Hydroxygruppe zurückzuführen, die zur Ausbildung von **Wasserstoffbrücken** zwischen den Alkanolmolekülen führt. Innerhalb der homologen Reihe steigen die Siedetemperaturen an, da die Van-der-Waals-Kräfte mit zunehmender Molekülgröße und damit zunehmender Elektronenanzahl stärker werden und einen immer größeren Anteil am Ausmaß der zwischenmolekularen Kräfte einnehmen.

Die zunehmenden **Van-der-Waals-Kräfte** sind auch die Ursache für die im Verlauf der homologen Reihe zunehmende Zähflüssigkeit (Viskosität) der Alkanole.

Alkanole bilden Wasserstoffbrücken aus.

Der Einfluss des Alkylrests bzw. der Hydroxygruppe wirkt sich auch auf das **Lösungsverhalten** der Alkanole aus. Zwischen den polaren Hydroxygruppen der Alkanolmoleküle und den Wassermolekülen können sich Wasserstoffbrücken ausbilden. Die ersten drei Glieder der homologen Reihe sind deshalb unbegrenzt wasserlöslich. Ab dem Butanol nimmt die Wasserlöslichkeit ab, da der größer werdende unpolare Alkylrest zunehmend das Lösungsverhalten bestimmt. In Benzin und anderen lipophilen Lösungsmitteln sind alle Alkanole unbegrenzt löslich.

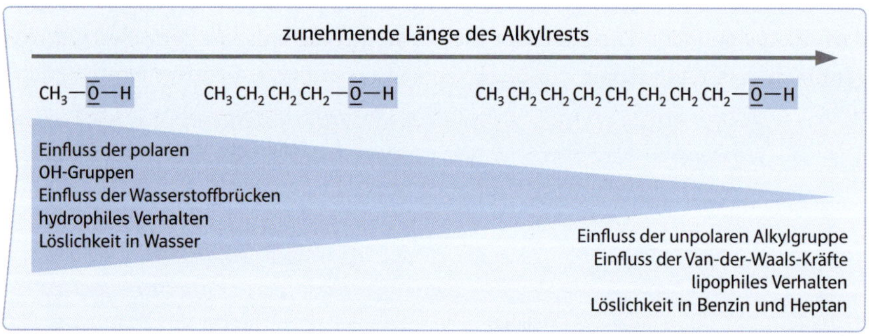

Isomere Alkanole

Bei gleicher Summenformel können sich Alkanolmoleküle sowohl in der **Struktur des Alkylrests** als auch durch die **Stellung der Hydroxygruppe** unterscheiden (➤ s. Abb. auf S. 137).
Das Reaktionsverhalten der Alkanolmoleküle wird u.a. auch durch die Bindungsverhältnisse des Kohlenstoffatoms bestimmt, das die Hydroxylgruppe trägt. Dieses ist bei primären Alkanolen mit höchstens einem weiteren Kohlenstoffatom verbunden, bei sekundären mit zwei und bei tertiären Alkanolen mit drei Kohlenstoffatomen.

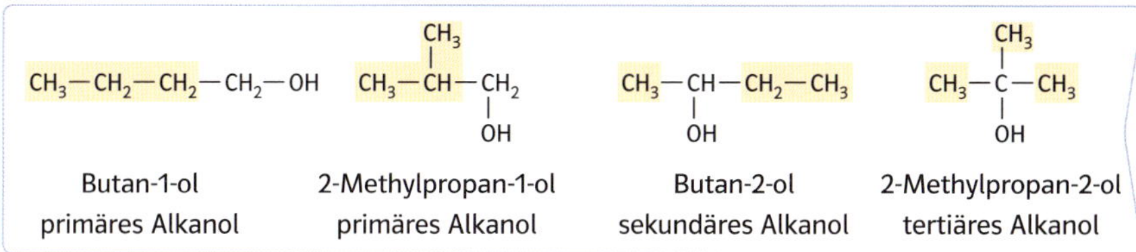

Isomere Alkanolmoleküle der Summenformel C_4H_9OH

Wichtige Alkanole

Einige Alkanole haben große Bedeutung für den Menschen.

Methanol ist der technisch wichtigste Alkohol. Der größte Teil wird zur Herstellung von Methanal (Formaldehyd), Kunststoffen und als Lösungsmittel verwendet. Er ähnelt in Geruch, Geschmack und Aussehen stark dem Ethanol, ist jedoch wesentlich giftiger. Eine Aufnahme von etwa 20 g Methanol ist tödlich, schon wesentlich geringere Mengen können zur Erblindung führen.

Ethanol ist der Inhaltsstoff alkoholischer Getränke. Ausgangsstoff für die Ethanolherstellung ist Traubenzucker (Glucose), der in vielen Früchten enthalten ist:

$$C_6H_{12}O_6 \xrightarrow{\text{Zymase}} 2\ C_2H_5OH + 2\ CO_2$$

Die **alkoholische Gärung** endet bei einer Volumenkonzentration des Alkohols von etwa 15 %. Durch Destillieren („Brennen“) kann der Alkoholgehalt erhöht werden auf $\sigma = 96\,\%$. Das restliche Wasser kann nur durch Zusatz hygroskopischer Stoffe entfernt werden. Für die Verwendung in der Technik wird Ethanol aus Ethen durch katalytische Addition von Wasser hergestellt (→ S. 128).

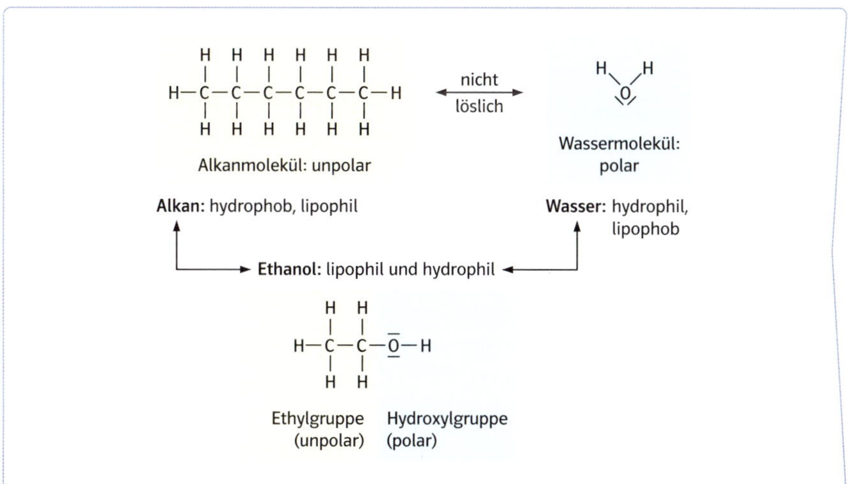

Struktur und Löslichkeit. Ethanol löst sich aufgrund seines Molekülbaus in Wasser und Benzin.

Ethanol ist ein hervorragendes **Lösungsmittel** für hydrophile und lipophile Stoffe, da das Ethanolmolekül aus einer polaren und einer unpolaren Hälfte besteht. Es kommt besonders dann zum Einsatz, wenn gleichzeitig hydrophile und lipophile Stoffe, wie z. B. Arzneistoffe, gelöst werden sollen („Lösungsvermittler").

Mit dem leichtfertigen und gedankenlosen Genuss von Ethanol sind Gefahren und Risiken verbunden. Der regelmäßige Genuss von Alkohol schädigt verschiedene Organe des Körpers. Bereits bei geringer täglicher Aufnahme kann sich eine Abhängigkeit einstellen, die zur Alkoholsucht führt.

Propan-2-ol (Isopropylalkohol) ist in vielen Eigenschaften dem Ethanol sehr ähnlich. Wegen seiner guten Lösungseigenschaften wird es in zahlreichen Bereichen als Lösungsmittel angewendet, z. B. in Kosmetika, häufig auch, weil es aus steuerlichen Gründen wesentlich preiswerter ist als Ethanol.

Methanol und Ethanol als Treibstoffe

Methanol und Ethanol werden als Treibstoffe verwendet.

Schon seit einigen Jahrzehnten wird der Einsatz von Methanol und heute besonders der Einsatz von Ethanol als Treibstoffe in der Praxis erprobt. Beide Alkohole können aufgrund ihrer Eigenschaften dem Benzin beigemischt (z. B. 15 % Methanol: M 15 oder 20 % Ethanol: E 20) oder nahezu als Reinsubstanzen (z. B. mind. 90 % Methanol: M 100 oder E 85) eingesetzt werden. Allerdings kann aus den Alkoholen nur etwa die Hälfte der Energie gewonnen werden wie aus der gleichen Menge Benzin. Die Folge ist ein entsprechend **höherer Kraftstoffverbrauch**. Besonders günstig ist allerdings der **geringe Schadstoffausstoß** der Reinalkohol-Motoren. Die Alkohole verbrennen zwar wie Benzin zu Kohlenstoffdioxid und Wasserdampf. Wegen der geringeren Verbrennungstemperatur im Motor ist der Ausstoß an Stickstoffoxiden geringer, die Motoren sind damit weniger umweltschädlich.

Der Einsatz der Alkohole hilft auch, die Abhängigkeit von Erdölimporten zu mindern, und führt so zu einem längeren Erhalt der Vorräte dieses wertvollen Chemierohstoffes. Einer breiten Anwendung stehen jedoch zur Zeit noch die um etwa ein Drittel höheren Kosten entgegen.

Methanol wird heute großtechnisch aus Erdgas hergestellt, kann jedoch auch aus Kohle („Kohlevergasung") gewonnen werden. Dies ist vor allem für Länder mit großen Kohlevorkommen interessant, die über keine eigenen Erdöllagerstätten verfügen. Während die Produktion von Methanol von den Vorräten her auf begrenzten Rohstoffen basiert, deren Verbrennung zur Treibhausproblematik beiträgt, spricht man bei den Rohstoffen zur Gewinnung von „Bioethanol" (Ethanol durch Gärung) von ständig nachwachsenden Rohstoffen wie

z. B. Zuckerrohr, Mais usw. Die Verwendung von reinem **Bioethanol** führt zu einer günstigen Kohlenstoffdioxid-Bilanz, je nach Pflanze und Verarbeitung werden zwischen 40 % und 80 % weniger Kohlenstoffdioxid freigesetzt als bei Verwendung fossiler Treibstoffe. Diese Verwendung kann in Ländern mit einer Überschussproduktion an zucker- und stärkehaltigen Agrarprodukten zu deren Beseitigung genutzt werden. Die Rohstoffe können aber auch speziell für die Treibstoffherstellung angebaut werden. Da jedoch viele Pflanzen auch für die Versorgung mit Grundnahrungsmitteln wichtig sind (Getreide, Kartoffeln), gewinnt die ethische Frage der Verwendung knapper Nahrungsmittel zur Treibstoffherstellung bei gleichzeitiger Nahrungsmittelunterversorgung an Bedeutung.

Mehrwertige Alkohole

Mehrwertige Alkohole besitzen zwei oder mehr Hydroxygruppen in ihren Molekülen. Prinzipiell kann jedes Kohlenstoffatom eines Moleküls (nur) mit einer Hydroxygruppe verbunden sein (Erlenmeyer-Regel). Je nach Anzahl der Hydroxygruppen unterscheidet man ein-, zwei- und dreiwertige (usw.) Alkohole. Die technisch wichtigsten mehrwertigen Alkohole sind Ethandiol (Glykol) und Propantriol (Glycerin). Der Propantriol-Rest ist ein wesentlicher Bestandteil der Fettmoleküle.

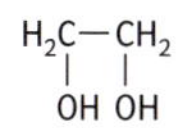

Ethandiol

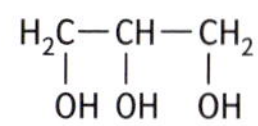

Propantriol

Ether

Die Moleküle der Stoffgruppe der Ether sind gekennzeichnet durch zwei Alkylgruppen, die über ein Sauerstoffatom verbunden sind. Zur Bezeichnung werden die Namen der Alkylgruppen dem Wort „-ether“ vorangestellt:

$CH_3-\overline{\underline{O}}-CH_3$ Dimethylether

$CH_3-\overline{\underline{O}}-CH_2-CH_3$ Ethylmethylether

$CH_3-CH_2-\overline{\underline{O}}-CH_2-CH_3$ Diethylether („Ether“)

Der bekannteste Ether ist der Diethylether, der allgemein als „Ether“ mit einem charakteristischen Geruch „nach Krankenhaus“ bekannt ist.

Ether enthalten die Ethergruppierung $R_1-CH_2-O-CH_2-R_2$.

Zur Herstellung vieler symmetrischer Ether (Ether mit zwei gleichen Alkylgruppen) gibt man zu dem entsprechenden Alkohol konzentrierte Schwefelsäure und destilliert anschließend. Formal kann man sich die Reaktion als **Wasserabspaltung** zwischen zwei Alkoholmolekülen vorstellen:

$$CH_3-CH_2-\overline{\underline{O}}-H + H-\overline{\underline{O}}-CH_2-CH_3 \longrightarrow H_2O + CH_3-CH_2-\overline{\underline{O}}-CH_2-CH_3$$

Eine Reaktion, bei der zwei Molekülteile durch Abspaltung eines Wassermoleküls oder eines anderen kleinen Moleküls verbunden werden, wird Kondensationsreaktion genannt.

Ether werden unter Wasserabspaltung aus Alkoholen gebildet.

Der Ablauf der Reaktion erfolgt nach dem Mechanismus der **nucleophilen Substitution** (Reaktionstyp S_N). Formal muss in einem Alkoholmolekül die Hydroxygruppe (–O–H-Gruppe) durch einen –O–R-Molekülteil ersetzt werden:

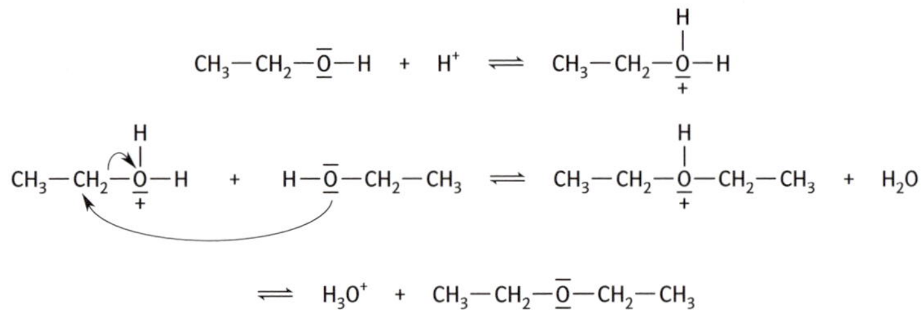

Zunächst werden die Alkoholmoleküle protoniert. Ein Alkoholmolekül kann über sein freies Elektronenpaar am Sauerstoffatom nucleophil an einem zuvor gebildeten Alkyloxoniumion angreifen. Nach der Abspaltung des Wassermoleküls stabilisiert sich das Dialkyloxoniumion durch Abspaltung eines Protons. Werden bei der Ethersynthese aus Alkanolen die Reaktionstemperaturen erhöht, so kommt die Etherbildung zum Erliegen, und es entsteht in einer **Eliminierungsreaktion** zunehmend ein Alken (➤ S. 113).

Methyl-tertiär-butylether (MTBE) und Ethyl-tertiär-butylether (ETBE)

Erst mit der beginnenden industriellen Produktion von MTBE, einem hochwirksamen **Antiklopfmittel**, war es möglich, den Kraftstoff „Super plus bleifrei" herzustellen. Eine Erhöhung der Octanzahl durch eine Beimischung von ebenfalls als Antiklopfmittel wirkenden aromatischen Verbindungen, wie z. B. das krebserregende Benzol, war aufgrund gesetzlicher Grenzwerte nicht möglich. Man erhält MTBE (richtiger: Tertiär-butyl-methylether) durch säurekatalysierte Addition von Methanol an 2-Methylpropen:

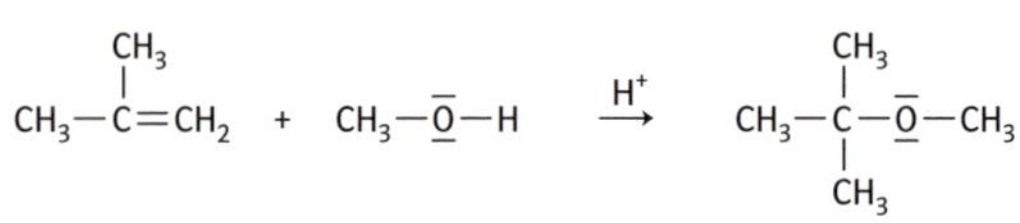

Allerdings ist MTBE stark Grundwasser gefährdend und biologisch schlecht abbaubar. Anstelle von MTBE wird heute verstärkt Ethyl-tertiär-butylether (richtiger: Tertiär-butyl-ethylether, ETBE) eingesetzt (➤ S. 124). Neben der direkten Beimischung von Ethanol zu Benzin ist die Herstellung von ETBE aus 2-Methylpropen und Ethanol eine weitere, indirekte Möglichkeit, „Ethanol“ den Treibstoffen zuzusetzen.

Aldehyde und Ketone

Setzt man einen primären Alkohol mit einem Oxidationsmittel, z. B. Kupfer(II)-oxid, um, so entsteht ein Aldehyd. Bei der Verwendung von Ethanol entsteht Ethanal (Acetaldehyd):

Aldehyde entstehen durch Oxidation primärer Alkohole.

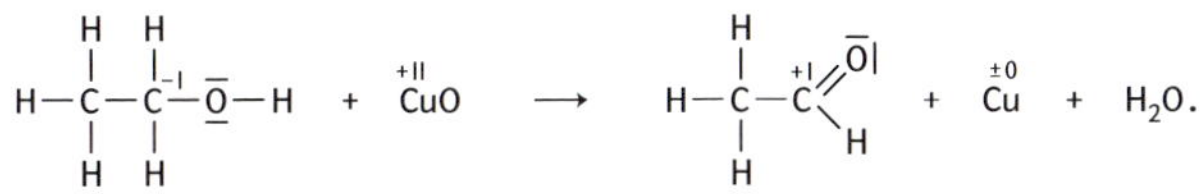

Die Bezeichnung „Aldehyd“ ist ein aus **al**kohol und **dehyd**rogenatus gebildetes Kunstwort, das zum Ausdruck bringt, dass ein Ethanalmolekül zwei Wasserstoffatome weniger besitzt als ein Ethanolmolekül.

Diejenigen Aldehyde, die durch Oxidation bzw. Dehydrierung von primären Alkanolen gebildet werden, heißen **Alkanale**. Ihre Benennung erfolgt durch Anhängen der Silbe „-al“ an den Namen des entsprechenden Alkans. Die funktionelle Gruppe der Aldehyde ist die **Aldehydgruppe** –CHO, die immer am Ende einer Kette steht. Bei der Benennung von Alkanalen wird die den Stammnamen liefernde Kette so gewählt, dass sie von der Aldehydgruppe ausgeht:

Aldehyde enthalten die Aldehydgruppe

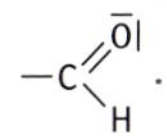

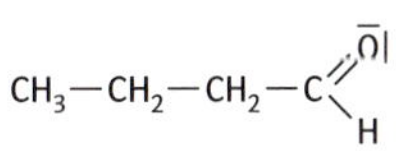

Butanal

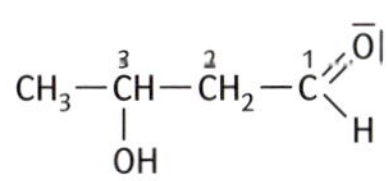

3-Hydroxybutanal

Wird ein sekundärer Alkohol, z. B. Propan-2-ol, oxidiert, so entsteht Propanon (Aceton):

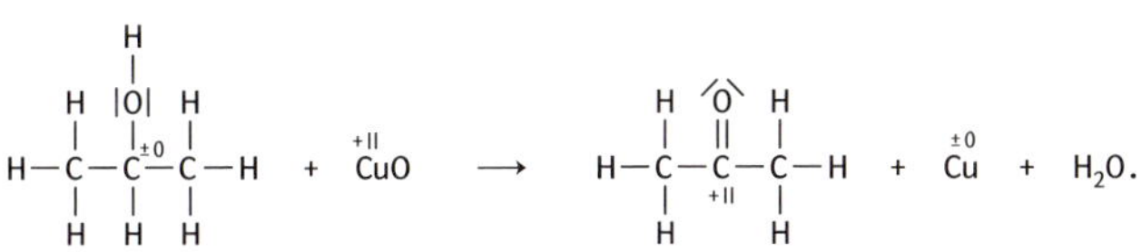

Durch Oxidation sekundärer Alkohole entstehen **Ketone**, hierzu zählen auch die Oxidationsprodukte sekundärer **Alkanole**, die Alkanone. Die Benennung erfolgt durch Anhängen der Silbe „-on“ an den Namen des entsprechenden Alkans. Bei der Benennung der Alkanone wird die Stellung der C=O-Gruppe im Molekül analog der Benennung der Alkanole angegeben. Eine weitere Möglichkeit ist die Benennung der an die C=O-Gruppe gebundenen Alkylreste unter Nachstellung des Wortes „-keton“.

Ketone entstehen durch Oxidation sekundärer Alkohole.

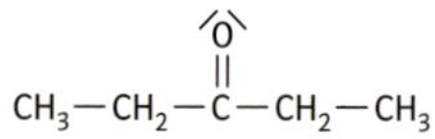

3-Pentanon (Pentan-3-on)
Diethylketon

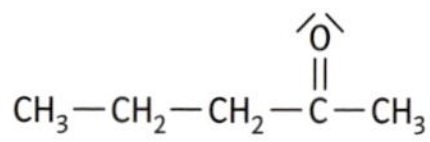

2-Pentanon (Pentan-2-on)
Methylpropylketon

Tertiäre Alkohole lassen sich unter diesen milden Bedingungen nicht oxidieren, da dafür eine C–C-Bindung gespalten werden müsste, um eine C=O-Doppelbindung bilden zu können.

Die funktionelle Gruppe der Ketone ist die **Ketogruppe**:

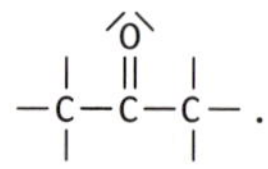

Aldehyde und Ketone enthalten die Carbonylgruppe

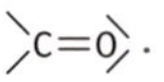

Aldehyden und Ketonen gemeinsam ist die **Carbonylgruppe**, sie zählen daher zu den Carbonylverbindungen.

Nachweisreaktionen für Aldehyde

Versetzt man eine ammoniakalische Silbernitratlösung mit einem Aldehyd, so entsteht Silber, das fein verteilt die Lösung dunkel färbt oder als Silberspiegel der Gefäßwand anliegt (Silberspiegelprobe, Tollensprobe). Der **Aldehyd** wirkt hier als **Reduktionsmittel**. Dies beruht darauf, dass die Carbonylgruppe, die hier noch mit einem Wasserstoffatom verbunden ist (also die Aldehydgruppe), weiter oxidiert werden kann:

Dabei entsteht aus der Carbonylgruppe eine neue funktionelle Gruppe, die **Carboxygruppe –COOH**. Sie ist die funktionelle Gruppe der Stoffgruppe der Carbonsäuren.

Die Schritte, die zu dieser Reaktion führen, zeigt der folgenden Mechanismus:

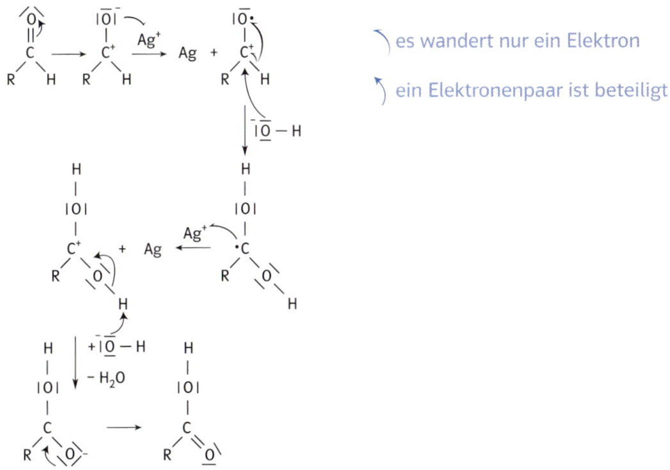

Die reduzierende Wirkung der Aldehyde ist auch die Grundlage der **Fehling-Reaktion**. Dabei werden die Lösungen Fehling I (Kupfersulfat-Lösung) und Fehling II (Natronlauge und Kaliumnatriumtartrat, ein Salz der Weinsäure) vereinigt und mit dem Aldehyd erwärmt. Im Verlauf der Reaktion fällt ein ziegelroter Niederschlag aus, bei dem es sich um Kupfer(I)-oxid handelt:

$$R-\overset{+I}{C}HO + 2\,\overset{+II}{Cu}{}^{2+} + 4\,OH^- \longrightarrow R-\overset{+III}{C}OOH + \overset{+I}{Cu}{}_2O + 2\,H_2O.$$

Im Gegensatz zu Aldehyden besitzen Ketone keine reduzierende Wirkung. Die Silberspiegelprobe und die Fehlingprobe sind daher Nachweisreaktionen für Aldehyde. Besondere Bedeutung haben diese Reaktionen auch zum Nachweis von Aldehydgruppen in den Molekülen von Kohlenhydraten.

Carbonsäuren

Die Moleküle der Carbonsäuren enthalten die **Carboxygruppe –COOH**. Der Begriff „Carboxygruppe" ist ein Kunstwort, gebildet aus Carbonyl-hydroxy-Gruppe:

Carbonsäuren enthalten die Carboxygruppe –COOH.

Die bei der Oxidation von primären Alkanolen oder Alkanalen entstehenden Carbonsäuren nennt man **Alkansäuren**. Zur systematischen Benennung wird die Endung „-säure" an den Namen des entsprechenden Alkans angehängt, wobei das Kohlenstoffatom der Carboxygruppe mitgezählt wird.

Die den Stammnamen liefernde Kette wird so gewählt, dass sie von der Carboxygruppe ausgeht.

CH_3-CH_3-COOH

Propansäure

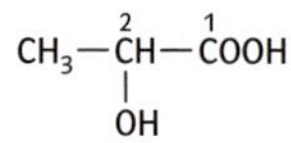

2-Hydroxypropansäure

Die homologe Reihe der Alkansäuren

Der homologen Reihe der Alkanole bzw. der Alkanale entspricht die homologe Reihe der Alkansäuren (➤ s. Tabelle auf S. 144).

Die Fähigkeit zur Ausbildung von Wasserstoffbrücken bedingt die gute **Wasserlöslichkeit** der ersten vier Glieder der homologen Reihe. Mit zunehmender Länge des unpolaren Alkylrests wird der Einfluss der Carboxygruppe auf die Eigenschaften der Alkansäuren immer geringer, die höheren Alkansäuren werden immer alkanähnlicher.

Die **Siedetemperaturen** der Alkansäuren liegen wegen der stark polaren Carboxygruppe deutlich über denen der Alkanole mit gleicher Kettenlänge, Oberfläche und Elektronenanzahl der Moleküle. Ferner können immer zwei Alkansäuremoleküle durch zwei Wasserstoffbrücken verknüpft sein.

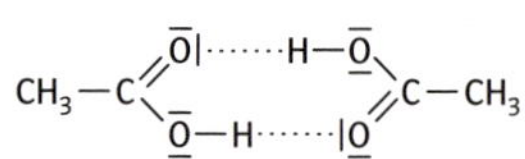

Name (Trivialname)	Formel Siede-temp. (°C)	Löslichkeit in Wasser	Löslichkeit in Benzin	Namen der Salze
Methansäure (Ameisensäure)	$HCOOH$ 100	nimmt ab	nimmt zu	Methanoate (Formiate)
Ethansäure (Essigsäure)	CH_3COOH 118			Ethanoate (Acetate)
Propansäure (Propionsäure)	C_2H_5COOH 141			Propanoate (Propionate)
Butansäure (Buttersäure)	C_3H_7COOH 164			Butanoate (Butyrate)
⋮				
Dodecansäure (Laurinsäure)	$C_{11}H_{23}COOH$ 225*			Dodecanoate (Laurate)
⋮				
Hexadecansäure (Palmitinsäure)	$C_{15}H_{31}COOH$ 269*			Hexadecanoate (Palmitate)
⋮				
Octadecansäure (Stearinsäure)	$C_{17}H_{35}COOH$ 287*			Octadecanoate (Stearate)

* bei 133 hPa

Homologe Reihe der Alkansäuren und ihre Salze

Auch bei den Alkansäuren steigen die Siedetemperaturen innerhalb der homologen Reihe.

Alle wasserlöslichen Alkansäuren ergeben mit Wasser **saure Lösungen**, mit denen die Bildung von Salzen, den Alkanoaten, möglich ist.

Aus Essigsäuremolekülen bilden sich Ethanoat-Ionen (Acetat-Ionen). Die Atomgruppe $-COO^-$ heißt Carboxylatgruppe. Allerdings weist die im Vergleich zur Salzsäure geringere elektrische Leitfähigkeit darauf hin, dass Essigsäure und die anderen Alkansäuren schwache Säuren sind. In verdünnten Alkansäuren liegen überwiegend Alkansäuremoleküle, aber nur wenige Oxonium- und Alkanoat-Ionen vor. Auch der Geruch verdünnter Alkansäuren beruht auf dem Vorhandensein der Alkansäuremoleküle, die die Lösung verlassen und in die Luft übertreten.

Carbonsäuren sind meist schwache organische Säuren.

Essigsäure als Beispiel einer organischen Säure

Bei der Bildung der sauren Lösung geben die Essigsäuremoleküle ein Proton ab, dabei löst sich das Proton aus der O–H-Bindung unter Zurücklassen des vormals bindenden Elektronenpaars. Im Gegensatz dazu bilden Alkohole, z. B. das Ethanol, keine sauren Lösungen. Daraus folgert man, dass die O–H-Bindung im Essigsäuremolekül **stärker polar** ist als im Ethanolmolekül. Dies ist auf den starken Elektronenzug zurückzuführen, der von dem Sauerstoffatom der Carbonylgruppe ausgeht und sich über das dadurch positivierte Kohlenstoffatom auf die O–H-Bindung auswirkt. Je polarer eine O–H-Bindung ist, umso leichter wird ein Proton an ein Wassermolekül abgegeben.

Eine weitaus bedeutendere Ursache für die Säureeigenschaft zeigt sich bei der Betrachtung der Elektronenverteilung des Acetat-Ions. Untersuchungen zeigten, dass die C–O-Bindungen der Carboxylatgruppe gleich lang sind, obwohl die Strukturformel eine Einfach- und eine Doppelbindung aufweist. Beide Sauerstoffatome sind gleich gebunden und nicht zu unterscheiden. Dieser Befund lässt sich in der Elektronenpaarschreibweise nicht in einer Formel darstellen. Es sind jedoch zwei gleichwertige Formeln für das Acetat-Ion darstellbar, die jeweils einen Extremfall der Elektronen- bzw. Ladungsverteilung zeigen. Man bezeichnet sie als **Grenzformeln**:

Die Carboxylatgruppe ist durch Mesomerie stabilisiert.

Die tatsächliche Elektronenverteilung an der Carboxylatgruppe liegt zwischen den beiden Grenzformeln. Diesen Sachverhalt bezeichnet man als **Mesomerie**, den Zustand des Teilchens als mesomeren Zustand. Dieser tatsächliche Zustand des Acetat-Ions ist energieärmer und stabiler als jede der beiden Grenzformeln wäre, er ist jedoch mit der Elektronenpaarschreibweise nicht darstellbar. Man verwendet daher die Grenzformeln und schreibt zwischen diese einen Pfeil mit zwei Spitzen, den Mesomeriepfeil. Im Gegensatz zum Acetat-Ion ist beim Ethanolat-Ion keine Mesomerie möglich. Dies ist der Hauptgrund, warum Ethanol in Wasser keine sauren Lösungen bildet.

Salzbildungsreaktionen der Carbonsäuren

Wie die sauren Lösungen der anorganischen Säuren bilden auch die sauren Lösungen der Carbonsäuren mit entsprechenden Partnern Salze, die in der Regel im Reaktionsgemisch gelöst vorliegen.

Carbonsäuren können Salze bilden.

Mit unedlen Metallen, z. B. Magnesium:

$$CH_3COOH + H_2O \rightleftharpoons H_3O^+ + CH_3COO^-$$

$$2\,H_3O^+ + 2\,CH_3COO^- + Mg \longrightarrow \underbrace{2\,CH_3COO^- + Mg^{2+}}_{\substack{\text{gelöstes Magnesiumacetat}\\ \text{(Magnesiumethanoat)}}} + H_2 + 2\,H_2O$$

Mit Metalloxiden, z. B. Kupfer(II)-oxid:

$$HCOOH + H_2O \rightleftharpoons H_3O^+ + HCOO^-$$

$$2\,HCOO^- + 2\,H_3O^+ + CuO \longrightarrow \underbrace{2\,HCOO^- + Cu^{2+}}_{\substack{\text{gelöstes Kupferformiat}\\ \text{(Kupfermethanoat)}}} + H_2 + 3\,H_2O$$

Mit alkalischen Lösungen, z. B. Natronlauge:

$$CH_3{-}CH_3{-}COOH + H_2O \rightleftharpoons H_3O^+ + CH_3{-}CH_3{-}COO^-$$

$$CH_3{-}CH_2{-}COO^- + H_3O^+ + Na^+ + OH^- \longrightarrow \underbrace{CH_3{-}CH_2{-}COO^- + Na^+}_{\text{gelöstes Natriumpropanoat}} + 2\,H_2O$$

Bei alkalischen Lösungen höherer Konzentration ist auch eine direkte Reaktion der Carbonsäuremoleküle mit den Hydroxid-Ionen denkbar. Auf diese Weise können auch von nahezu wasserunlöslichen höheren Alkansäuren Salze hergestellt werden:

$$C_{17}H_{35}COOH + OH^- + Na^+ \longrightarrow \underbrace{C_{17}H_{35}COO^- + Na^+}_{\text{Natriumoctadecanoat (Natriumstearat)}} + H_2O$$

Die Natrium- und Kaliumsalze höherer Fettsäuren sind **Seifen**.

Fettsäuren

Die höheren Carbonsäuren sind fest und können aus Fetten gewonnen werden, sie werden deshalb auch als Fettsäuren bezeichnet. Wichtige gesättigte Fettsäuren sind vor allem die Dodecansäure (Laurinsäure), die Hexadecansäure (Palmitinsäure) und die Octadecansäure (Stearinsäure). Wichtige ungesättigte Fettsäuren sind die 9-Octadecensäure (Ölsäure), 9,12-Octadecadiensäure (Linolsäure) und die 9,12,15-Octadecatriensäure (Linolensäure), die aus flüssigen Fetten gewonnen werden können. Sie reagieren rasch mit Bromlösung und können durch Addition von Wasserstoff an die Doppelbindungen („Hydrieren") in gesättigte Fettsäuren überführt werden.

Höhere (langkettige) Carbonsäuren werden als Fettsäuren bezeichnet. Einige sind für den Men-schen essenziell.

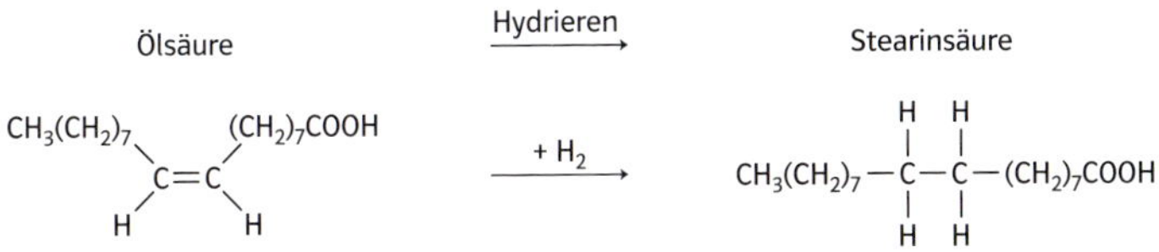

Obwohl ein Ölsäuremolekül ($C_{17}H_{33}COOH$) nur zwei Wasserstoffatome weniger besitzt als ein Stearinsäuremolekül ($C_{17}H_{35}COOH$) liegt die **Schmelztemperatur** der Stearinsäure wesentlich höher als die der Ölsäure. Ölsäure ist bei Zimmertemperatur flüssig, Stearinsäure ist fest. Die Moleküle der ungesättigten Fettsäuren weisen an den Doppelbindungen Knicke auf. Wegen der gewinkelten Form können sich die Moleküle nicht so gut aneinander lagern wie die gesättigten Fettsäuren. Die zwischenmolekularen Kräfte wirken sich schwächer aus, die Schmelztemperatur ist niedriger.

Die mehrfach ungesättigten Fettsäuren Linol- und Linolensäure sind für den menschlichen Körper lebensnotwendig (essenziell). Sie müssen mit der Nahrung aufgenommen werden, da sie vom Körper nicht selbst hergestellt werden können.

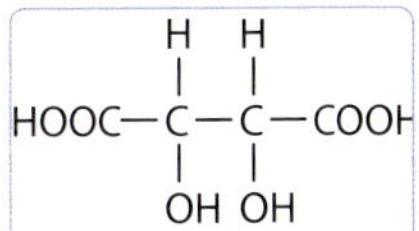

Weinsäure

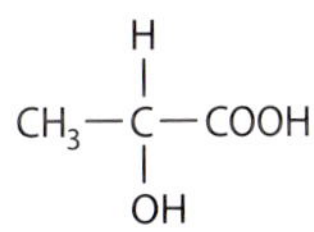

Milchsäure

HOOC—COOH

Oxalsäure

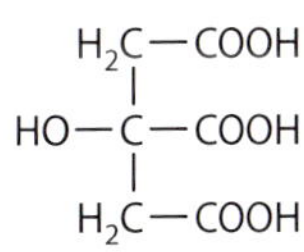

Citronensäure

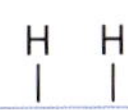

Carbonsäuren in der Natur

In der Natur kommen viele weitere Carbonsäuren vor, deren Moleküle jedoch komplizierter gebaut sind als die der Alkansäuren. Bei den Di- und Tricarbonsäuren sind weitere Carboxygruppen vorhanden, bei den Hydroxycarbonsäuren Hydroxygruppen.

Die **Milchsäure** (2-Hydroxypropansäure, Salze: Lactate) entsteht bei der Vergärung von Zuckern und ist in zahlreichen Milchprodukten enthalten. **Oxalsäure** (Ethandisäure) ist die Dicarbonsäure mit den am einfachsten gebauten Molekülen. Sie bildet zwei Reihen von Salzen, die Hydrogenoxalate und die Oxalate. Der saure Geschmack von Sauerklee, Rhabarber und Sauerampfer wird überwiegend durch Kaliumhydrogenoxalat hervorgerufen. Harn- und Nierensteine enthalten oft schwerlösliches Calciumoxalat.

Viele Carbonsäuren kommen natürlich vor. Sie enthalten oft zusätzliche funktionelle Gruppen.

Die Fruchtsäuren haben ihre Namen nach der jeweiligen Frucht enthalten, in der sie überwiegend enthalten sind. So kommt **Weinsäure** (2,3-Dihydroxybutandisäure, Salze: Hydrogentartrate und Tartrate) in Weintrauben vor, **Citronensäure** (3-Carboxy-3-hydroxypentantrisäure, Salze: Citrate) in Zitronen, Orangen, Ananas und Preiselbeeren und **Äpfelsäure** (2-Hydroxybutandisäure, Salze: Malate) in Äpfeln, Birnen, Aprikosen und Pflaumen.

Organische Säuren als Lebensmittelzusatzstoffe

Viele leichtverderbliche Nahrungsmittel können durch Zusatz organischer Säuren haltbarer gemacht werden, die Säuren dienen als **Konservierungsstoffe**. Zur Verhinderung von Schimmelpilzen in Brot wird vielfach Sorbinsäure (Hexa-2,4-diensäure) eingesetzt, in sauren Lebensmitteln z. B. Benzoesäure (Benzolcarbonsäure).

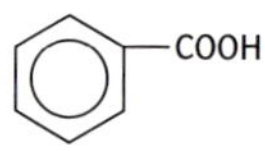

Benzolcarbonsäure
(Benzoesäure)

$$CH_3{-}CH{=}CH{-}CH{=}CH{-}COOH$$

Hexa-2,4-diensäure
(Sorbinsäure)

Fruchtsaftgetränken, Nektaren und Limonadengetränken werden organische Säuren als Säuerungsmittel zugesetzt. Hierfür finden vor allem Citronensäure, Weinsäure und Äpfelsäure Verwendung.

Carbonsäureester

Ester bilden sich durch Wasser-abspaltung aus Carbonsäuren und Alkohol.

Durch Reaktion zwischen Molekülen mit verschiedenen funktionellen Gruppen lassen sich eine Vielzahl neuer Stoffe synthetisieren, z. B. durch die Reaktion von Alkoholen mit Carbonsäuren. Unter dem katalytischen Einfluss von konzentrierter Schwefelsäure entstehen dabei Ester und Wasser. Die zugesetzte Schwefelsäure dient einmal als Katalysator, zum anderen dazu, das entstehende Wasser zu binden und so das Gleichgewicht zum Reaktionsprodukt hin zu verschieben (Prinzip von Braun und Le Chatelier, ➛ S. 27).

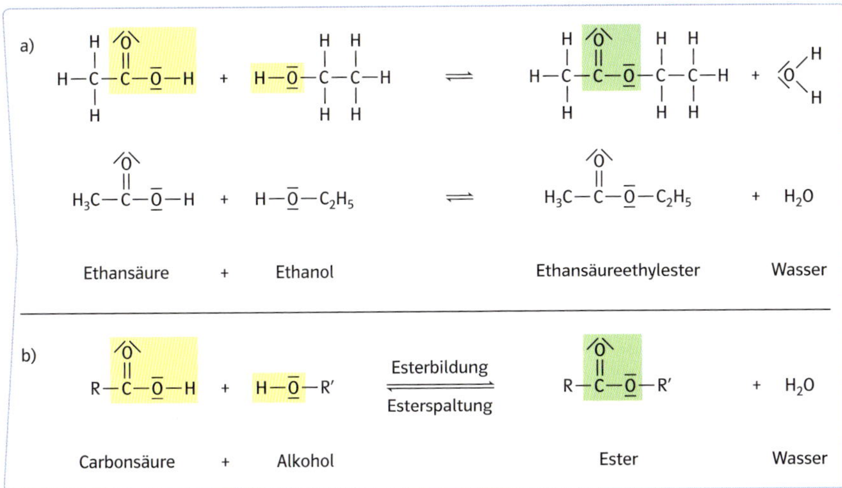

Esterbildung
a) Bildung von Ethansäureethylester b) Allgemeine Esterbildung

Der Name eines Carbonsäureesters setzt sich zusammen aus dem Namen der Carbonsäure, dem Namen für den Alkylrest des Alkohols und der Bezeichnung „-ester“. Carbonsäureester enthalten die charakteristische Atomgruppe –COOR (R = Alkylrest des Alkoholmoleküls). Die Bildung von Estern kann man sich formal durch Abspaltung von Wassermolekülen aus den beiden funktionellen Gruppen vorstellen. Es handelt sich dabei um eine **Kondensationsreaktion**, bei der sich ein chemisches Gleichgewicht einstellt. Diesen Gleichgewichtszustand erreicht man auch beim Erhitzen des Esters mit Wasser (Esterspaltung). Zur vollständigen Spaltung eines Esters setzt man alkalische Lösungen ein, mit denen neben dem Alkohol die Salze der Carbonsäuren entstehen. Eine solche Esterspaltung nennt man auch Verseifung, da man auf diese Weise aus Fetten Seifen herstellen kann.

Ester sind im Allgemeinen nur wenig wasserlöslich, alle besitzen eine gute Löslichkeit in Benzin. Da Estermoleküle untereinander keine Wasserstoffbrücken ausbilden können, liegen die Siedetemperaturen der Ester tiefer als die von Alkoholen bzw. Carbonsäuren ähnlicher Elektronenanzahl und Oberfläche.

Ester aus niederen Carbonsäuren und niederen Alkoholen werden wegen ihres fruchtartigen Geruchs als Duft- und Aromastoffe verwendet. Daneben sind Ester wichtige Lösungsmittel für Lacke, Farbstoffe und Klebstoffe. Wachse sind Ester höherer Fettsäuren und höherer Alkohole. Fette sind Ester höherer Carbonsäuren und des Glycerins (Propantriols).

Name	Aroma
Ethansäure-pentylester	Banane
Propansäure-butylester	Rum
Butansäure-methylester	Ananas
Butansäure-pentylester	Birne
Pentansäure-pentylester	Apfel

Ester als Aromastoffe

Reaktionsmechanismus der Esterbildung und Esterspaltung

Veresterung: Die durch Säuren katalysierte Veresterung primärer Alkohole erfolgt in mehreren Reaktionsschritten. Zunächst wird ein Proton, das z.B. von einem Schwefelsäuremolekül abgegeben wird, von dem Sauerstoffatom der Carbonylgruppe aufgenommen. Dadurch entsteht ein Teilchen mit einem positiv geladenen Kohlenstoffatom (Carbokation):

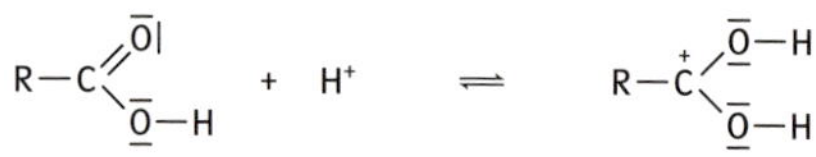

Carbokation

Dies wird als "nucleophiler Angriff" bezeichnet.

Ein Alkoholmolekül kann nun mit einem freien Elektronenpaar des Sauerstoffatoms eine Bindung zum Carbokation ausbilden, das entstehende Teilchen besitzt ein positiv geladenes Sauerstoffatom (Oxoniumion):

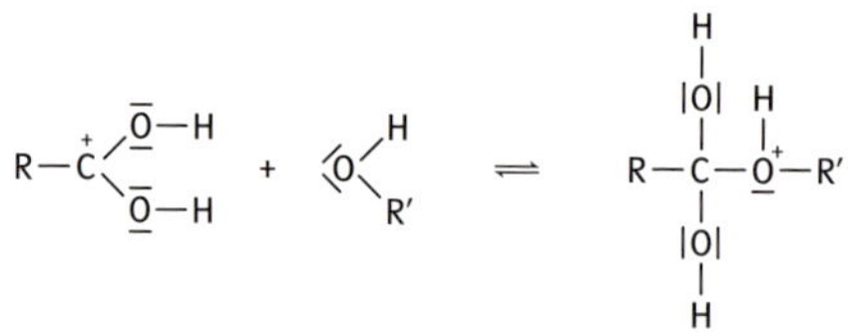

Oxoniumion

Im nächsten Reaktionsschritt wird zunächst ein Proton auf das Sauerstoffatom der Hydroxygruppe übertragen, anschließend erfolgt die Abspaltung eines Wassermoleküls. Dadurch entsteht erneut ein Carbokation:

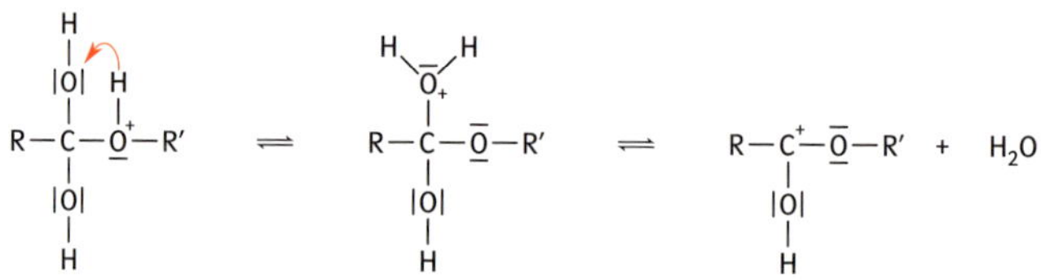

Im letzten Schritt gibt das Carbokation ein Proton ab, es entsteht das Estermolekül:

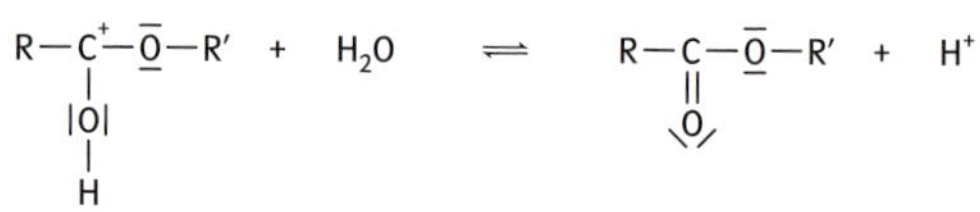

Das im letzten Schritt abgegebene Proton wird vom Säurerest des Katalysators (z.B. HSO_4^-) aufgenommen, der sich dadurch zurückbildet.

Verseifung: Auch die alkalische Esterspaltung verläuft in mehreren Schritten. Ein Hydroxidion bildet eine Bindung zum Kohlenstoffatom der Carbonylgruppe des Estermoleküls aus, das entstehende Teilchen spaltet ein Alkoholation ab, dabei entsteht ein Carbonsäuremolekül:

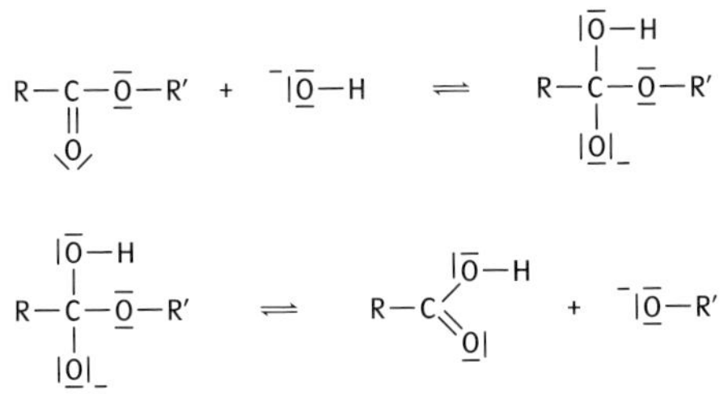

Zwischen dem Alkoholation und dem Carbonsäuremolekül findet ein Protonenübergang statt, sodass letztlich ein Alkoholmolekül und ein Carboxylation entstehen:

Bei diesem letzten Reaktionsschritt handelt es sich um eine praktisch vollständig ablaufende Reaktion. Aus diesem Grund werden Ester durch alkalische Hydrolyse vollständig gespalten, während die säurekatalysierte Esterbildung immer zu einem Gleichgewicht führt.

Organische Sauerstoffverbindungen

Wichtige organische Verbindungen mit Sauerstoffatomen in den Molekülen sind **Alkohole** ($R-CH_2-OH$), **Ether** ($R-CH_2-O-CH_2-R$), **Aldehyde** ($R-CH_2-CHO$), **Ketone** ($R-CH_2-CO-CH_2-R$), **Carbonsäuren** ($R-CH_2-COOH$) und **Carbonsäure-ester** ($R-CH_2-COOR'$). Alkanole, Alkanale, Alkanone und Alkansäuren bilden homologe Reihen.
Je nach Struktur des Alkylrests und der Stellung der funktionellen Gruppe treten innerhalb dieser Stoffgruppen Isomere auf. Aber auch Glieder verschiedener Stoffgruppen können zueinander isomer sein, wie z. B. Alkohole und Ether, Aldehyde und Ketone sowie Carbonsäuren und Ester.

Einige Stoffgruppen können durch Oxidation bzw. Reduktion aus anderen Gruppen gebildet werden. So können primäre Alkanole zu Alkanalen und Alkansäuren oxidiert werden. Aus sekundären Alkanolen entstehen Ketone, die sich nicht weiter oxidieren lassen. Tertiäre Alkanole reagieren unter diesen Bedingungen nicht.

Siedetemperaturen und Löslichkeit werden bedingt durch die Kräfte, die zwischen den jeweiligen Molekülen herrschen. Die hohen Siedetemperaturen der Alkanole und der Alkansäuren werden durch Wasserstoffbrücken verursacht. Viele Stoffgruppen besitzen in ihren Molekülen einen polaren und einen unpolaren Molekülteil. Je nachdem, ob der polare oder der unpolare Teil überwiegt, liegt eher ein hydrophiler bzw. ein lipohiler Charakter vor.

Die Herstellung von Ethern ist formal eine Abspaltung von Wassermolekülen aus zwei Alkoholmolekülen.

Aldehyde und Ketone zählen zu den **Carbonylverbindungen**. Zum Nachweis von Aldehyden nutzt man die Silberspiegel- (Tollens-)- und die Fehling-Reaktion, die auf den reduzierenden Eigenschaften der Aldehydgruppe beruhen.

Carbonsäuren sind schwache organische Säuren. Sie bilden mit Wassermolekülen ein Protolysegleichgewicht aus, das relativ weit auf der Seite der Ausgangsverbindungen liegt. Die sauren Lösungen ergeben mit unedlen Metallen, Metalloxiden und Metallhydroxiden die typischen Salzbildungsreaktionen. Die Ursache für die Säurewirkung liegt vor allem in der Mesomeriestabilisierung des Carboxylat-Anions begründet.
Zahlreiche Carbonsäuren kommen in der Natur als Fruchtsäuren vor. Es handelt sich meist um Carbonsäuren mit einer oder mehreren Hydroxygruppen und einer oder mehreren Carboxygruppen in den Molekülen. Fruchtsäuren werden zur Konservierung oder Säuerung von Nahrungsmitteln verwendet.

Ester entstehen durch die Reaktion von Carbonsäuren mit Alkoholen. Bei der Reaktion (Esterbildung) stellt sich ein Gleichgewicht ein, das auch über die Reaktion des Esters mit Wasser erreicht werden kann (Esterspaltung). Besonders wirksam ist die alkalische Spaltung der Ester (Verseifung).

AUF EINEN BLICK

Molekülformel des Benzols

Das Molekül hat die Summenformel C_6H_6. An die C-Atome ist je ein H-Atom gebunden. Sie bilden ein regelmäßiges ebenes Sechseck.

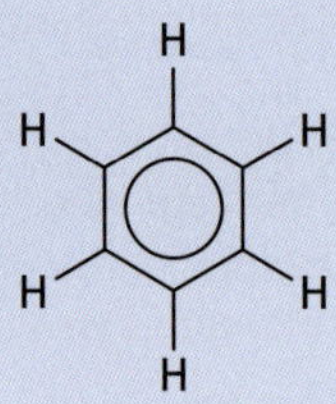

Bindung im Benzolmolekül

Zwischen zwei C-Atomen befindet sich jeweils ein bindendes Elektronenpaar. Weitere sechs Elektronen sind delokalisiert.

Mesomerie

Das Benzolmolekül lässt sich durch mesomere Grenzformeln beschreiben.

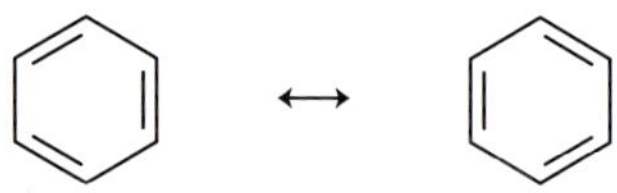

Stabilisierung durch Mesomerie

Das Benzolmolekül liegt in einem energiearmen Zustand vor. Es ist durch Mesomerieenergie stabilisiert.

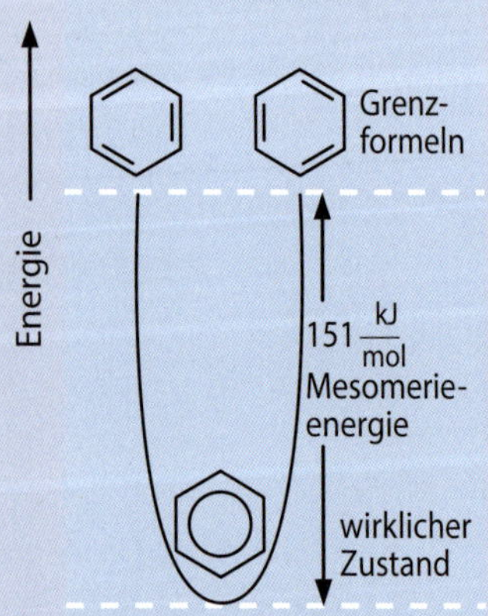

Aromaten

Stoffe mit ringförmig gebauten Molekülen und delokalisierten Elektronen werden nach der Hückel-Regel als Aromaten klassifiziert: Anzahl der Ringelektronen

$4\,n + 2$ (n = 1, 2 usw.)

7 Aromatische Verbindungen

Benzolderivate

sind Stoffe, deren Moleküle einen Benzolring enthalten, z. B.:

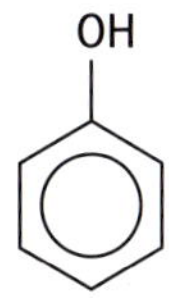

Phenol

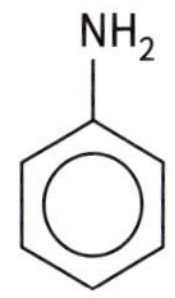

Anilin

Elektrophile Substitution

Sie ist die charakteristische Reaktion des Benzols und anderer Aromaten, z. B.:

$$C_6H_6 + Br_2 \rightleftharpoons C_6H_5Br + HBr$$

Phenol

(Hydroxybenzol) ist eine schwache Säure. Das Anion ist durch Mesomerie stabilisiert.

$$C_6H_5OH + H_2O \rightleftharpoons C_6H_5O^- + H_3O^+$$

Anilin

(Aminobenzol) ist eine im Vergleich mit Alkylaminen schwache Base.

$$C_6H_5NH_2 + H_3O^+ \rightleftharpoons C_6H_5NH_3^+ + H_2O$$

Alkylbenzole

Bei Alkylbenzolen (z.B. Toluol) ist der Benzolring mit einer Seitenkette verbunden.

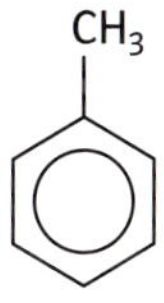

Toluol

Substititionen können am aromatischen Kern oder an der Seitenkette er-

Zweitsubstitution

Der Erstsubstituent beeinflusst Geschwindigkeit und Ort der Zweitsubstitution durch mesomeren und induktiven Effekt.

7 Aromatische Verbindungen

- Das Benzolmolekül ist ein gleichmäßiges eben gebautes Sechseck, in dem ein System von delokalisierten Elektronen vorliegt.
- Die Formel des Benzols lässt sich durch das Mesomeriemodell beschreiben.
- Die Moleküle von Aromaten leiten sich vom Benzol ab und werden nach der Hückel-Regel der Stoffgruppe zugeordnet. Sie sind durch Mesomerie stabilisiert.
- Die elektrophile Substitution ist die charakteristische Reaktion der Aromaten.
- Phenol, Anilin und Toluol sind Aromaten mit besonderen vom Benzolring des Moleküls beeinflussten Eigenschaften
- Bei einer Zweitsubstitution beeinflusst der Erstsubstituent die Geschwindigkeit der Substitution und den Ort.

Benzol und die Grundstruktur aromatischer Moleküle

Das Benzolmolekül

Das Benzolmolekül (C_6H_6) ist ein ebenes gleichseitiges Sechseck.

Die Analyse des Benzols (IUPAC-Nomenklatur: Benzen) ergibt, dass die Moleküle aus sechs Kohlenstoff- und sechs Wasserstoffatomen aufgebaut sind. Die Molekülformel ist C_6H_6.

Aus der geringen Anzahl von H-Atomen folgt, dass es sich um eine ungesättigte Verbindung handeln muss. Der Nachweis von C=C-Doppelbindungen durch Addition von Brom gelingt jedoch nicht.

Die Aufstellung einer Strukturformel erwies sich als sehr schwierig. Als erster postulierte A. Kekulé 1865 eine Ringformel für das Molekül, in dem jedes der sechs C-Atome zu benachbarten C-Atomen eine Einfach- und eine Doppelbindung ausbildet.

C–C-Bindungen	Bindungslänge
Alkane C–C	154 pm
Alkene C=C	134 pm
Alkine C≡C	121 pm
Benzol C–C	139 pm

C–C-Bindungslängen ($1\,pm = 10^{-12}\,m$)

Benzolformeln nach Kekulé

Durch die zusätzliche Annahme eines schnellen Platzwechsels von Einfach- und Doppelbindungen (Oszillationstheorie, von lat. *oscillum*, Schaukel) erklärte Kekülé 1872 die Gleichwertigkeit aller sechs Bindungen im Ring und versuchte so seine Benzolformel mit den experimentellen Befunden in Übereinstimmung zu bringen.

Benzol ist giftig und krebserregend. In der Toxikologie beschreibt die Exposition-Risiko-Beziehung (ERB) den Zusammenhang zwischen der Massenkonzentration und der Wahrscheinlichkeit des Auftretens einer Erkrankung. Daraus können Akzeptanz- und Toleranzkonzentrationen für das Arbeiten mit krebserregenden Stoffen sowie notwendige Schutzmaßnahmen am Arbeitsplatz abgeleitet werden. Wird die Akzeptanzkonzentration unterschritten, ist mit einem niedrigen Krebsrisiko zu rechnen. Bei Überschreiten der Toleranzkonzentration herrscht ein zu hohes Krebsrisiko.

Bindung im Benzolmolekül

Nach heutigem Kenntnisstand bildet das Benzolmolekül ein ebenes, gleichseitiges Sechseck mit einheitlichen C–C-Bindungslängen und Bindungswinkeln. Die sechs Kohlenstoffatome sind durch Einfachbindungen untereinander verbunden. Eine weitere Bindung wird von je einem H-Atom beansprucht. An jedem C-Atom bleibt also noch ein viertes Bindungselektron übrig. Diese insgesamt sechs Elektronen sind gleichmäßig über das ganze Sechseck verteilt, sie sind delokalisiert. Im Benzolmolekül liegt somit ein besonderer Bindungszustand vor, der sich mit der üblichen Schreibweise nach Lewis nicht darstellen lässt. In einer vereinfachten Schreibweise werden die C- und H-Atome nicht gesondert aufgeführt und das Ringelektronensystem wird durch einen Kreis im Sechseck symbolisiert. Die Kekulé-Formeln werden jedoch weiterhin zum Formulieren von Reaktionen des Benzols benutzt.

Der aromatische Zustand, Mesomerieenergie, Hückel-Regel

Die Tatsache, dass Brom an Benzol nicht addiert wird, lässt sich dadurch erklären, dass Benzol in einem besonders energiearmen Zustand vorliegt. Bei der katalytischen Hydrierung von einem Mol Benzol zu Cyclohexan beträgt die Reaktionsenthalpie $\Delta_r H = -209\,\text{kJ}$. Wären im Benzolmolekül drei Doppelbindungen vorhanden, wie dies die Formeln nach Kekulé zeigen, sollten bei der Hydrierung von einem Mol dieses hypothetischen „Cyclohexatriens“ 360 kJ frei werden. Ein Mol Benzol ist also um 151 kJ energieärmer als erwartet.

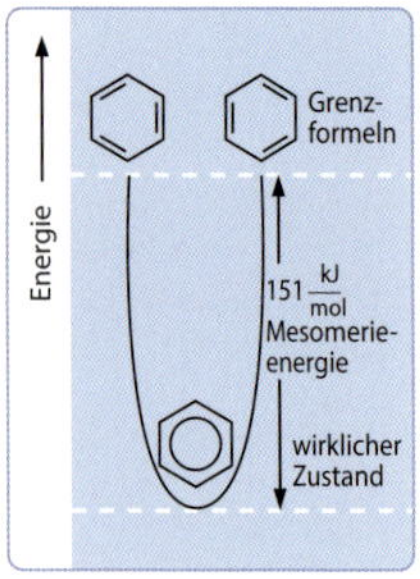

Mesomeriestabilität des Benzolmoleküls

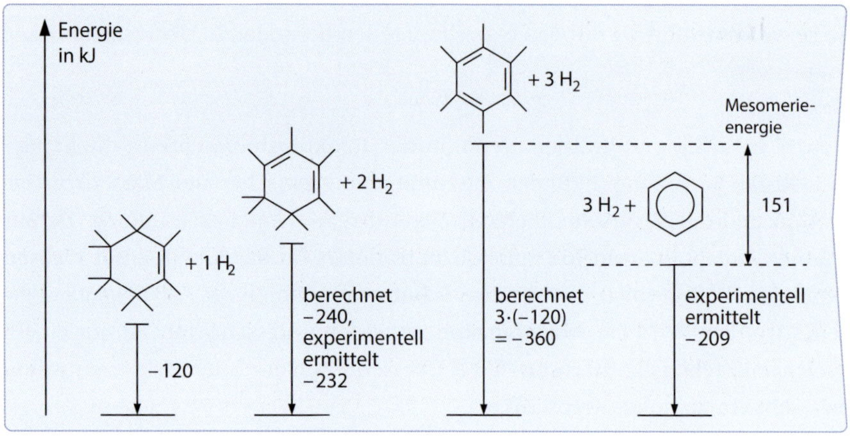

Hydierungsenthalpien von Cyclohexen, 1,3-Cyclohexadien, hypothetischem „1,3,5-Cyclohexatrien“ (berechnet) und Benzol

Diese Energiedifferenz wird als **Mesomerieenergie** des Benzols bezeichnet. Das Molekül ist durch Mesomerie stabilisiert. Die tatsächlichen Bindungsverhältnisse im Benzolmolekül lassen sich zwar mit der Lewis-Schreibweise nicht wiedergeben, sie lassen sich aber mit dem Modell der Mesomerie beschreiben. Dazu werden **mesomere Grenzformeln** aufgestellt, die den beiden Kekulé-Strukturformeln entsprechen. Einer einzelnen mesomeren Grenzformel kommt keine Realität zu. Die tatsächliche Struktur liegt zwischen diesen Grenzformeln (siehe Bindungslängen). Das wird mit dem Mesomeriepfeil gekennzeichnet.

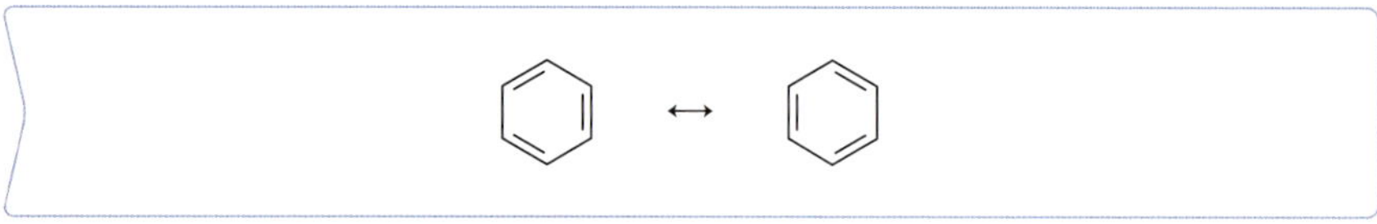

Anzahl der Ringelektronen nach der Hückel-Regel: $4n+2$

In der ersten Hälfte des 19. Jahrhunderts wurde für Stoffe meist pflanzlicher Herkunft, die einen angenehmen Geruch haben, die Bezeichnung „aromatisch“ verwendet. Später galt diese Bezeichnung nur für Benzol und Verbindungen, die sich davon ableiten lassen oder ihm in ihren Eigenschaften ähneln. Diese Gemeinsamkeiten sind im Aufbau ihrer Moleküle begründet. E. Hückel klassifizierte 1931 **aromatische Verbindungen** als solche, deren Moleküle ebene oder nahezu ebene Ringe mit einer ringförmig geschlossenen Elektronenwolke sind und die insgesamt $4n+2$ Ringelektronen ($n = 0, 1, 2$ usw.; **Hückel-Regel**) besitzen. Im Benzolmolekül liegen entsprechend dieser Regel sechs Ringelektronen vor.

Substitution an Aromaten

Elektrophile Substitution am Beispiel der Bromierung von Benzol

Zunächst tritt ein Brommolekül mit den delokalisierten Ringelektronen eines Benzolmoleküls in Wechselwirkung und wird polarisiert. Die für die Reaktion notwendige heterolytische Spaltung des Brommoleküls erfolgt mithilfe eines Katalysators (z. B. Aluminiumbromid $AlBr_3$). Das gebildete Bromidion wird von einem Aluminiumbromid-Teilchen gebunden; das Bromkation, ein starkes Elektrophil, addiert sich an den Ring. Es bildet sich ein Carbokationn, im Zusammenhang mit Benzol ist die genauere Bezeichnung Areniumion.

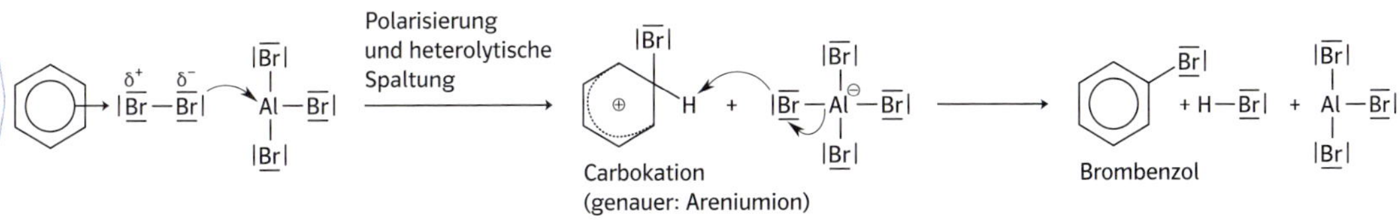

Dazu muss die Delokalisierung der Ringelektronen teilweise aufgehoben werden. Das **Carbokation** ist ein nichtaromatischer **Übergangszustand**, bei dem an ein Kohlenstoffatom des Benzolmoleküls je ein Brom- und ein Wasserstoffatom gebunden sind. Die positive Ladung, die vom Bromkation stammt, wird gleichmäßig auf die Kohlenstoffatome des Ringsystems übertragen. Sie ist delokalisiert.

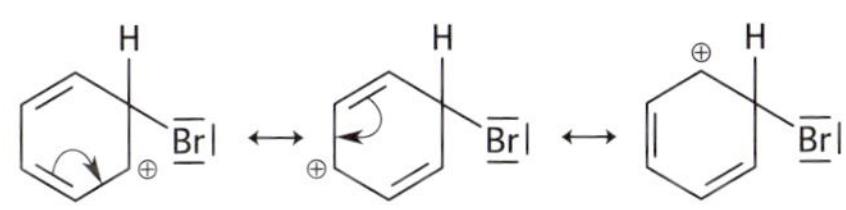

Grenzformeln für das Carbokation

Dadurch wird das gesamte Teilchen stabilisiert. Das Carbokation reagiert im letzten Schritt unter Abgabe eines Protons mit dem Aluminiumbromidion, wodurch das aromatische System wieder entsteht. Es bilden sich Brombenzol, Bromwasserstoff und Aluminiumbromid. Aluminiumbromid hat somit als Katalysator gewirkt. Da die Reaktion durch ein starkes Elektrophil ausgelöst wird, nennt man sie eine **elektrophile Substitution** (**S_E-Reaktion**).

Substitution oder Addition?

Die charakteristische Reaktion der Aromaten ist die elektrophile Substitution.

Das Carbokation könnte auch wie bei der elektrophilen Addition an Alkene (➤ S. 127) ein Bromidion addieren, dabei entstünde dann ein Dibromcyclohexadienmolekül, welches kein aromatisches Molekül und daher energiereicher wäre. Durch die Abspaltung eines Protons entsteht aber wieder das delokalisierte Ringelektronensystem und damit der stabile aromatische Zustand. Dies ist ein wichtiger Grund, warum die Substitution gegenüber der Addition bevorzugt ist.

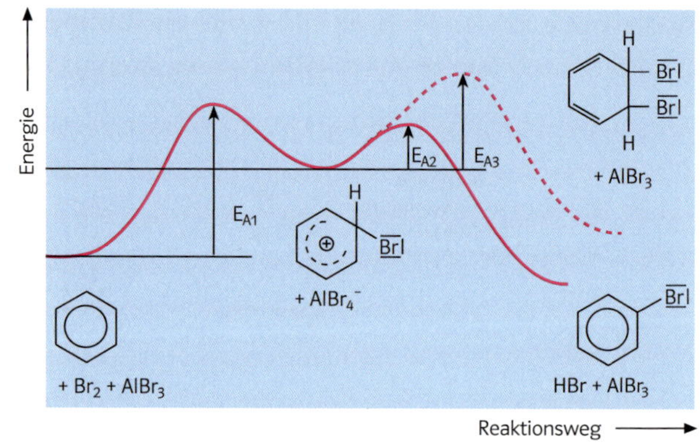

Enthalpiediagramm der Bromierung von Benzol

Weitere elektrophile Substitutionen

Art der Subsitution	Nucleophiles Teilchen	Katalysator	Formel/Stoffname
Nitrierung	NO_2^+		$C_6H_5{-}NO_2$ Nitrobenzol
Sulfonierung	SO_3		$C_6H_5{-}SO_3H$ Benzolsulfonsäure
Friedel-Crafts-Alkylierung	Cl−R	$AlCl_3$	$C_6H_5{-}R$ Alkylbenzol

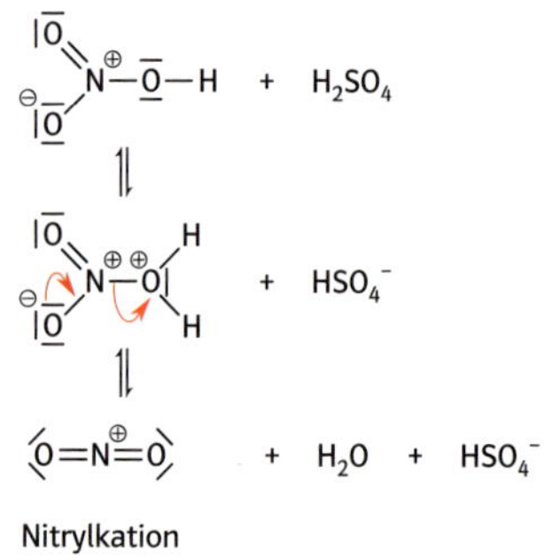

Bildung des Nitrylkations

Phenol

Verbindungen mit Hydroxygruppen am Benzolring bezeichnet man als Hydroxybenzole oder auch Phenole. In der Natur sind Phenole weit verbreitet. Obwohl die Moleküle der Hydroxybenzole ebenso wie die Moleküle der Alkohole Hydroxygruppen enthalten, gibt es große Unterschiede zwischen beiden Stoffklassen. Ursachen für diese Unterschiede sollen hier am Beispiel des Phenols und des Anilins erklärt werden.

Phenol ist eine schwache Säure.
pK_S(Phenol) = 9,95
pK_S(Ethanol) = 16
(pK_S ➤ S. 60)

Phenol ist ein kristalliner Stoff mit charakteristischem Geruch. In Ethanol ist es leicht, in Wasser nur mäßig löslich. Phenol ist ein starkes Zellgift und wird durch die Haut resorbiert.

Säurestärke

Wässrige Phenollösung ist schwach sauer. Phenolmoleküle können offenbar im Gegensatz zu Ethanolmolekülen Protonen an Wassermoleküle abgeben. Phenol reagiert mit verdünnter Natronlauge zu Natriumphenolat und Wasser, Ethanol dagegen reagiert nicht.

Dies lässt sich mithilfe der Wechselwirkung zwischen Hydroxygruppe und aromatischem Ring erklären. Während die Ethylgruppe des Ethanolmoleküls die Elektronendichte am Sauerstoffatom erhöht, übt der aromatische Ring des Phenolmoleküls einen entgegengesetzten Effekt aus, sodass die O–H-Bindung stärker polarisiert wird und das Proton leichter abgegeben werden kann. Als konjugierte Base bleibt das Phenolation zurück. Die negative Ladung des Anions ist über den ganzen Ring delokalisiert, dadurch wird das Phenolation stabilisiert. Beim Ethanolation erfolgt keine Stabilisierung, da die negative Ladung am Sauerstoffatom lokalisiert ist:

Reaktion des Phenols als Säure:

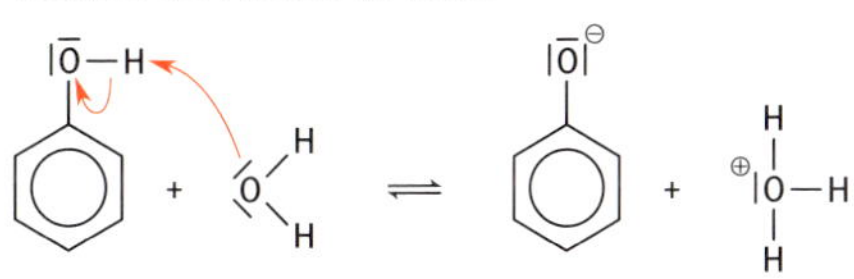

Grenzformeln des Phenolations:

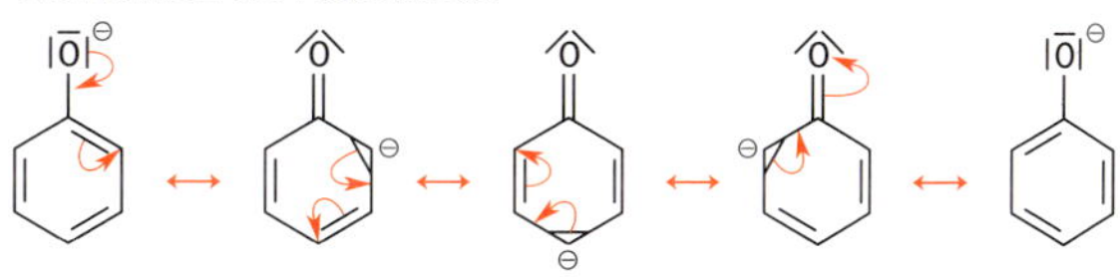

Löslichkeit in Wasser

In Wasser ist Phenol nur in geringem Maße löslich. Das ist auf den hydrophoben Benzolring zurückzuführen Ein weiterer Grund ist darin zusehen, dass ein Elektronenpaar des O-Atomes an der Mesomerie beteiligt ist und in die Delokalisation einbezogen wird. Dadurch wird im Gegensatz zum Ethanolmolekül (s. oben) die negative Teilladung des O-Atoms verringert und es steht in geringerem Maße zur Ausbildung von Wasserstoffbrücken (➤ S. 136) zur Verfügung. Das Phenolation kann dagegen aufgrund seiner negativen Ladung mit Wassermolekülen Wechselwirkungen eingehen. Daraus folgt eine gute Löslichkeit in alkalischem Medium.

Anilin

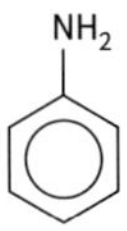

pK_B(Anilin) = 9,4
pK_B(Ethylamin) = 3,3
(pK_B ➤ S. 60)

Anilin (Aminobenzol) ist ein wichtiger Ausgangsstoff für die Synthese von Farbstoffen, Arzneimitteln und Kunststoffen. Es ist eine farblose Flüssigkeit mit nur geringer Löslichkeit in Wasser. Die Lösung ist schwach alkalisch. Dies beruht darauf, dass an das freie Elektronenpaar der Aminogruppe ein Proton gebunden werden kann. Im Gegensatz zu Phenol ist Anilin in sauren Lösungen gut löslich. Das aus der Reaktion mit Salzsäure hervorgehende Anilinhydrochlorid ist gut in Wasser löslich.

$$C_6H_5NH_2 + H_3O^+ + Cl^- \longrightarrow C_6H_5NH_3^+ + Cl^- + H_2O$$

Alkylbenzole

Bei Alkylbenzolen, z. B. Toluol (nach IUPAC auch Methylbenzol, Phenylmethan) ist der Benzolring mit einer Seitenkette verbunden. Substitutionen können abhängig von den Bedingungen am Benzolring („Kern") oder an der Seitenkette stattfinden.

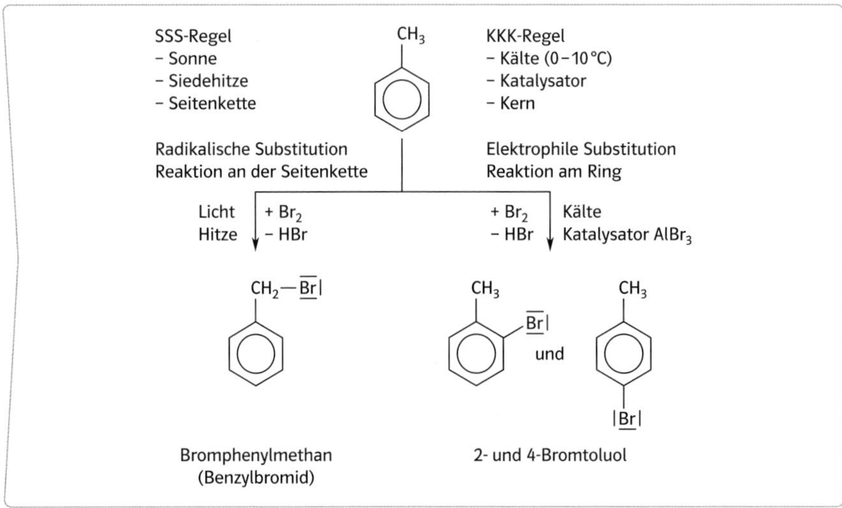

Substitutionsreaktionen an Alkylbenzolen können an der Seitenkette oder am Ring (Kern) des Moleküls erfolgen.

Zweitsubstitution

Ein bereits vorhandener Substituent beeinflusst die Geschwindigkeit eines erneuten elektrophilen Angriffs und den Ort der erneuten Substitution. Dafür sind zwei Effekte maßgebend.

Der Ort der Zweitsubstitution wird durch den Erstsubstituenten beeinflusst. Dabei spielen induktiver und mesomerer Effekt eine Rolle.

1. **Induktiver Effekt**: Die entscheidende Rolle spielt die Elektronegativität. Alkylgruppen erhöhen die Elektronendichte im Kern (+I-Effekt, ➤ S. 128). Viele andere Substituenten dagegen erniedrigen sie (–I-Effekt, z.B. Cl, OH, NH_2).
2. **Mesomerer Effekt**: Die Einbeziehung eines freien Elektronenpaares in die Mesomerie des Ringes bezeichnet man als mesomeren Effekt (M-Effekt). Freie Elektronenpaare eines Substituenten (z.B. OH, Cl) können in die Mesomerie des Ringes einbezogen werden und die Elektronendichte im Kern erhöhen (+M-Effekt). Ist das am Benzolkern befindliche Atom eines substituenten (z.B. NO_2) in einer Mehrfachbindung mit einem weiteren elektronegativeren Atom verbunden, kann die Elektronendichte des Kerns verringert werden (–M-Effekt).

Geschwindigkeit der Zweitsubstitution

Die Geschwindigkeit, mit der eine Zweitsubstitution abläuft, wird vom **resultierenden Gesamteffekt** bestimmt. Dabei ist entscheidend, ob beide Effekte zusammen genommen die Elektronendichte im Kern erhöhen oder erniedrigen. Die Beurteilung ist einfach, wenn beide Effekte das gleiche Vorzeichen besitzen und damit in die gleiche Richtung wirken. Haben beide Effekte unterschiedliche Vorzeichen (z.B. bei Anilin: –I-Effekt, +M-Effekt), so wirkt sich der M-Effekt häufig stärker aus.

Die Hydroxygruppe erhöht die Geschwindigkeit der Zweitsubstitution, die Nitrogruppe erniedrigt sie.

Ort der Zweitsubstitution

In der Regel dirigieren aktivierende Substituenten den Zweitsubstituenten in 2- bzw. 4-Stellung (ortho- bzw. para-Stellung), desaktivierende Substituenten dagegen in 3-Stellung (meta-Stellung). Atome oder Atomgruppen, die ein elektrophiles Teilchen bei der Zweitsubstitution in die **ortho- bzw. para-Stellung** dirigieren, heißen **Substituenten 1. Ordnung**. Substituenten, die dagegen in die **meta-Stellung** dirigieren, heißen **Substituenten 2. Ordnung**.
Entscheidend für Geschwindigkeit und Ort der Zweitsubstitution ist die Stabilität des Carbokations, die sich durch Aufstellung mesomerer Grenzformeln belegen lässt. Die Bildung dieses Teilchens ist der Teilschritt, der die größte Aktivierungsenergie erfordert.

Die Hdroxygruppe dirigiert vorwiegend in o/p-Stellung, die Nitrogruppe dirigiert in m-Stellung.

Substitution an Aromaten

An der Herstellung von m-Nitrophenol lässt sich eine für Aromaten typische Reaktion darstellen:
m-Nitrophenol (3-Nitrophenol) kann als Indikator mit einem Umschlagsbereich zwischen pH = 6,6 und pH = 8,6 eingesetzt werden. Die saure Lösung ist farblos, die alkalische gelb.
Die Synthese geht vom Nitrobenzol aus, das in einem ersten Schritt mit Aluminiumchlorid als Katalysator chloriert wird.

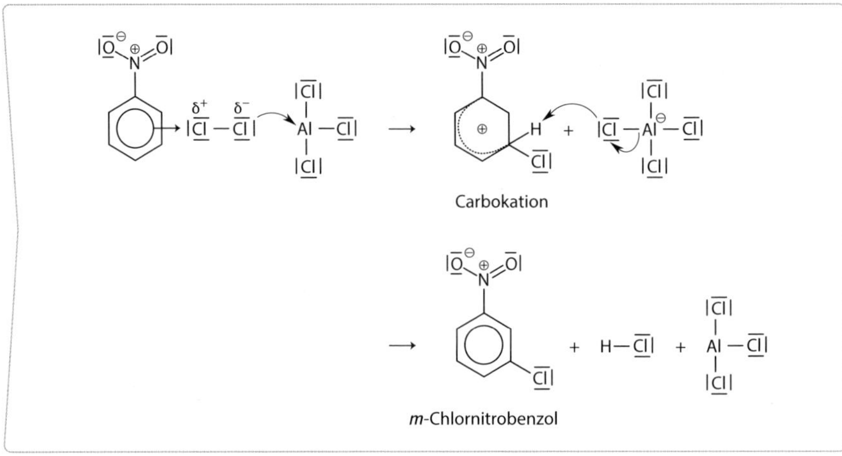

Elektrophile Substitution: Bildung von *m*-Chlornitrophenol

Die Ausbeute an 3-Chlor-Nitrobenzol beträgt ca. 90 %.

In einem zweiten Schritt wird das gereinigte Produkt mit konzentrierter Kalilauge versetzt und zum Sieden erhitzt. Bei der hier ablaufenden Reaktion handelt es sich nicht um die für Aromaten typische elektrophile, sondern um eine nucleophile Substitution.

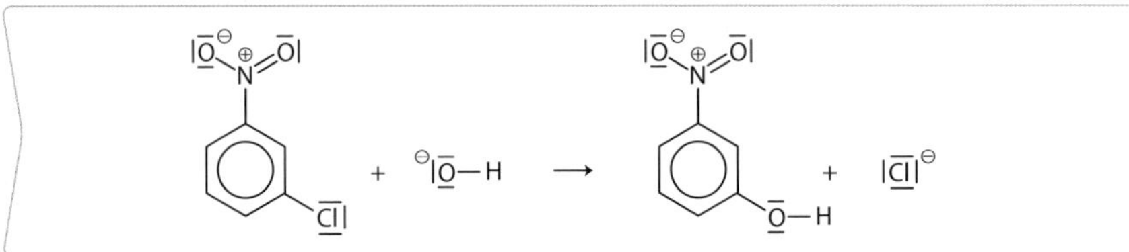

Nucleophile Substitution: Bildung von *m*-Nitrophenol

Theoretisch denkbar wäre auch ein anderer Weg, die Nitrierung von Phenol. Da aber die Hydroxygruppe ein Substitient 1. Ordnung ist, würde bei einer Nitrierung die Reaktion bevorzugt in o- und p-Stellung erfolgen. Das gewünschte Produkt m-Nitrophenol würde mit einem Massenanteil $w < 2\,\%$ entstehen.

Aromatische Verbindungen

Das **Benzolmolekül** ist ein ebenes Sechseck mit der Molekülformel C_6H_6. Alle C—C-Bindungslängen sind gleich und liegen zwischen denen einer C—C-Einfach- bzw. Doppelbindung bei Alkanen. Die für C—C-Doppelbindungen typische Addition von Brommolekülen findet nicht statt. Im Ring liegen sechs delokalisierte Elektronen vor. Das Molekül kann durch Lewis-Formeln nicht vollständig beschrieben werden. Kekulé postulierte alternierende Doppelbindungen.

Stoffe werden dann als **Aromaten** bezeichnet, wenn ihre Moleküle ringförmig gebaut sind und delokalisierte Elektronen enthalten, deren Anzahl der Hückel-Regel entspricht ($4n+2$).

Die Elektronenkonfiguration der Moleküle der Aromaten kann mit dem **Mesomerie-Modell** erklärt werden. Dazu werden Grenzformeln aufgestellt, die den Bindungszustand beschreiben und energetisch möglichst gleichwertig sind. Den einzelnen Grenzformeln kommt keine Realität zu. Der Mesomeriepfeil ist deshalb deutlich vom Gleichgewichtssymbol zu unterscheiden.

Die Hydrierungsenthalpie des Benzols ist geringer als für die Hydrierung des baugleichen hypothetischen 1,3,5-Cyclohexatriens zu erwarten wäre. Die Differenz wird **Mesomerieenergie** genannt. Die Moleküle liegen in einem energiearmen Zustand vor, sie sind durch Mesomerie stabilisiert.

Charakteristisch für Aromaten ist die **elektrophile Substitution**. Für die Bereitstellung des für die Reaktion notwendigen elektrophilen Teilchens ist in vielen Fällen ein Katalysator notwendig. Die Substitution ist energetisch gegenüber einer Addition begünstigt.

Bei **Benzolderivaten** (z. B. Phenol und Anilin) werden die Eigenschaften der funktionellen Gruppen durch den Benzolring beeinflusst., indem nichtbindende Elektronenpaare in die Mesomerie einbezogen werden. Phenol ist eine schwache Säure, Anilin eine schwache Base.

Wird ein Benzolderivat erneut einer Substitution unterzogen (**Zweitsubstitution**), beeinfluust der Erstsubstituent die Geschwindigkeit der Reaktion und die bevorzugte Position des Zweitsubstituenten. Dafür sind induktiver und mesomerer Effekt verantwortlich. Substituenten 1. Ordnung fördern eine Zweitsubstitution und dirigieren i. A. in die o- und p-Stellung. Substituenten zweiter Ordnung verringern die Aktivität des Benzolrings und dirigieren bevorzugt in die m-Stellung.

AUF EINEN BLICK

Optische Aktivität

Die Fähigkeit einer Verbindung, die Ebene des linear polarisierten Lichtes zu drehen, wird optische Aktivität genannt. Für den Drehwinkel gilt:

$$\alpha = \alpha_{sp} \cdot \beta \cdot l$$

Chirale Moleküle

z. B. die von Milchsäure, verhalten sich zueinander wie Bild und Spiegelbild (D- und L-Milchsäure). Sie besitzen asymmetrische C-Atome mit vier verschiedenen Bindungspartnern.

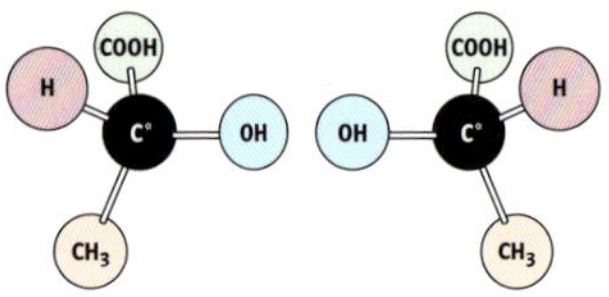

Glucose

ist ein Monosaccharid, dessen Moleküle ($C_6H_{12}O_6$) in ketten- und in ringförmigen anomeren Molekülen vorkommen (α-D-Glucose, β-D-Glucose).

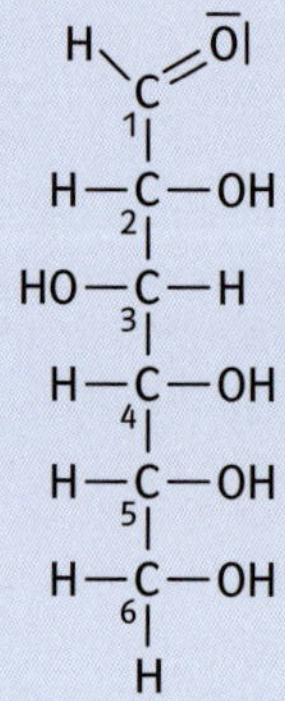

Disaccharide

z. B. Saccharose, Lactose und Maltose besitzen Moleküle, die aus zwei Monosaccharideinheiten aufgebaut sind.

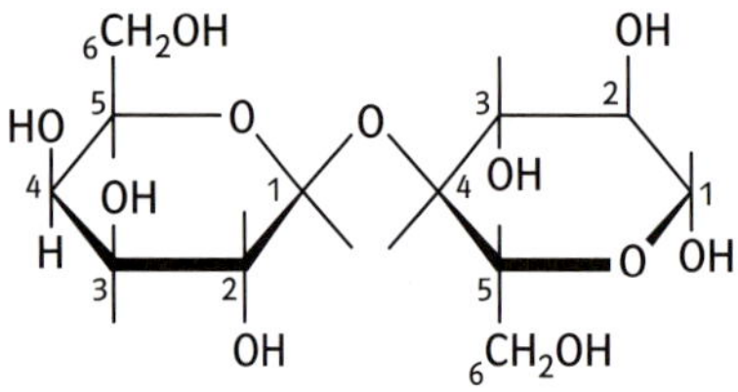

Lactose

Polysaccharide

Stärke und Cellulose sind Polysaccharide, deren Moleküle aus zahlreichen Glucoseeinheiten aufgebaut sind, die α- bzw. β-glycosidisch verbunden sind.

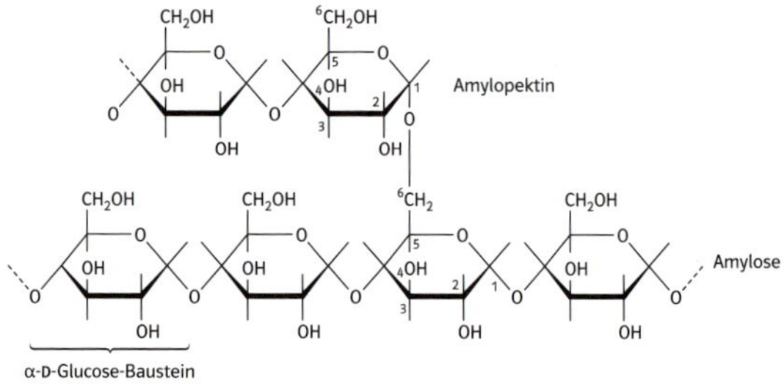

8 Biologisch wichtige organische Verbindungen

Fette

sind Gemische verschiedener Fettsäureglycerinester.

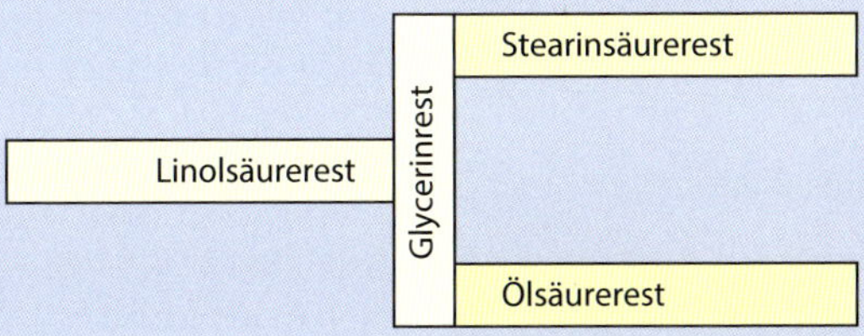

Aminosäuren

haben die allgemeine Formel

$$NH_2-CHR-COOH.$$

Außer bei Glycin (R = H) ist das C_2-Atom asymmetrisch (L-Konfiguration).

Peptide

Stoffe, deren Moleküle aus zwei oder mehr Aminosäureeinheiten aufgebaut sind, heißen Peptide.

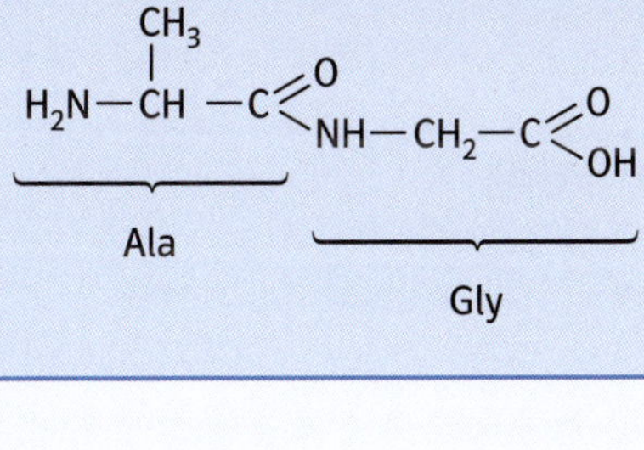

Biodiesel

(Rapsölmethylester, RME) wird zum großen Teil aus nachwachsenden Rohstoffen gewonnen.

Zwitterionen

Aminosäuren sind aus Zwitterionen aufgebaut mit $-COO^-$ bzw. $-NH_3^+$-Gruppen, die als Basen bzw. Säuren fungieren können.

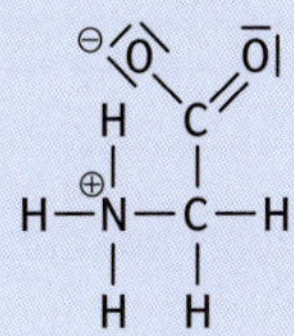

Proteine

sind Makromoleküle mit biologisch festgelegter Reihenfolge der Aminosäureeinheiten. Viele liegen in einer verknäuelten Struktur vor wie z.B. Myoglobin:

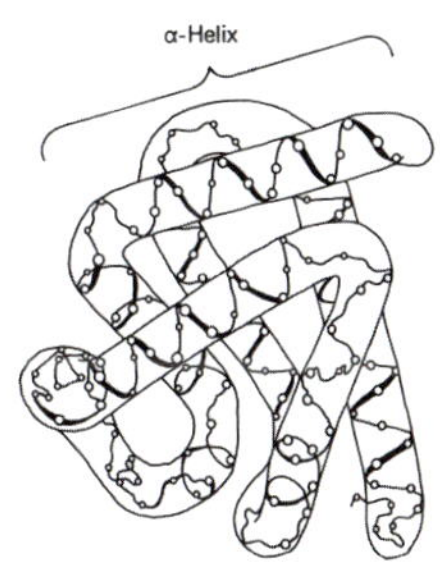

8 Biologisch wichtige organische Verbindungen

- Moleküle können sich wie Bild und Spiegelbild zueinander verhalten. Sie werden Enantiomere genannt.
- Der Spiegelbildisomerie liegen asymmetrisch gebaute C-Atome zugrunde.
- Enantiomere lassen sich durch unterschiedliche Drehung der Ebene des linear polarisierten Lichtes unterscheiden.
- Fettmoleküle besitzen einen charakteristischen Aufbau und gehören zur Stoffklasse der Ester.
- Aus Rapsöl lässt sich Biodiesel herstellen.
- Glucose- und Fructosemoleküle in der Kettenform werden in der Fischer-Projektion eindeutig abgebildet, die Ringformen werden meist in der Haworth-Projektion dargestellt.
- Die Disaccharide Saccharose, Lactose und Maltose besitzen die gleiche Molekülformel, sind aber unterschiedlich aufgebaut.
- Die unterschiedliche Verknüpfung der Glucoseeinheiten in Stärke- bzw. Cellulosemolekülen führt zu voneinander abweichenden Stoffeigenschaften.
- Es gibt 20 verschiedene Aminosäuren von biologischer Bedeutung. Sie liegen als Zwitterionen vor.
- Die Titrationskurve von Aminosäurelösungen hat mehrere Wendepunkte.
- Peptide werden aus Aminosäureeinheiten gebildet, die durch die Peptidgruppe –CO–NH– miteinander verknüpft sind.
- Die Makromoleküle der Proteine sind Polypeptidmoleküle mit komplizierter räumlicher Gestalt.

Chiralität und optische Aktivität

Chiral gebaute Verbindungen – Spiegelbildisomerie

Es gibt zahlreiche Stoffe, deren Moleküle sich wie Bild und Spiegelbild zueinander verhalten. Dazu gehören z. B. die Moleküle der Milchsäure. Es liegt Spiegelbildisomerie vor. Substanzen, deren Moleküle sich wie Bild und Spiegelbild verhalten, heißen **Enantiomere**. Sie sind nicht zur Deckung zu bringen.

C-Atome mit vier verschiedenen Bindungspartnern werden asymmetrische C-Atome genannt.

Die beiden Moleküle lassen sich mit einer linken und einer rechten Hand vergleichen. Sie sind chiral (von griech. *cheir*, Hand). Die Chiralität geht auf die Tatsache zurück, dass das mittlere C-Atom vier verschiedene Atome bzw. Atomgruppen als Bindungspartner besitzt. Es wird als **asymmetrisches C-Atom** bezeichnet. Zeigt die OH-Gruppe nach links, handelt es sich um das L-Milchsäuremolekül, im anderen Fall liegt das Molekül der D-Milchsäure vor.

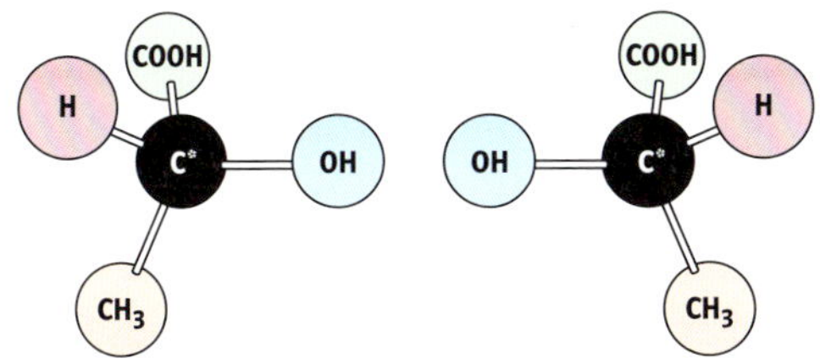

Enantiomere der Milchsäure

Fischer-Projektion

Um die räumliche Gestalt eines Moleküls mit einem oder mehreren asymmetrischen C-Atomen wiederzugeben, benutzt man häufig die von E. Fischer (1852–1919) vorgeschlagene **Projektion**. Sie ermöglicht die Abbildung der räumlichen Gestalt eines Moleküls in der Ebene. Diese Abbildung wird wie folgt interpretiert: Das asymmetrische C-Atom (C*) liegt in der Zeichenebene. Die mit ihm verbundenen hinter der Papierebene liegenden C-Atome befinden sich senkrecht darüber bzw. darunter. Das am höchsten oxidierte Kohlenstoffatom (hier das der Carboxygruppe) steht stets oben. Die links und rechts vor der Papierebene liegenden Bindungspartner (hier OH, H) sind waagerecht positioniert. Um das asymmetrische C-Atom herum entstehen rechte Winkel. Die Projektionsformel ist eindeutig einem der beiden Enantiomere zuzuordnen.

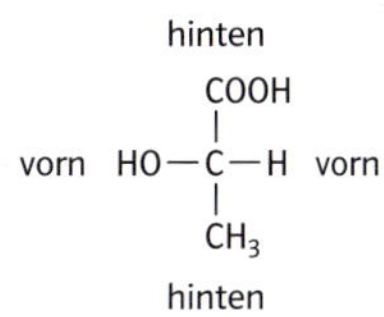

Fischer-Projektion
- Kette der C-Atome senkrecht
- höchst oxidiertes C-Atom oben
- übrige Bindungspartner waagerecht angeordnet
- **senkrecht** stehende Bindungspartner hinter der Ebene des Bezugsatoms
- **waagerecht** angeordnete **vor** der Ebene des Bezugsatoms

D-(−)-Milchsäure L-(+)-Milchsäure D-(+)-Glycerinaldehyd L-(−)-Glycerinaldehyd

Moleküle von Milchsäure und Glycerinaldehyd in der Fischer-Projektion. Die in Klammern gesetzten Zeichen geben den Drehsinn der Ebene des polarisierten Lichtes an (s. u.).

Will man ein Molekülmodell mit mehreren asymmetrischen C-Atomen bauen mit einer Fischer-Projektion als Vorlage, muss jedes asymmetrische C-Atom in die der Fischer-Projektion entsprechende Position gebracht werden.

Optische Aktivität

Optische Aktivität: Drehung der Ebene des polarisierten Lichtes

Verbindungen mit asymmetrischen C-Atomen drehen die Ebene des polarisierten Lichtes, z.B. wenn Licht durch eine Lösung dieser Substanz hindurchgeschickt wird. Diese Fähigkeit wird **optische Aktivität** genannt. Enantiomere lassen sich dadurch voneinander unterscheiden, dass sie die Ebene des polarisierten Lichtes in entgegengesetzter Richtung drehen. Das kann mit einem Polarimeter festgestellt werden.

Funktion eines Polarimeters

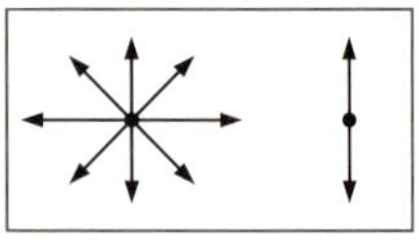

Wirkung eines Polarisationsfilters

Licht kann als transversale Welle aufgefasst werden, deren Schwingungsrichtungen senkrecht zur Ausbreitungsrichtung des Lichtes stehen. Bei linear polarisiertem Licht liegt nur eine Schwingungsrichtung vor. Es kann durch **Polarisationsfilter** erzeugt werden, die nur eine Schwingungsrichtung ungeschwächt hindurchtreten lassen. Das menschliche Auge kann polarisiertes Licht nicht von unpolarisiertem unterscheiden.

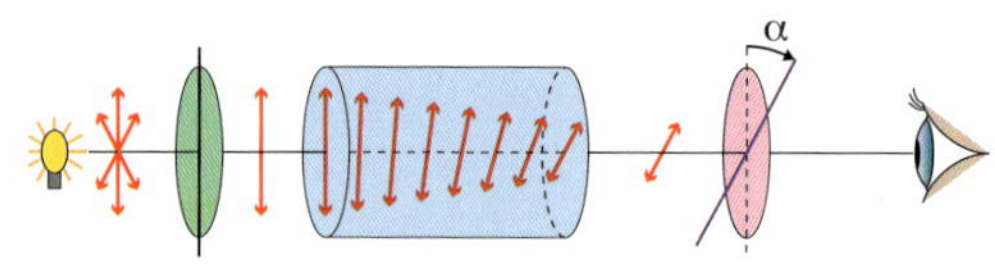

Funktionsweise eines Polarimeters. Darstellung des Prinzips

Hält man in den Strahlengang einer Lichtquelle zwei Polarisationsfilter, so kann man durch Drehen des Analysators eine Position erreichen, bei der (bei monochromatischem Licht) kein Licht durch beide Filter hindurchtritt. Die Schwingungsrichtungen, die die beiden Filter passieren lassen, stehen nun senkrecht aufeinander.

Rechtsdrehende Substanzen (Blickrichtung zur Lichtquelle hin) erhalten ein positives Vorzeichen (z.B. L(+)-Milchsäure), linksdrehende ein negatives (z.B. D(−)-Milchsäure).

Bringt man bei dieser Stellung z.B. eine Probe von L-Milchsäure zwischen Polarisator und Analysator eines Polarimeters, so tritt völlige Dunkelheit erst dann auf, wenn der Analysator um einen Winkel α im Uhrzeigersinn, also nach rechts, gedreht wird. Der Winkel α erhält ein positives Vorzeichen. Man sagt, die Substanz ist rechtsdrehend (z.B. L(+)-Milchsäure). Erfolgt die Drehung in der umgekehrten Richtung, so spricht man von einer linksdrehenden Substanz, der Winkel α erhält ein negatives Vorzeichen (z.B. D(−)-Milchsäure).

Zwischen dem **Drehsinn der Polarisationsebene** und dem Molekülbau der Enantiomere (D- oder L-Konfiguration) besteht kein direkter Zusammenhang.

Spezifische Drehung

Der Drehwinkel α ist direkt proportional der Massenkonzentration β der optisch aktiven Substanz und der Länge l des Probenrohres: Der Proportionalitätsfaktor α_{sp} wird **spezifische Drehung** genannt und hat einen für die optisch aktive Verbindung charakteristischen Wert. Er unterscheidet sich bei Enantiomeren nur durch das Vorzeichen.

$\alpha = \alpha_{sp} \cdot \beta \cdot l$

Beispiel für die Berechnung einer Massenkonzentration einer Lösung von L(+)-Milchsäure:

Gemessener Drehwinkel	$\alpha = 0{,}5\,°$
Spezifischer Drehwinkel	$\alpha_{sp} = +3{,}82°\,\text{ml} \cdot \text{g}^{-1} \cdot \text{dm}^{-1}$
Länge des Probenrohres	$l = 2\,\text{dm}$

$$\beta = \frac{\alpha}{\alpha_{sp} \cdot l} = \frac{0{,}5° \cdot \text{g} \cdot \text{dm}}{3{,}82°\,\text{ml} \cdot 2\,\text{dm}} = 0{,}065\,\text{g} \cdot \text{ml}^{-1}$$

Einheit der spezifischen Drehung, Beispiel: L(+)/D(−)-Milchsäure

$\alpha_{sp} = +/-\ 3{,}82°\,\text{ml} \cdot \text{g}^{-1} \cdot \text{dm}^{-1}$

Weinsäuren

Ein Molekül der Weinsäure (2,3-Dihydroxybutan-1,4-disäure) besitzt zwei asymmetrische C-Atome. Demnach müssten vier Stereoisomere existieren. Zwei davon sind allerdings identisch, d. h. es gibt nur drei stereoisomere Weinsäuremoleküle. Entsprechend der Stellung der OH-Gruppe am unteren asymmetrischen C-Atom und dem Vorzeichen des Drehwinkels nennt man die Substanz a) D(−)-Weinsäure und b) L(+)-Weinsäure. Die dritte Verbindung, meso-Weinsäure, ist optisch inaktiv. Das Molekül ist symmetrisch gebaut. Deswegen kann keine Drehung der Schwingungsrichtung des polarisierten Lichtes erfolgen. Obwohl asymmetrische C-Atome vorhanden sind, ist das Molekül nicht chiral.

Auch das Gemisch (**Racemat**) aus gleichen Stoffmengen D/L-Weinsäure, die +/−-Traubensäure, ist optisch inaktiv.

a) b)

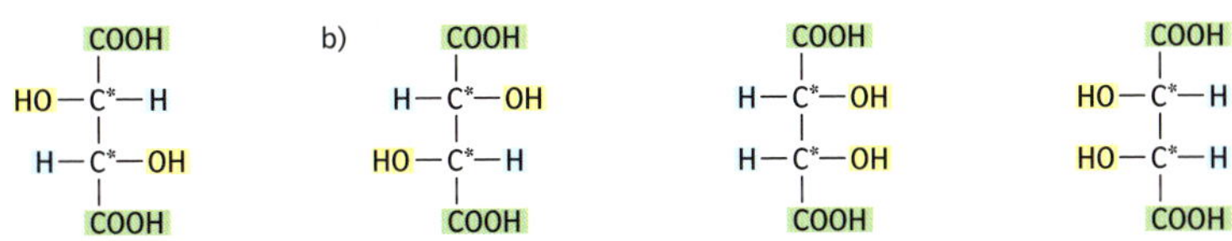

D(−)-Weinsäure L(+)-Weinsäure meso-Weinsäure

Moleküle der Weinsäure in Fischer-Projektion
links: D/L-Weinsäure rechts: meso-Weinsäure

Monosaccharide

Glucose

Traubenzucker (Glucose) hat die Summenformel $C_6H_{12}O_6$. Es handelt sich um einen Zucker, der vom menschlichen Körper sehr schnell aufgenommen werden kann, wodurch Energie rasch bereitgestellt wird. Da das Molekül eine Aldehydgruppe besitzt, wird es der Gruppe der **Aldosen** zugeordnet. Als Nachweisreaktionen werden häufig die Silberspiegelprobe oder die Fehling-Probe bzw. Benedict-Probe ausgeführt. Alle beruhen auf der reduzierenden Wirkung der Aldehydgruppe und sind damit recht unspezifisch. Bei der Silberspiegelprobe bzw. Benedict-Probe werden Ag^+-Ionen zu Ag-Atomen reduziert, bei der Fehling-Probe werden Cu^{2+}-Ionen unter Bildung von Cu(I)-oxid (Cu_2O) reduziert. Spezifisch kann Glucose mit Hilfe des GOD-Tests (Glucoseoxidase-Tests) nachgewiesen werden. Dabei wird Glucose zu Gluconolacton oxidiert.

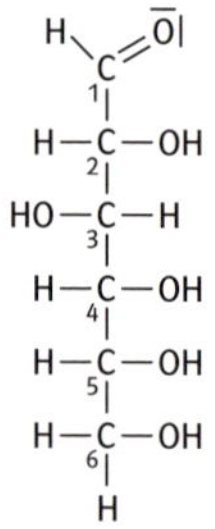

Glucosemolekül in der Kettenform

Das kettenförmige Molekül besitzt vier asymmetrische C-Atome. Zur Zuordnung zur D- bzw. L-Reihe wird die Konfiguration an dem C-Atom herangezogen, das am weitesten von der Aldehydgruppe entfernt ist, also am C_5-Atom. Da die Hydroxygruppe dort nach rechts zeigt, wird Glucose zur Familie der D-Verbindungen gezählt (D-Glucose).

Ringförmige Glucosemoleküle

$R_1—CHOH—OR_2$

Halbacetal

In wässriger Lösung liegen Glucosemoleküle überwiegend als sechsgliedrige Ringe vor, die durch eine innermolekulare Halbacetalbildung zwischen der Aldehydgruppe und der Hydroxygruppe des fünften Kohlenstoffatoms entstehen. Der Anteil der Kettenform ist kleiner als 1 %. Dadurch wird das Carbonylkohlenstoffatom des kettenförmigen Glucosemoleküls – es heißt **anomeres Kohlenstoffatom** – zu einem weiteren asymmetrischen Kohlenstoffatom. Je nach Stellung der Hydroxygruppe an diesem C-Atom ergeben sich zwei Strukturisomere (Anomere), die α-D-Glucose und β-D-Glucose genannt werden. Beide Anomere der Glucose können in Reinform gewonnen werden. Sie unterscheiden sich durch verschiedene spezifiische Drehungen. Die Moleküle sind nicht eben gebaut, sondern gewinkelt wie die des Cyclohexans.

α-D-Glucose und β-D-Glucose werden als Anomere bezeichnet.

Sie werden oft in einer ebenen Darstellung, abgebildet **(Haworth-Formel)**. Das zyklische Molekül erscheint als ein waagerecht liegendes, ebenes Sechseck, bei dem sich das Ringsauerstoffatom in der rechten hinteren Ecke befindet.
Man zeichnet dieses Molekül perspektivisch, von schräg oben betrachtet. Weitere Bindungen werden mit senkrechten Linien durch die Ecken angedeutet. Substituenten, die in der Fischer-Projektion nach links (rechts) weisen, stehen in der Haworth-Projektion oben (unten).

Haworth-Projektion
- C-Atome und ringbildendes O-Atom als waagerechter ebener Ring in Schrägansicht
- O-Atom hinten rechts
- übrige Bindungspartner senkrecht

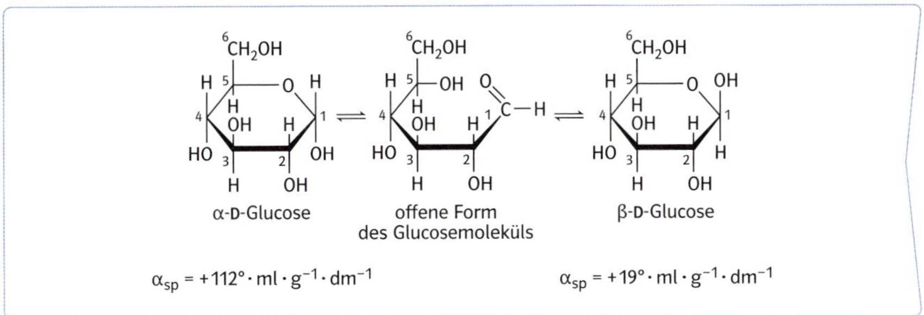

Glucose-Ringformeln nach Haworth und Mutarotation

Mutarotation

Liegt eine frisch angesetzte Lösung eines der beiden Anomeren in Wasser vor, so kann man mit einem Polarimeter feststellen, dass sich der Drehwinkel der Lösung allmählich verändert. Ursache dieser Erscheinung, der Mutarotation, ist die spontane Umwandlung des einen Anomers über die offenkettige Form in das andere Anomer. Dabei stellt sich ein chemisches Gleichgewicht ein, in dem die β-D-Glucose mit einem Massenanteil von ca. 63 % überwiegt. Auf die α-D-Glucose entfallen etwa 37 %. Der Anteil der kettenförmigen Moleküle ist kleiner als 1 %.

Mutarotation z. B. von Glucose: Umwandlung des einen Anomers über die offenkettige Form in das andere Anomer. Es stellt sich ein Gleichgewicht ein.

Im Gleichgewicht ist nach erfolgter Mutarotation $\alpha_{sp} = +53° \cdot ml \cdot g^{-1} \cdot dm^{-1}$.

D-Aldohexosen

Es gibt insgesamt acht verschiedene Isomere der D-Glucose, die zur Gruppe der Aldohexosen zusammengefasst werden. Sie unterscheiden sich durch die Stellung der OH-Gruppen an den asymmetrischen C_2-, C_3- und C_4-Atomen. Die OH-Gruppe am C_5-Atom zeigt bei allen nach rechts. Es sind Stereoisomere, die sich nicht wie Bild und Spiegelbild verhalten. Sie werden Diastereomere genannt. Dazu gehört **Galactose**, ein molekularer Bestandteil von Milchzucker (Lactose).

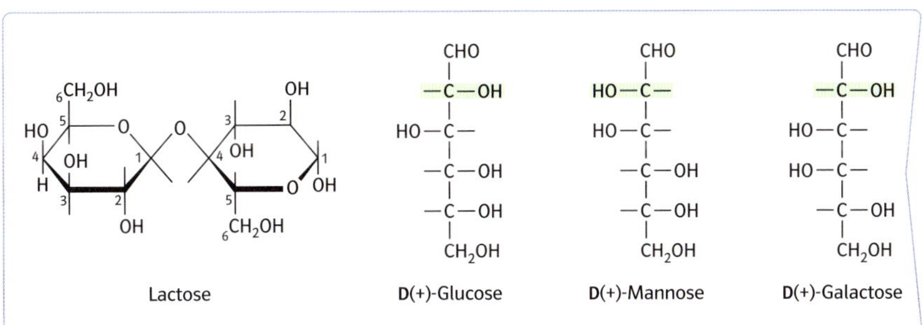

Strukturformeln der Lactose und der Diastereomere der Glucose

Fructose

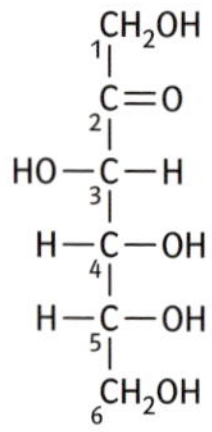

Fructosemolekül in Kettenform

Fructose (Fruchtzucker) hat wie Glucose die Summenformel $C_6H_{12}O_6$. Anders als beim Glucosemolekül liegt aber keine Aldehydgruppe vor, sondern eine **Ketogruppe am C_2-Atom**. Bei Fructose handelt es sich daher um eine Ketose. Die Stellung der OH-Gruppen an den asymmetrischen C-Atomen ist mit der der Glucosemoleküle identisch. Ähnlich wie Glucose bildet Fructose ebenfalls Anomere, die miteinander im Gleichgewicht stehen. Neben der Kettenform des Moleküls enthält das Gleichgewicht zwei verschiedene Arten von ringförmigen Molekülen, die als **Pyranose** bzw. **Furanose** bezeichnet werden. Der Name wird von Pyran (C_5H_6O) bzw. Furan (C_4H_4O) abgeleitet, die ein entsprechend gebautes ringförmiges Molekül besitzen.

Keto-Enol-Tautomerie

Tautomerie: Strukturisomere stehen durch innermolekulare Umwandlung miteinander im Gleichgewicht.

Reaktionen mit Oxidationsmitteln in alkalischem Medium verlaufen auch bei Fructose positiv, obwohl die Kettenform des Moleküls keine reduzierende Aldehydgruppe hat. Hydroxidionen katalysieren eine innermolekulare Umlagerung unter Protonenwanderung und Elektronenverschiebung (Keto-Enol-Tautomerie). Es stellt sich ein Gleichgewicht ein, in dem Glucose überwiegt:

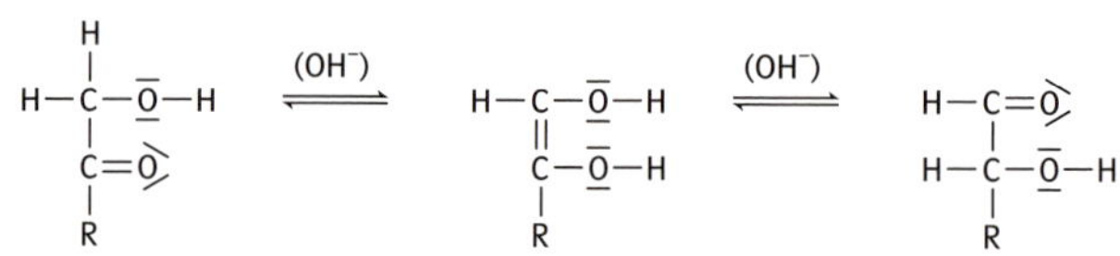

D-Fructose — Enolform der D-Fructose bzw. D-Glucose — D-Glucose

Keto-Enol-Tautomerie

Disaccharide

Glycosidische Bindung: Verbindung gebildet aus der OH-Gruppe eines anomeren C-Atoms mit einer anderen OH-Gruppe unter Austritt eines Wassermoleküls

Saccharosemoleküle sind aus einer Einheit α-D-Glucose und einer Einheit β-D-Fructose aufgebaut, die sich unter Austritt eines Wassermoleküls miteinander verbunden haben. Die Bindung heißt **glycosidische Bindung**.

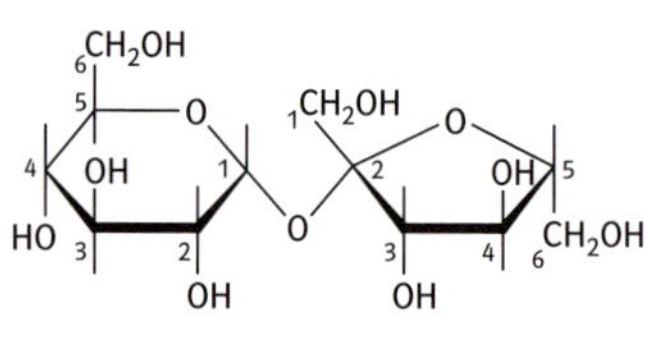

Saccharosemolekül

Saccharose wirkt nicht reduzierend. Es liegt ein **Acetal** vor, bei dem eine Ringöffnung nicht möglich ist.

$R_1—CHOR—OR_2$

Acetal

Maltose entsteht z. B. beim Abbau von Stärke. Die Moleküle sind aus zwei Glucoseeinheiten aufgebaut, die 1,4-α-glycosidisch miteinander verbunden sind. Maltose wirkt reduzierend, da die rechte Glucoseeinheit ein Halbacetal darstellt und unter Ringöffnung eine Aldehydgruppe ausbilden kann.

Maltosemoleküle sind aufgebaut aus zwei Glucoseeinheiten in α-glycosidischer Bindung.

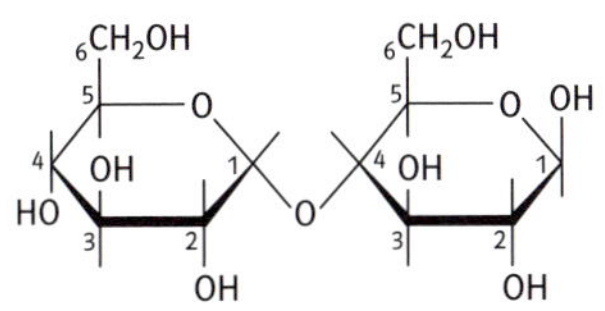

Maltosemolekül (β-anomer)

Polysaccharide

Zu den Polysacchariden gehören Stärke, Glycogen und Cellulose. Ihre Moleküle sind aus zahlreichen Glucoseeinheiten aufgebaut.

Stärke

Stärke besteht aus zwei Anteilen, der in heißem Wasser löslichen Amylose (ca. 20 %) und dem unlöslichen Amylopektin. **Amylose**moleküle bestehen aus einigen hundert miteinander verbundenenen D-Glucoseeinheiten in 1,4-α-glycosidischer Bindung. Die angenäherte Summenformel ist $(C_6H_{10}O_5)_n$. Das Molekül ist schraubenförmig und wird durch Wasserstoffbrücken (➤ S. 136) zusammengehalten. **Amylopektin**moleküle besitzen zusätzlich Seitenketten, die über 1,6-α-glycosidische Bindungen mit dem Hauptstrang verbunden sind.

Stärke: Glucosemoleküle in α-glycosidischer Bindung

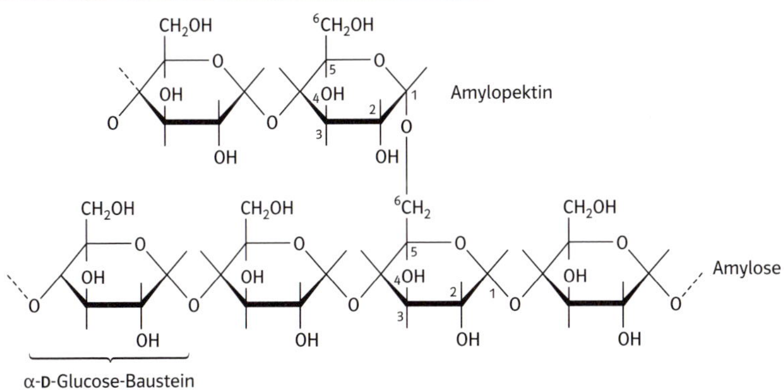

Ausschnitt aus einem Amylopektinmolekül

Ein emfindliches Reagenz auf Stärke ist Iodlösung. Mit Amylose entsteht eine blaue, mit Amylopektin eine rotbraune Einschlussverbindung.

Unter dem Einfluss von Oxoniumionen bzw. Enzymen können die glycosidischen Bindungen hydrolytisch gespalten werden. Beim enzymatischen Abbau in Pflanzen durch Amylase entsteht zuerst das Disaccharid Maltose, das durch das Enzym Maltase in D-Glucose zerlegt wird.
Glycogen, der in Leber und Muskeln des Menschen gespeicherte Reservestoff, ist ähnlich aufgebaut wie Stärke.

Die Verwendung von Stärke ist unter Nachhaltigkeitsaspekten interessant. Aus Stärke können kompostierbare Folien hergestellt werden, wodurch Kunststofffolien vermieden werden können. Für die besonderen Anforderungen an Folien muss Stärke jedoch industriell verarbeitet werden, was die biologische Abbaubarkeit im Vergleich zu handelsüblicher Stärke verschlechtert.

Cellulose

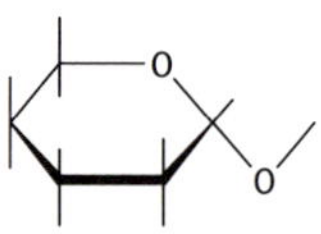

α-glycosidische Bindung

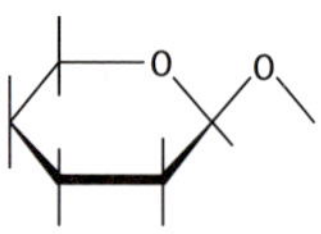

β-glycosidische Bindung

Cellulose dient als pflanzlicher Gerüststoff. Die Moleküle bestehen aus Tausenden von D-Glucoseeinheiten, die in 1,4-β-glycosidischer Bindung vorliegen. Es sind kettenförmige Moleküle, die mit Nachbarmolekülen zahlreiche Wasserstoffbrücken ausbilden. Dadurch entstehen Molekülbündel (Fibrillen) mit teilweise kristalliner Ordnung.

Durch konzentrierte Säure können Cellulosemoleküle hydrolytisch gespalten werden unter Bildung von D-Glucose. Enzyme des menschlichen Verdauungstraktes können die β-glycosidischen Bindungen nicht spalten.

Cellulose: Glucosemoleküle in β-glycosidischer Bindung

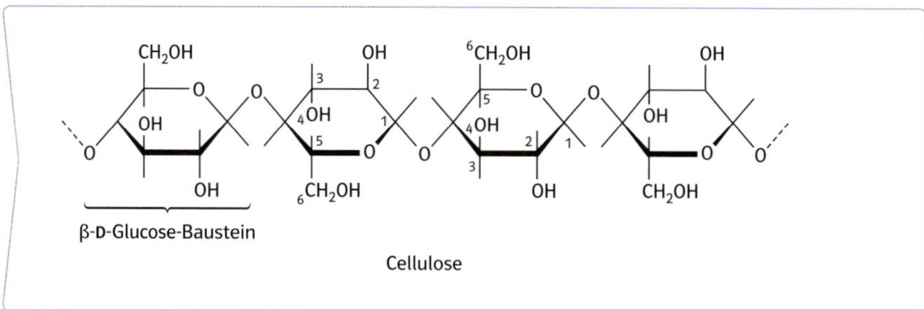

Ausschnitt aus einem Cellulosemolekül

Cyclodextrine

α-D-Glucosebausteine können sich nicht nur kettenförmig (➤ Stärke; S.175), sondern auch ringförmig miteinander über 1,4-α-glycosidische Bindungen verknüpfen. Die dabei entstehenden Oligosaccharide werden Cyclodextrine genannt. Verknüpfen sich sechs Glucose-Bausteine, spricht man von α-Cyclodextrinen, bei sieben von β-Cyclodextrinen und bei acht von γ-Cyclodextrinen. Räumlich sind Cyclodextrine so gebaut, dass sich die polaren Hydroxygruppen an der Außenseite befinden und im Inneren lediglich unpolare Anteile (C-C, bzw. C-H-Bindungen). Im Inneren bildet sich ein Hohlraum.
Aus dem besonderen räumlichen Bau von Cyclodextrinen ergeben sich vielfältige Anwendungsmöglichkeiten. In diesen inneren Hohlraum können unpolare Moleküle aufgenommen werden, z.B. Duftstoffmoleküle, durch die unangenehme Gerüche beseitigt werden können. Auch in der Medizin sind Cyclodextrine interessant. So können schlecht wasserlösliche Medikamente in Cyclodextrine eingelagert und dadurch besser im Körper freigesetzt werden.

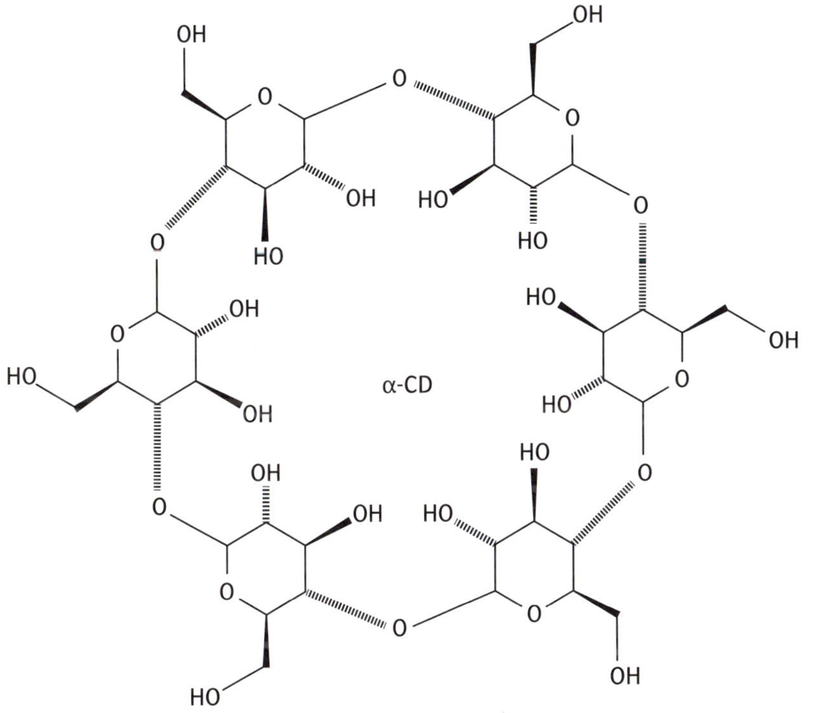

Struktur von α-Cyclodextrin

Fette

Molekülbau

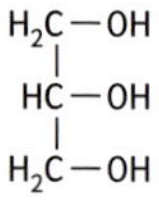

Glycerinmolekül

Fette sind **Ester** (➤ S. 148) bestimmter Carbonsäuren (Fettsäuren) und des Propantriols (Glycerin). Die drei Hydroxygruppen des Glycerinmoleküls sind mit Fettsäuremolekülen verestert. Mit systematischen Namen werden die Fette als Triacylglycerine bezeichnet, häufig werden sie aber auch **Triglyceride** genannt.

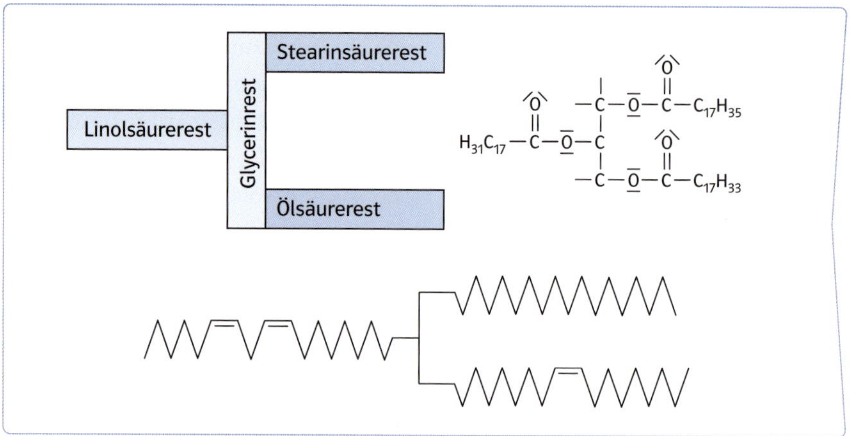

Schematischer Aufbau eines Fettmoleküls

Am häufigsten sind Stearin-, Palmitin-, Laurin-, Myristin-, Öl- und Linolsäure am Aufbau von Fetten beteiligt. Die beiden zuletzt genannten werden als ungesättigte Fettsäuren bezeichnet, da ihre Moleküle C=C-Doppelbindungen enthalten. Bei den meisten ungesättigten Fettsäuren liegt die cis-Konfiguration vor.

Eigenschaften von Fetten

Stearinsäure $C_{17}H_{35}COOH$
Ölsäure $C_{17}H_{33}COOH$
Linolsäure $C_{17}H_{31}COOH$

Fette sind Gemische aus verschiedenen Triacylglycerinen. Deshalb kann ihnen keine Schmelztemperatur, sondern nur ein Schmelztemperaturbereich zugeordnet werden. Er hängt einerseits von der durchschnittlichen Kettenlänge der gebundenen Fettsäuren und andererseits vom Anteil ungesättigter Fettsäuren ab. Je höher dieser Anteil ist, desto niedriger ist der Schmelztemperaturbereich. Estermoleküle, die ungesättigte Fettsäuren gebunden enthalten, können sich im kristallinen Verband nicht so dicht zusammenlagern wie solche, die aus gesättigten Fettsäuren aufgebaut sind. Dadurch wirken sich die zwischenmolekularen Kräfte schwächer aus.

Unter den ungesättigten Fettsäuren sind viele essentielle Fettsäurenn, die der Körper nicht herstellen kann und daher mit der Nahrung aufgenommen werden müssen. Essentielle Fettsäuren benötigt der Körper z.B. für den Aufbau der Zellmembranen und zur Steuerung lebenswichtiger Prozesse des Organismus.

Ungesättigte Fettsäuren können durch Entfärbung von Halogenlösungen nachgewiesen werden. Die in der Lebensmittelchemie gebräuchliche **Iodzahl** (IZ) gibt die Masse der Iodportion (in g) an, die von 100 g Fett addiert wird.

Iodzahl
$IZ = m(\text{Iod}) \left(\frac{g}{(100\,g)}\right)$

In natürlichen Fetten ist stets ein geringer Anteil an nicht veresterten freien Fettsäuren vorhanden, der durch Titration mit Hydroxidlösungen bestimmt werden kann. Die **Säurezahl** (SZ) gibt die Masse der Kaliumhydroxidportion (in mg) an, die zur Neutralisation der in 1 g Fett enthaltenen freien Fettsäuren notwendig ist. Sie ist von der Art des Fettes abhängig und kann durch Hydrolyse von Esterbindungen (Alterungsprozesse) größer werden.

Säurezahl
$SZ = m(\text{KOH}) \left(\frac{mg}{g}\right)$

Damit der Stoffwechsel des Menschen aufrechterhalten werden kann, benötigt der Organismus Energie, die er aus Fetten, Proteinen bzw. Kohlenhydraten gewinnt. Fette sind etwa doppelt so energiereich wie Kohlenhydrate oder Proteine. Fette dienen dem Körper auch als Speicherstoff, wozu er Fettgewebe anlegt. Fette sind aber auch Stoffwechselbausteine und als solche notwendig z.B. für die Bildung mancher Hormone.

Biodiesel

Rapsöl ist ein viskoses Gemisch verschiedener Fettsäureglycerinester und kann in Motoren mit großem Volumen als Kraftstoff eingesetzt werden. Für normale Kfz-Dieselmotoren ist es wegen seiner Viskosität nicht geeignet. Durch Umesterung und weitere Verfahrensschritte entsteht daraus ein Kraftstoff, der in üblichen Dieselmotoren erfolgreich eingesetzt werden kann. Bei diesem Verfahren wird das im Rapsöl chemisch gebundene Glycerin durch Methanol ersetzt, das allerdings fossilen Ursprungs ist. Der so erzeugte Rapsölmethylester (RME) wird als Biodiesel bezeichnet. Wesentliches Ergebnis des Herstellungsverfahrens ist eine Verringerung der Viskosität und Anpassung an die Eigenschaften herkömmlicher Dieselkraftstoffe.

Beispiel für ein im Biodiesel enthaltenes Molekül:

Stearinsäuremethylester
$C_{17}H_{35}CO-O-CH_3$

Herstellung von Rapsölmethylester
Prinzip der Umesterung

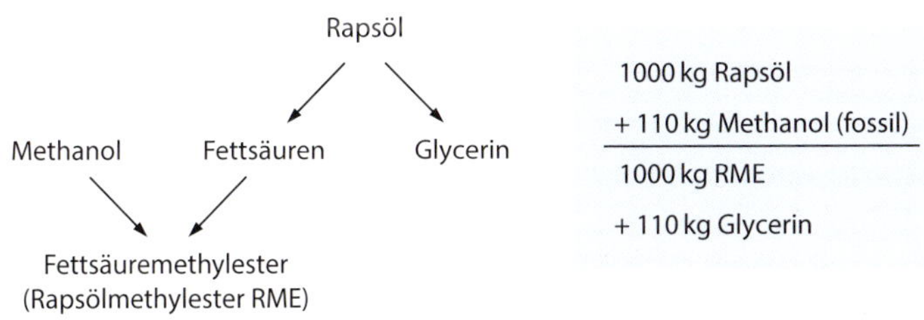

Biodiesel

Vorteile:
- geringere CO_2-Emmision
- weniger Rußpartikel
- geringe Gewässertoxizität

Nachteile:
- Methanol aus fossiler Quelle
- größere Emission von KW und NO_x
- Konkurrenz mit Anbau von Nahrungspflanzen

Vergleich von RME mit normalem Dieselkraftstoff

Bei der Verbrennung im Motor liefern 1,15 kg RME den gleichen Betrag an nutzbarer Energie wie 1 kg normaler Dieselkraftstoff. Dabei verringert sich unter Einbeziehung des Aufwandes für Produktion und Transport die CO_2-Emission um ca. 35 %. Wegen des Gehaltes an chemisch gebundenem Sauerstoff ist der Ausstoß von Rußpartikeln wesentlich geringer als bei Dieselöl. Die Feinstaubproduktion ist jedoch vergleichbar.
Weitere Vorteile sind die sehr geringe Gewässertoxizität und die gute biologische Abbaubarkeit. Dies hat allerdings auch die Folge, dass RME empfindlich gegen den Abbau durch Mikroorganismen ist.

Als Nachteil ist zu sehen, dass die Emmission von Kohlenwasserstoffen und Stickstoffoxiden höher ist als bei herkömmlichem Diesel.

Vor- und Nachteile des Einsatzes von RME werden auch im Hinblick auf eine Konkurrenz zum Anbau von Lebensmitteln z. T. kontrovers diskutiert.

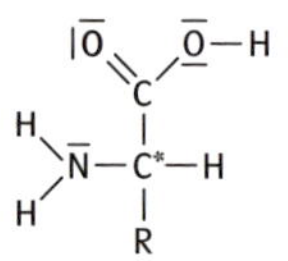

L-α-Aminosäure

R: Rest
C*: asymmetrisches C-Atom

Bauprinzip der Aminosäure-Moleküle

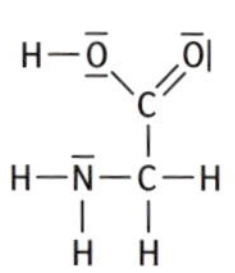

Formale Darstellung eines Glycinmoleküls

Glycin
- Zersetzung bei ca. 230 °C
- Lösungen nur sehr schwach sauer
- elektrische Leitfähigkeit relativ schwach

Aminosäuren

Durch Einwirkung von Enzymen auf Eiweißmoleküle entsteht ein Stoffgemisch, das bis zu 20 Aminocarbonsäuren enthält. Die Moleküle tragen die Aminogruppe an dem C-Atom, das der Carboxygruppe benachbart ist, und werden deshalb genauer als 2-Aminocarbonsäuren bzw. α-Aminocarbonsäuren bezeichnet, vereinfachend Aminosäuren. Bis auf Glycin besitzen alle Moleküle ein **asymmetrisches C_2-Atom**, sie sind also chiral gebaut und gehören der L-Reihe an.

Wichtige Eigenschaften und Reaktionen der Aminosäuren werden am Beispiel des Glycins vorgestellt.

Eigenschaften von Glycin. Die Aminosäure mit dem einfachsten Molekülbau ist Glycin. Das Glycinmolekül enthält zwei funktionelle Gruppen, eine Carboxygruppe $-COOH$ (Säuregruppe) und eine Aminogruppe $-NH_2$. Der systematische Name des Glycins lautet Aminoethansäure.

Glycin ist ein kristalliner Feststoff, der sich beim Erhitzen auf ca. 230 °C zersetzt, ohne zu schmelzen. Dies weist darauf hin, dass starke Kräfte zwischen den Teilchen wirken.Wässrige Lösungen von Glycin sind nur sehr schwach sauer (pH ≈ 6) und leiten den elektrischen Strom schlechter als gleich konzentrierte Lösungen von Essigsäure.

Zwitterionen

Glycin ist – wie andere Aminosäuren auch – aus Zwitterionen aufgebaut. Die Moleküldarstellung (s. o.) wird nur aus formalen Gründen vorgenommen. Die Anziehungskräfte zwischen benachbarten Zwitterionen im Gitter sind so stark, dass eine Zufuhr von Energie teilweise zur Spaltung von Atombindungen innerhalb der Zwitterionen führt, bevor diese sich voneinander trennen. Zwitterionen bewegen sich im elektrischen Feld nicht von der Stelle, sie richten sich lediglich aus, sodass ihre Ladungsenden den entsprechenden Elektroden zugewandt sind. Die Bildung einer sauren Lösung ist darauf zurückzuführen, dass die NH_3^+-Gruppe gegenüber Wassermolekülen als Protonendonator fungiert.

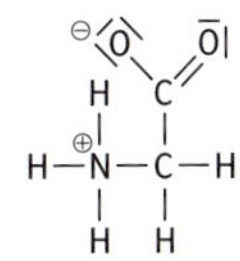

Glycin, Zwitterion

$$H_3N^+-CH_2-COO^- + H_2O \rightleftharpoons H_2N-CH_2-COO^- + H_3O^+$$

Das Gleichgewicht liegt weit auf der linken Seite, die elektrische Leitfähigkeit ist also gering.

Zwitterionen können bei Anwesenheit von Basen bzw. Säuren als Protonendonatoren sowie auch als Protonenakzeptoren fungieren Bei Protonenabgabe entstehen aus den Zwitterionen Glycinanionen, bei Protonenaufnahme Glycinkationen.

In stark saurer Lösung liegen vorwiegend Glycinkationen, in stark alkalischer Lösung Glycinanionen vor.

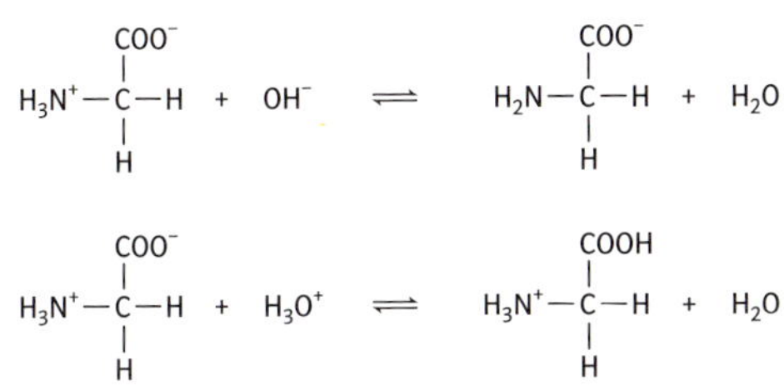

Säure-Base-Reaktionen der Zwitterionen des Glycins

Zwitterionen können als Protonendonatoren und als Protonenakzeptoren wirken.

Titrationskurve von Glycin

Die Titrationskurve von salzsaurer Glycinlösung mit Natronlauge zeigt zwei Abschnitte, in denen sich der pH-Wert nur gerinfügig verändert. In diesen beiden Bereichen liegen Puffergleichgewichte (➤ S. 66) vor. Dazwischen liegt ein Abschnitt, in dem der pH-Wert sich sprunghaft verändert.

pK_{S1} und pK_{S2} kennzeichnen die pH-Bereiche mit Pufferwirkung.

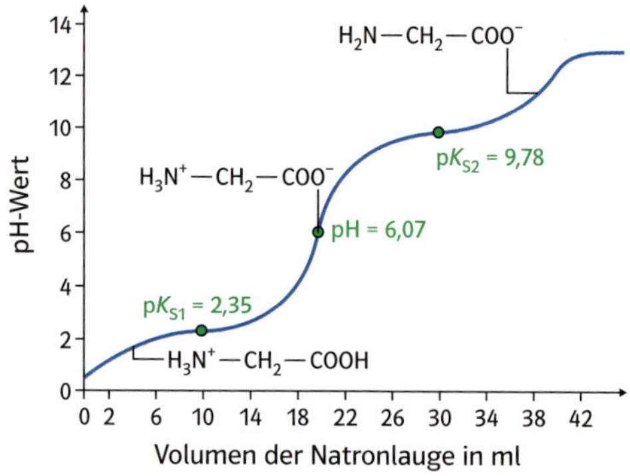

Titrationskurve von Glycin

Deutung des Kurvenverlaufs

In der salzsauren Lösung sind zu Beginn der Titration vorwiegend Glycinkationen vorhanden. Mit der Zugabe von Natronlauge entstehen durch Reaktion mit OH^--Ionen aus ihnen immer mehr Zwitterionen.

saurer Pufferbereich

Bei pH = 2,35 wird ein Wendepunkt erreicht. Hier gilt:

$$c\,(H_3N^+{-}CH_2{-}COOH) = c\,(H_3N^+{-}CH_2{-}COO^-)$$

Oberhalb von pH = 2,35 überwiegen die Zwitterionen im Gleichgewicht.

Am IEP besitzt die Konzentration an Zwitterionen ein Maximum, die elektrische Leitfähigkeit ein Minimum.

Bei pH = 6,07 liegt der zweite Wendepunkt der Kurve vor, die Konzentration an Zwitterionen hat ein Maximum erreicht. Kationen und Anionen des Glycins sind in gleicher und sehr geringer Konzentration vorhanden. Die Summe aller positiven und negativen Ladungen der Glycinionen ist gleich. Dieser pH-Wert wird der **isoelektrische Punkt** (IEP) genannt.

Bei weiterer Zugabe von OH^--Ionen nimmt die Konzentration an Zwitterionen wieder ab und entsprechend die an Glycinanionen zu.

Bei pH = 9,78 liegt ein dritter Wendepunkt vor. Hier gilt:

alkalischer Pufferbereich

$$c\,(H_3N^+{-}CH_2{-}COO^-) = c\,(H_2N{-}CH_2{-}COO^-)$$

Oberhalb von pH = 9,78 überwiegen die Glycinanionen im Gleichgewicht. Ab etwa pH = 12 liegen fast ausschließlich Glycinanionen vor. Der pH-Wert wird nur noch von der zugegebenen Natronlauge bestimmt.

Die Titrationskurven der übrigen Aminoäuren verlaufen im Prinzip ähnlich. Allerdings können sie einen zusätzlichen Pufferbereich zeigen, wenn sie eine weitere funktionelle Gruppe besitzen, die Säure-Base-Reaktionen eingehen kann.

Cystein

Das Molekül der Aminosäure Cystein ist durch eine Besonderheit gekennzeichnet, die für die Struktur von Proteinmolekülen von großer Bedeutung ist. Es besitzt eine Thiolgruppe –SH, die mit einer zweiten –SH-Gruppe reagieren kann.

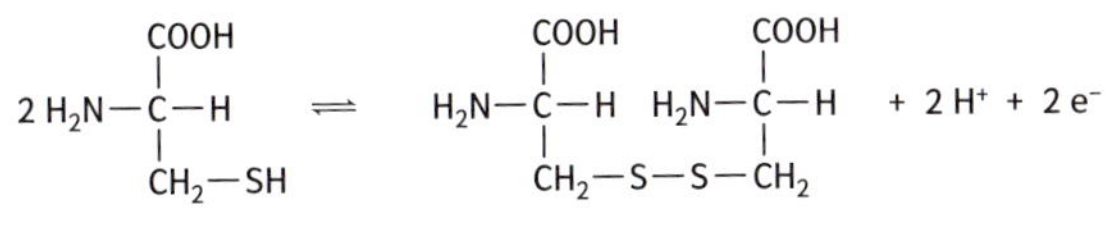

Cystein-/Cystin-Gleichgewicht

Peptide

Die Peptidbindung

In formaler Hinsicht entsteht die Bindung zwischen zwei Aminosäuremolekülen, indem die Aminogruppe des einen Moleküls mit der Carboxygruppe des anderen Moleküls reagiert. Es handelt sich um eine Kondensation. Die dabei entstehende Atomgruppierung –CO–NH– nennt man die Peptidgruppe (Amidgruppe). Die betreffenden Stoffe heißen Peptide.

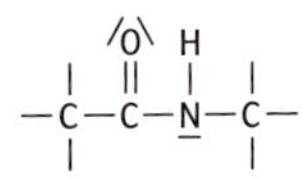

Peptidgruppe

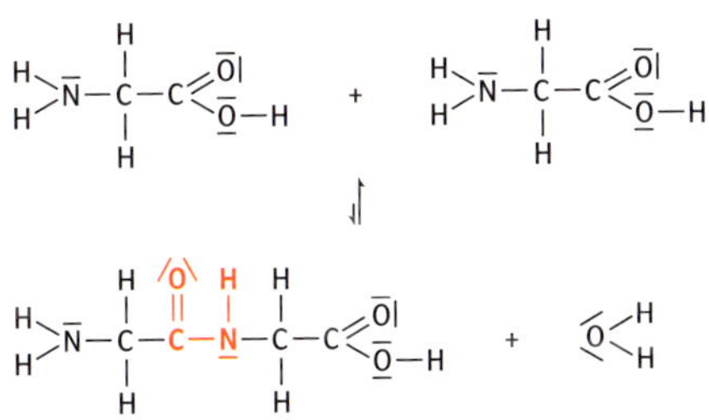

Formale Bildung eines Dipeptids

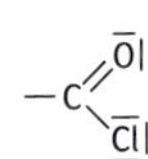

Säurechloridgruppe

Unter Normalbedingungen liegt das Gleichgewicht weit auf der Seite der Aminosäuren. Das bedeutet, dass Aminosäuren z. B. in wässriger Lösung nicht spontan zu Dipeptiden reagieren. Die Reaktion ist endergonisch. Bei der Biosynthese von Proteinen ist sie mit der exergonischen Hydrolyse von ATP gekoppelt. Peptide sind metastabile Verbindungen, deren Zerfallsgeschwindigkeit vernachlässigbar ist. Eine Verknüpfung im Labor gelingt, wenn die Aminosäuren zuvor aktiviert werden, indem z. B. ein Säurechlorid eingesetzt wird.

Struktur der Peptidgruppe

Natürlich vorkommende Peptide liegen in der trans-Konformation vor.

Röntgenstrukturuntersuchungen ergeben, dass alle an der Peptidgruppe beteiligten Atome (C, N, O, H) in einer Ebene liegen. Es herrscht keine freie Drehbarkeit um die C–N-Achse. Der C–N-Abstand in der Peptidgruppe ist mit 132 pm kleiner ist als der in einer C–N-Bindung in Aminen (147 pm), aber größer als in einer $C{=}N^+$-Bindung zu erwarten ist (127 pm). Der Bindungszustand kann durch zwei **mesomere Grenzformeln** wiedergegeben werden. Ähnlich wie bei den Alkenen gibt es eine cis-trans-Isomerie. In natürlich vorkommenden Peptiden liegt immer die trans-Konfiguration vor.

Die beschriebenen Bindungsverhältnisse sind von großer Bedeutung für die Strukturen der Proteinmoleküle.

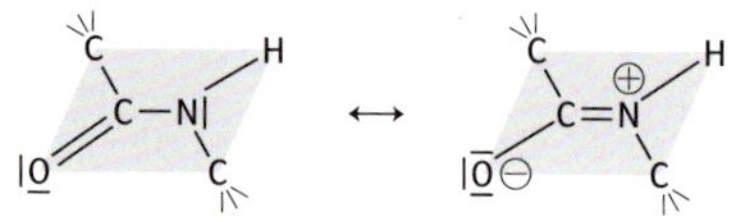

Mesomere Grenzformeln der Peptidgruppe

Benennung von Peptiden

Der systematische Name eines Peptids wird gebildet, indem die Aminosäure, deren Molekül die Carboxygruppe für die Peptidbindung liefert, die Endsilbe „-yl" erhält. So können beispielsweise zwei unterschiedlich gebaute Dipeptide, deren Moleküle aus Glycin- und Alanineinheiten aufgebaut sind, eindeutig benannt werden: Glycylalanin bzw. Alanylglycin.

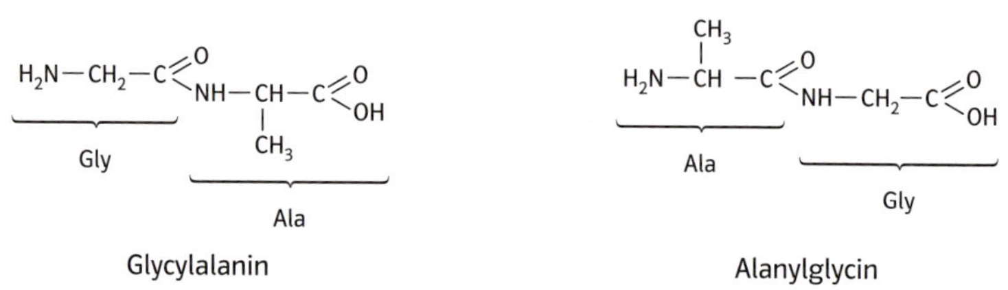

Verschiedene Dipeptide: Glycylalanin und Alanylglycin

Mit Kürzeln für die Namen der Aminosäuren werden lange Namen für Peptide vermieden. Meist werden die aus drei Buchstaben bestehenden Kürzel benutzt. Eine Peptidkette wird vereinbarungsgemäß so dargestellt, dass die Aminogruppen jeweils nach links und die Carboxygruppen nach rechts zeigen.
Polypeptide, deren Moleküle aus mehr als 100 Aminosäureeinheiten aufgebaut sind und eine biologische Funktion besitzen, werden Proteine genannt.

Nachweis von Proteinen

Proteine können z.B. durch die Biuretreaktion nachgewiesen werden. Im alkalischen Milieu verfärbt sich hierbei eine Eiweiß-Lösung durch Kupfer(II)-sulfat-Lösungszugabe violett. Bei der Reaktion entsteht ein farbiger Komplex mit Cu^{2+}-Ionen. Ninhydrin kann ebenfalls verwendet werden. Der Nachweis findet bei kleineren Proteinen Anwendung, da Ninhydrin nur mit freien Aminogruppen reagiert und diese bei größeren Proteinen kaum vorhanden sind. Verläuft der Nachweis positiv, entsteht eine intensive violette Farbe.

Struktur von Proteinmolekülen

Primärstruktur

Die Aminosäuresequenz eines Proteinmoleküls wird Primärstruktur genannt. Sie kann mithilfe des Enzyms **Carboxypeptidase** bestimmt werden. Das Enzym katalysiert ausschließlich die Hydrolyse der Peptidbindung, mit der diese endständige Aminosäure an das restliche Peptid gebunden ist. Sie lässt sich nach Zusatz des Enzyms als erste abgespaltene Aminosäure nachweisen. Im Laufe der Zeit folgen weitere Aminosäuren, die vom C-terminalen Ende her nach und nach abgespalten werden. Sie können chromatographisch identifiziert werden.

Die Aminosäure-Sequenz bildet die Primärstruktur.

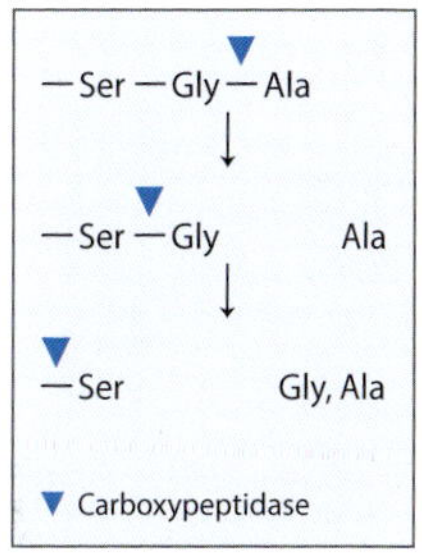

Zur Aufklärung der Aminosäuresequenz langer Peptidketten ist es notwendig, diese vorher zu **fragmentieren**, d.h. hydrolytisch in kleinere Stücke zu spalten. Dazu können bestimmte Enzyme, Proteasen, eingesetzt werden, die eine Spaltung der Peptidketten nur an ganz bestimmten Stellen katalysieren. Die verschiedenen Peptidbruchstücke werden voneinander isoliert, anschließend wird ihre Aminosäuresequenz bestimmt. Wird das zu untersuchende Protein parallelen Fragmentierungen durch verschiedene Enzyme unterworfen, erhält man unterschiedliche Bruchstücke mit teilweise überlappenden Aminosäuresequenzen, mit deren Hilfe die vollständige Aminosäuresequenz des ganzen Proteinmoleküls ermittelt werden kann.

Proteasen: Enzyme, die Peptidbindungen hydrolytisch spalten

Die Aminosäure-Sequenz lässt sich durch Fragmentierung mit verschiedenen Proteasen und Analyse der Bruchstücke ermitteln.

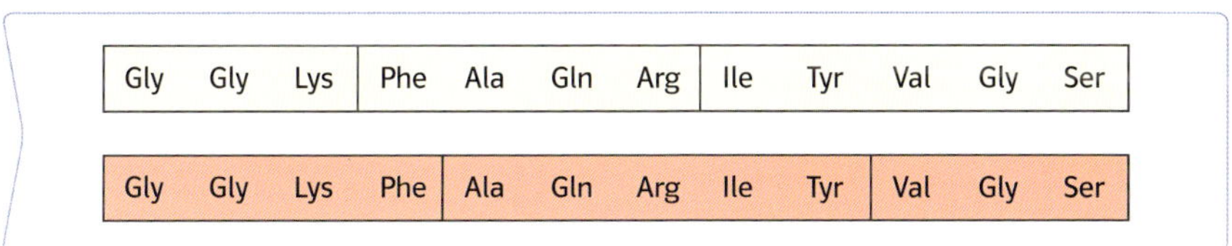

Beispiel für die Feststellung einer Aminosäuresequenz nach Fragmentierung

Sekundärstruktur

Darstellung einer Wasserstoffbrücke

$>C=\overline{O}| \cdots H-\overline{N}-$

Viele Polypeptidmoleküle bilden regelmäßige inner- bzw- intermolekulare Anordnungen durch Ausbildung von **Wasserstoffbrücken** zwischen einer C=O- und einer N–H-Gruppe verschiedener Peptidgruppen. Dadurch wird die Sekundärstruktur ausgebildet. Die am häufigsten auftretenden Anordnungen sind eine schraubenförmige Struktur (α-Helix) und eine Faltblattstruktur (β-Faltblatt). Die Kennzeichnung mit den griechischen Buchstaben hat keinen systematischen Hintergrund. Sie spiegelt die Reihenfolge der Entdeckung dieser Strukturen wieder.

Helix und Faltblatt sind wichtige Sekundärstrukturen. Die Anordnung der Kette(n) wird durch Wasserstoffbrücken bewirkt.

In ein und demselben Proteinmolekül können Helix, Faltblattstruktur und ungeordnete Strukturen (Zufallsknäuel) nebeneinander in einzelnen Bereichen vorliegen. Die Helixstruktur der Keratinmoleküle von Haaren oder Wolle kann in feuchter Wärme unter Einwirkung von Zugkraft in eine Faltblattstruktur umgewandelt werden.

α-Helix. Bei dieser Struktur windet sich das Molekül schraubenförmig um seine Achse. Die Wendel wird durch **Wasserstoffbrücken** innerhalb der Kette zusammengehalten. Nach 3,6 Aminosäureeinheiten ist eine Windung mit einer Ganghöhe von 540 pm durchlaufen. Die Windungen der Proteinkette sind wie die eines Korkenziehers angeordnet. Die Aminosäurereste weisen von der Helix ausgehend nach außen. Diese Anordnung ist aus räumlichen Gründen besonders günstig, wenn Aminosäuren mit voluminösen Molekülresten vorliegen.

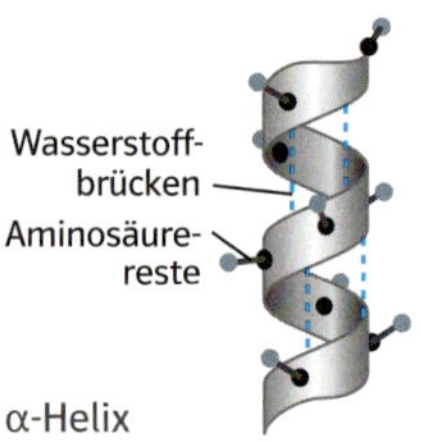

α-Helix

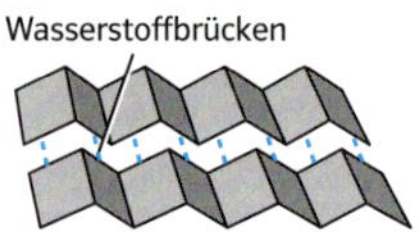

β-Faltblatt

β-Faltblatt. Bei der Faltblattstruktur ordnen sich mehrere Peptidketten so nebeneinander an, dass die Peptidgruppen wie in den Flächen und die dazwischen liegenden C-Atome wie in den Kanten eines mehrfach gefalteten Blattes liegen. Benachbarte Ketten werden durch Wasserstoffbrücken zusammengehalten. Die Restgruppen (R) stehen abwechselnd oberhalb und unterhalb des gefalteten Blattes. Insgesamt liegen die Seitengruppen jedoch ziemlich dicht beieinander, sodass sperrige oder gleich geladene Reste die Anordnung stören. Häufig liegt eine gegenläufige Faltblattstruktur vor.

Größere Faltblattstrukturbereiche kommen nur dann zustande, wenn die Reste relativ klein sind. Die Proteinketten der Moleküle der Naturseide, die ausschließlich in der Faltblattstruktur angeordnet sind, bestehen zu 86 % aus Aminosäurebausteinen mit kleinen Resten (Glycin, Alanin und Serin).

Tertiärstruktur

Die verknäuelte Gestalt der α-Helix wird Tertiärstruktur genannt. Vor allem die folgenden Bindungsarten, die von den Resten der Aminosäuren ausgehen, sind an der Bildung der Tertiärstruktur beteiligt:

Als Tertiärstruktur wird die verknäuelte Anordnung einer Helix bezeichnet.

1. Disulfidbrücken zwischen Cysteinresten,
2. Wasserstoffbrücken,
3. Ionenbindungen zwischen funktionellen Gruppen,
4. Van-der-Waals-Kräfte zwischen unpolaren Molekülteilen.

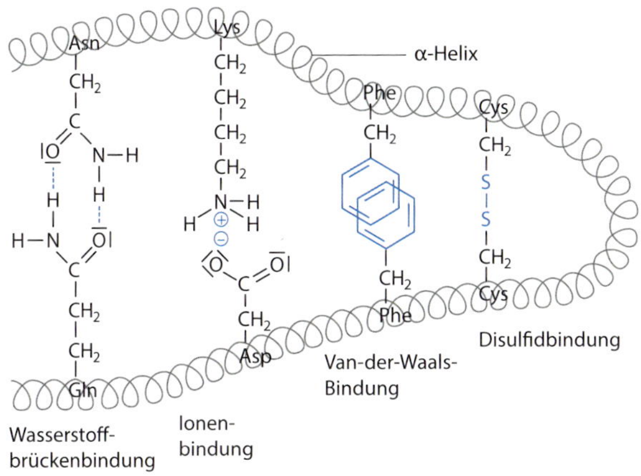

Elemente der Tertiärstruktur von Proteinen

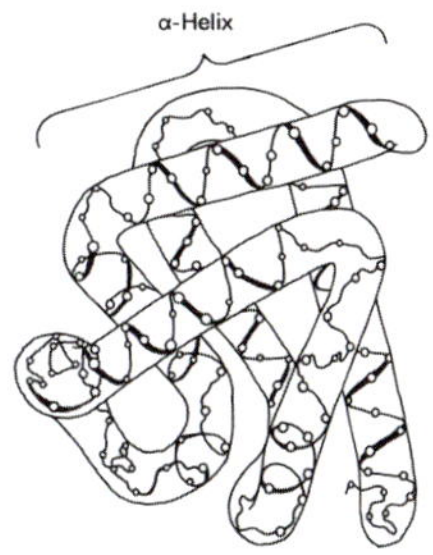

Myoglobinmolekül als Beispiel für eine Tertiärstruktur

Quartärstruktur

Bilden mehrere Proteinmoleküle eine Funktionseinheit, so spricht man von der Quartärstruktur. Der Zusammenhalt der Moleküle wird durch die gleichen Bindungsarten bewirkt, die auch die Tertiärstruktur bedingen.

Eine Quartärstruktur liegt dann vor, wenn mehrere Proteinmoleküle eine Funktionseinheit bilden.

Beispiele:
- Die Moleküle des Hämoglobins sind aus vier Polypeptidketten zusammengesetzt.
- Im α-Keratin der Haare z. B. sind drei α-Helices umeinander herum zu einer linksgängigen Schraube gewunden.

Dauerwelle

Chemische Vorgänge:
- Öffnen von S–S-Brücken durch Reduktion
- Formgebung durch Lockenwickler
- Schließen von S–S-Brücken in neuer Position durch Oxidation

Die Verformung der Haare nach dem Dauerwellverfahren beruht darauf, dass Disulfidbrücken durch ein Reduktionsmittel („Wellmittel“) geöffnet und nach erfolgter Formgebung z. B. durch Lockenwickler, durch ein Oxidationsmittel („Fixiermittel“) wieder geschlossen werden. Dabei werden Cysteineinheiten miteinander verbunden, die zuvor in die gewünschte Position gebracht wurden. Als Wellmittel kann z. B. eine alkalische Lösung von Ammoniumthiogycolat, als Oxidationsmittel eine Lösung von Wasserstoffperoxid eingesetzt werden.

Chemische Vorgänge beim Dauerwellverfahren

a) Öffnen der Disulfidbrücken

$$\text{Cys—S—S—Cys} + 2\,\text{HS—CH}_2\text{—COO}^-\text{NH}_4^+ \longrightarrow$$

$$\text{Cys—SH} + \text{HS—Cys}$$

$$+ \ \text{H}_4\text{N}^{+\,-}\text{OOC—CH}_2\text{—S—S—CH}_2\text{—COO}^-\text{NH}_4^+$$

b) Schließen der Disulfidbrücken

$$\text{Cys—SH} + \text{HS—Cys} + \text{H}_2\text{O}_2 \longrightarrow \text{Cys—S—S—Cys} + 2\,\text{H}_2\text{O}$$

Bedeutung von Proteinen für den Körper

Proteine gehören zu den Grundbausteinen des Körpers. Sie haben vielfältige Funktionen im menschlichen Organismus. Beispielsweise sind sie wichtiger Bestandteil von Muskulatur, Haut und Knochen, aber auch von Enzymen und Hormonen und ermöglichen so wichtige Stoffwechselvorgänge im Körper.

Biologisch wichtige organische Verbindungen

Stoffe, deren Moleküle sich wie Bild und Spiegelbild verhalten, sind **chiral**. Voraussetzung ist ein von vier verschiedenen Bindungspartnern umgebenes asymmetrisch gebautes C-Atom. Die betreffenden Substanzen heißen Enantiomere. Sie lassen sich durch die unterschiedliche Drehung der Ebene des linear polarisierten Lichtes unterscheiden. Diese Fähigkeit wird optische Aktivität genannt. Sie kann mit einem Polarimeter bestimmt werden.

Die Positionen der Bindungspartner eines asymmetrischen C-Atoms können mit der Fischer-Projektion eindeutig in einer Ebene dargestellt werden.

Weinsäure kommt als L(+)-, D(–)- und meso-Weinsäure vor. Die Moleküle besitzen zwei asymmetrische C-Atome.

D-Glucose ist eine D-Aldohexose. Die Moleküle kommen in Kettenform und in zwei anomeren Ringformen vor (α-D-Glucose, β-D-Glucose) Die Stellung der OH-Gruppe am C_5-Atom bedingt die Zuordnung zur D-Reihe. In einer frisch hergestellten Lösung, die nur eines der Anomere enthält, stellt sich durch Mutarotation ein Gleichgewicht mit beiden Anomeren ein.

Stereoisomere, die keine Enantiomere sind, heißen **Diastereomere**.

Fructose ist eine Ketohexose, deren Moleküle über die Keto-Enol-Tautomerie in alkalischer Lösung mit denen der Glucose ein Gleichgewicht ausbilden.

Saccharose, Lactose und Maltose sind **Disaccharide**. Saccharosemoleküle sind Acetale und nicht reduzierend, die anderen beiden Moleküle sind reduzierende Halbacetale.

Stärke- und Cellulosemoleküle sind aus Glucoseeinheiten aufgebaute **Makromoleküle**. Bei Stärke liegt α-glycosidische, bei Cellulose β-gylcosidische Bindung vor.

Fettmoleküle sind Ester der Fettsäuren und des Glycerins. Biodiesel wird aus Rapsöl durch Umesterung mit Methanol (fossil) hergestellt.

Aminosäuren besitzen die Carboxy- und die Aminogruppe sowie evtl. weitere funktionelle Gruppen. Sie sind aus Zwitterionen aufgebaut. Diese können gegenüber Basen/Säuren als Protonendonatoren/-akzeptoren fungieren. Außer bei Glycin ist das C_2-Atom asymmetrisch und liegt stets in der L-Konfiguration vor.

Die Bindung, die durch Reaktion einer Carboxy- mit einer Aminogruppe entsteht, heißt **Peptidbindung**. Die zur Peptidgruppe gehörenden Atome liegen in einer Ebene. Die Bindungsverhältnisse innerhalb der Peptidgruppe können durch mesomere Grenzformeln beschrieben werden.

Die Sequenz der Aminosäuren in einem Polypeptidmolekül (Proteinmolekül) wird Primärstruktur genannt. α-Helix und β-Faltblatt sind Sekundärstrukturen. Die verknäuelte Gestalt einer α-Helix wird Tertiärstruktur genannt. Die Quartärstruktur wird von mehreren Proteinmolekülen ausgebildet, die eine Funktionseinheit bilden.

AUF EINEN BLICK

Entstehung von Farbwahrnehmung

Elektromagnetische Strahlung mit einem Bereich der Wellenlängen zwischen ca. 380 und 780 nm wird vom menschlichen Auge als Licht mit bestimmter Farbe wahrgenommen.

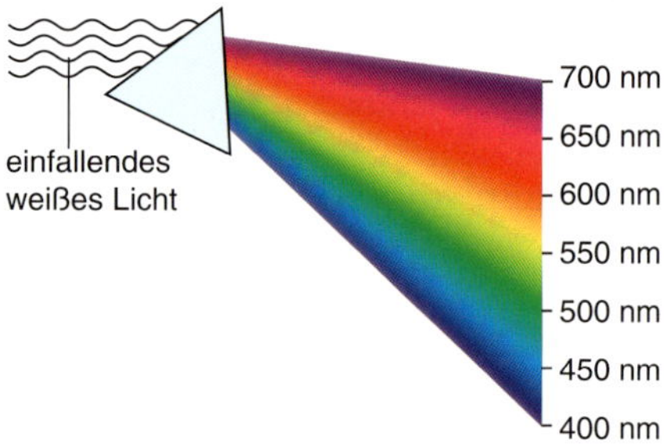

Farbmischungen

Aus drei Grundfarben Rot, Grün und Blau können durch additive bzw. subtraktive Farbmischung beliebige Farben erzeugt werden.

Additive Farbmischung

Subtraktive Farbmischung

Molekülstruktur von Farbstoffen

Elektronen in konjugierten Doppelbindungen sind durch Lichtquanten geringer Energie anregbar.

Benzol

farblos

Anilin

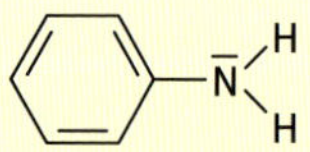

schwach gelb

4-Nitroanilin

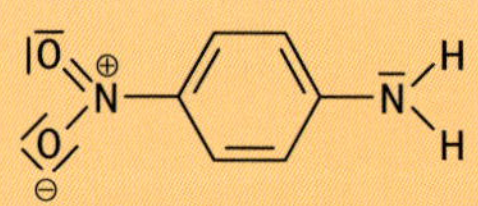

gelborange

Ein Chromophor

ist der Teil eines Moleküls, dessen Elektronen für die Lichtabsorption verantwortlich sind und der somit dem Stoff Farbe verleiht.

9 Farbstoffe

Azofarbstoffe

In den Molekülen dieser Farbstoffklasse sind zwei aromatische Systeme durch die Azogruppe $-\overline{N}=\overline{N}-$ miteinander verbunden.

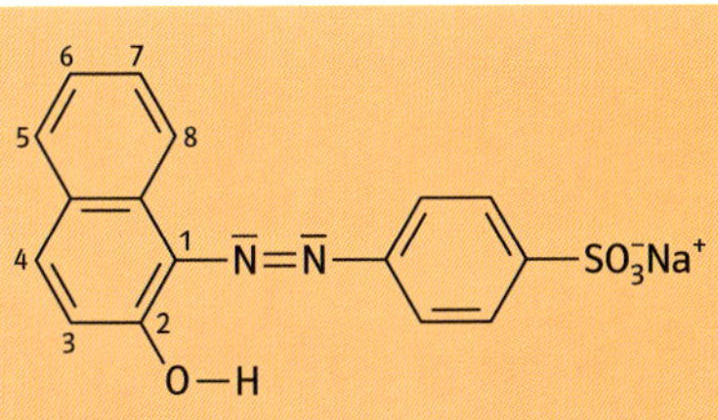

Orange II

Die Synthese von Azofarbstoffen erfolgt in zwei Schritten: Diazotierung und Azokuppelung.

Weitere Farbstoffklassen

sind Triphenylmethanfarbstoffe, Carbonylfarbstoffe, Anthrachinonfarbstoffe.

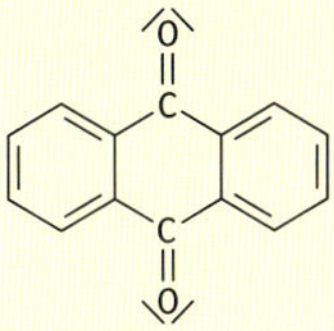

Anthrachinon

Indigo

Bei der Färbung von Textilien mit dem blauen Farbstoff wird die auf einem Redoxprozess beruhende Küpenfärbung angewandt.

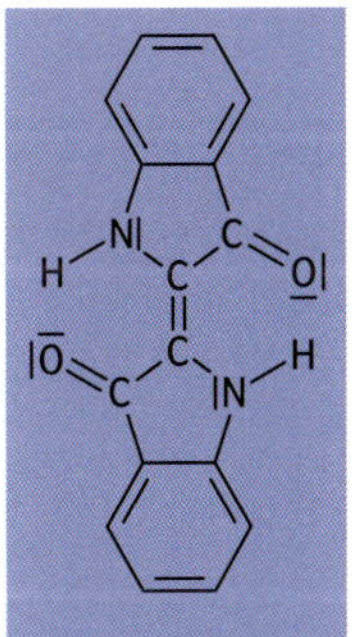

Indigo

Färbeverfahren

Zur Färbung von Textilien werden unterschiedliche Färbeverfahren eingesetzt, bei denen eine Bindung zwischen Faser und Farbstoff entsteht.

9 Farbstoffe

- Elektromagnetische Wellen mit Wellenlängen zwischen 380 und 780 nm werden vom menschlichen Auge als Farben wahrgenommen.
- Aus den drei Grundfarben Blau, Grün und Rot können durch Farbmischung beliebig viele Farben erzeugt werden.
- Komplementärfarben ergänzen sich additiv zu weißem Licht.
- Moleküle mit konjugierten Doppelbindungen sind durch Lichtquanten anregbar.
- Der farbgebende Teil eines Moleküls wird Chromophor genannt.
- Azofarbstoffe bilden eine wichtige Klasse von Farbstoffen. Ihre Synthese erfolgt in zwei Schritten: Diazotierung und Azokupplung.
- Zur Textilfärbung mit Indigo wird ein spezielles Verfahren, die Küpenfärbung, angewandt.
- Zur Färbung verschiedener Faserstoffe stehen unterschiedliche Färbeverfahren zur Verfügung.

Licht und Farbe

Entstehung von Farbwahrnehmung

Farbgebende Stoffe werden als **Farbmittel** bezeichnet. Sie werden unterteilt in **Farbstoffe**, die im verwendeten Medium löslich sind, und **Pigmente**, die in ungelöster Form eingesetzt werden.

Der Bereich elektromagnetischer Strahlung mit Wellenlängen zwischen 380 und 780 nm wird vom menschlichen Auge als Licht wahrgenommen. Weißes Licht lässt sich z. B. mit einem Prisma in Spektralfarben zerlegen.

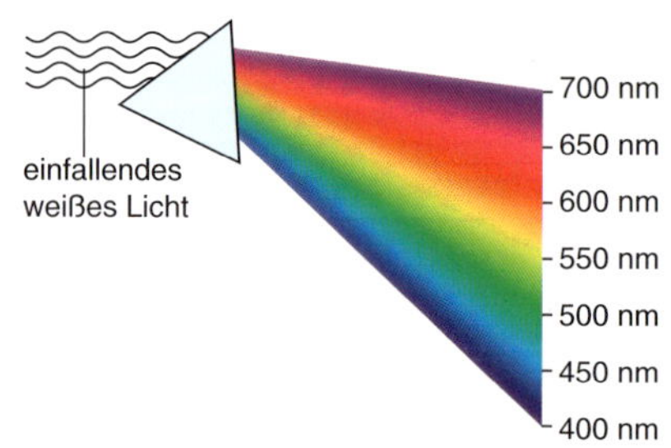

Zerlegung von weißem Licht in Spektralfarben

Ein Gegenstand kann nur dann farbig wahrgenommen werden, wenn er mit Licht bestrahlt wird und Teile der Spektralfarben absorbiert. Durch das emittierte oder reflektierte Restlicht erscheint der Gegenstand farbig. Aus dem physiologischen Reiz auf der Netzhaut des Auges, hervorgerufen durch die elektromagnetische Strahlung, entsteht im Gehirn eine Farbempfindung.

Farbmischungen

Bei der **additiven Farbmischung** werden die verschiedenen Farben übereinander projiziert oder die Flächenelemente der Farben erscheinen wie beim Farbfernsehen unter so kleinem Gesichtswinkel, dass sie vom Auge nicht mehr getrennt werden können. Projiziert man drei Grundfarben – Rot, Grün und Blau – übereinander, entsteht Weiß. Weißes Licht entsteht durch additive Mischung seiner Spektralfarben. Zwischen reinen Spektralfarben und durch Addition entstandenen Farbgemischen kann das Auge/Gehirn-System nicht unterscheiden. **Optische Aufheller** absorbieren ultraviolette Strahlung und emittieren blauviolettes Fluoreszenzlicht. Einer vergilbten Textilfaser verleihen sie durch additive Farbmischung dadurch wieder ein weißes Aussehen.

Optische Aufheller wirken durch Fluoreszenz (λ (absorbiertes UV-Licht) < λ (emittiertes Blaulicht)) und additive Farbmischung.

Additive Farbmischung

Subtraktive Farbmischung

Werden die Farben eines Malkastens miteinander gemischt, so entstehen neue Farben durch **subtraktive Farbmischung**. Hierbei wird von jeder Farbe ein spezieller Teil des weißen Lichts absorbiert, d.h. es werden insgesamt mehr Spektralbereiche als durch einen einzelnen Farbstoff herausgefiltert Das Restlicht erscheint durch additive Mischung als einheitliche Farbe. Druckt man die Grundfarben Cyan (Blau), Gelb und Magenta (Rot) übereinander, erfolgt eine vollständige Absorption. Das Überlappungsfeld erscheint schwarz.

Komplementärfarben

Entfernt man aus dem weißen Licht durch Absorption eine Spektralfarbe, z.B. Blau, so ergibt das Restlicht die Farbe Gelb. Dieses Gelb entsteht durch additive Mischung der verbliebenen Spektralanteile. Fügt man das entfernte Blau z.B. durch Projektion wieder zu, ergibt sich weißes Licht. Das gleiche Ergebnis erhält man bei dem reziproken Experiment, bei dem Gelb entfernt und Blau zugefügt wird. Die ausgeblendete Farbe und die durch Mischung des Restlichts entstandene Farbe heißen deshalb **Komplementärfarben**. Die verschiedenen Paare von Komplementärfarben sind in der Abbildung rechts kreisförmig gegenübergestellt. Diese Anordnung enthält zusätzlich die Farbe Purpur, die im Spektrum des weißen Lichtes nicht enthalten ist.

Komplementärfarben

Farbe und Molekülstruktur

Bei der Absorption von Licht bestimmter Wellenlänge werden Elektronen der Moleküle einer Verbindung von einem Grundzustand mit der Energie E_1 in einen angeregten Zustand mit der höheren Energie E_2 gebracht. Die dazu nötige Energie $\Delta E = E_2 - E_1$ entspricht der Energie eines Strahlungsquants. Sie nimmt mit steigender Wellenlänge der Strahlung ab.

Elektronen nicht bindender Elektronenpaare und Elektronen in konjugierten Doppelbindungen sind durch Lichtquanten geringer Energie ΔE anregbar. Je länger das konjugierte Doppelbindungssystem eines Moleküls wird, desto mehr verschiebt sich das Absorptionsmaximum in den Bereich des sichtbaren Lichtes. Die Ursache dafür liegt darin, dass mit steigender Molekülgröße die Abstände zwischen den Energieniveaus der Doppelbindungselektronen immer kleiner werden, sodass die zur Anregung von Elektronen benötigte Energie eines Strahlungsquants geringer wird. So liegt z. B. das Absorptionsmaximum von 1,3-Butadien bei 217 nm im UV-Bereich. Diese Verbindung ist farblos. Ein Polyen mit acht konjugierten Doppelbindungen absorbiert dagegen im kurzwelligen violetten Bereich des sichtbaren Spektrums und erscheint in der entsprechenden Komplementärfarbe.

Polyene

$H_3C(-HC{=}CH)_m-CH_3$

λ_{max} der absorbierten Farbe	Komplementärfarbe	m
217 nm	UV (farblos)	2
257 nm		3
300 nm		4
317 nm		5
344 nm		6
368 nm		7
386 nm		8
413 nm		9

Chromophor: Lichtabsorbierender, farbgebender Molekülteil

Das farbgebende Elektronensytem wird **Chromophor** genannt.

Bathochromie

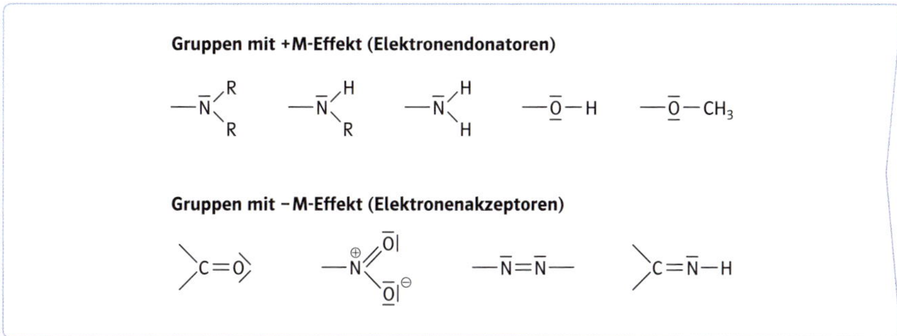

Gruppen mit +/− M-Effekt (→ S. 162)

Ein konjugiertes Doppelbindungselektronensystem kann durch verschiedene funktionelle Gruppen erweitert werden. Diese Molekülgruppen haben entweder einen Elektronen liefernden +M-Effekt (Auxochrome) oder einen Elektronen ziehenden −M-Effekt (Antiauxochrome). Sie vergrößern den Chromophor und ihre Elektronen beteiligen sich an der Mesomerie des Elektronensystems.

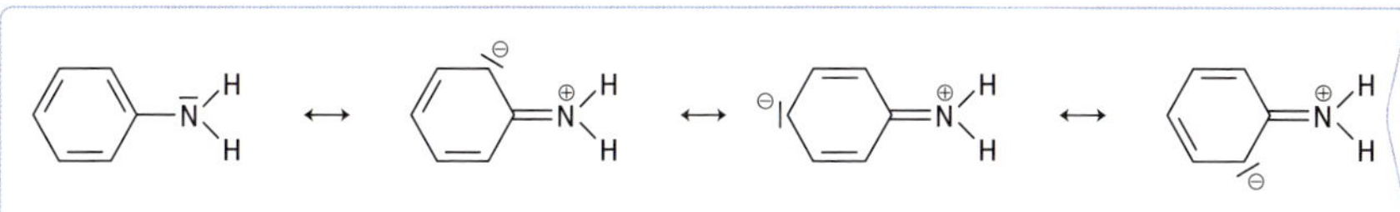

Grenzformeln von Anilin. Beispiel eines Auxochroms.

Dadurch verursachen sie eine zu längerwelligem Licht verschobene Absorption: **bathochrome** (farbvertiefende) **Verschiebung**. Eine Verstärkung der bathochromen Verschiebung tritt dann ein, wenn eine Gruppe mit einem +M-Effekt mit einer solchen mit −M-Effekt am entgegengesetzten Ende eines Chromophors zusammenwirkt.

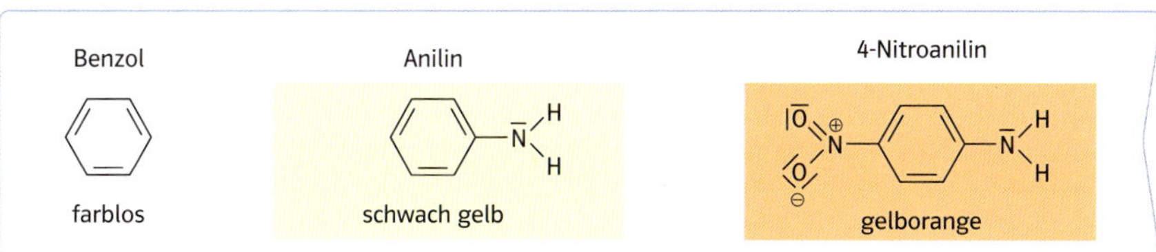

Farben von Benzol und Benzolderivaten. Wirkung von Auxochrom und Antiauxochrom.

Azofarbstoffe

Die wichtigste Klasse ausschließlich synthetischer Farbstoffe ist die der Azofarbstoffe. Die Moleküle der Azofarbstoffe lassen sich von der folgenden Formel ableiten:

$$R{-}\overline{N}{=}\overline{N}{-}R'.$$

$-\overline{N}{=}\overline{N}-$
Azogruppe

Dabei verknüpft die **Azogruppe** $-\overline{N}{=}\overline{N}-$ als Teil eines Chromophors zwei meist aromatische Systeme R und R′ miteinander. Die große Vielfalt von Azofarbstoffen geht darauf zurück, dass R und R′ Substituenten enthalten können, die das chromophore System erweitern.

Die Farbigkeit der Azofarbstoffe kommt durch die Ausbildung eines mesomeren Doppelbindungselektronensystems zustande, das sich über Benzolkerne und Azogruppe erstreckt. Dieses wird hier am Beispiel des 4-Aminoazobenzols (Anilingelb) dargestellt:

Mesomere Grenzformeln von Anilingelb

Anilingelb, ein basischer Azofarbstoff

Anilingelb absorbiert im Bereich der Farbe Blau, es erscheint also in der Komplementärfarbe Gelb.

Die Lichtabsorption lässt sich durch den gleichzeitigen Einbau von Elektronendonator- bzw. -akzeptorgruppen (s. Abb. oben) in das entsprechende Molekül gezielt verändern.

Azofarbstoffe, die wie Anilingelb basische Substituenten enthalten, nennt man **basische Azofarbstoffe**. Solche, die einen sauren Substituenten enthalten, z. B. eine Sulfonsäuregruppe wie bei Orange II, sind **saure Azofarbstoffe**.

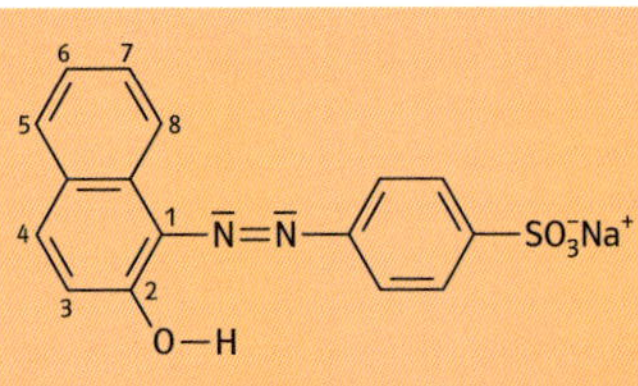

Orange II

Orange II, ein saurer Azofarbstoff

Synthese von Azofarbstoffen

Die Darstellung von Azoverbindungen erfolgt in zwei Schritten: **Diazotierung und Azokupplung**.

Zuerst wird aus einem aromatischen Amin das entsprechende **Diazoniumion** hergestellt. Es ist ein starkes Elektrophil (➛ S. 130). Im zweiten Reaktionsschritt, der **Azokupplung**, wird das Diazoniumion an ein weiteres aromatisches System gebunden.

Synthese eines Azofarbstoffes:
1. Diazotierung
2. Kupplung

Diazotierung

Bei diesem ersten Schritt wird ein primäres aromatisches Amin, z. B. Natriumsulfanilat, in salzsaurer Lösung mit Natriumnitrit versetzt. Da die entstehenden Diazoniumionen schon bei Zimmertemperatur Stickstoffmoleküle abspalten, muss unterhalb einer Temperatur von 5 °C gearbeitet werden.

Azokupplung

Das positiv geladene Diazoniumion wird mit einer aromatischen Verbindung, der Kupplungskomponente, z. B. Dimethylamin, zur Reaktion gebracht. Die Azokupplung wird sowohl durch elektronenziehende Substituenten an der Diazokomponente (Diazoniumion) begünstigt als auch durch Kupplungskomponenten, die Substituenten mit einem +M-Effekt besitzen. Die Kupplungsreaktion verläuft nach dem Mechanismus einer elektrophilen Substitution.

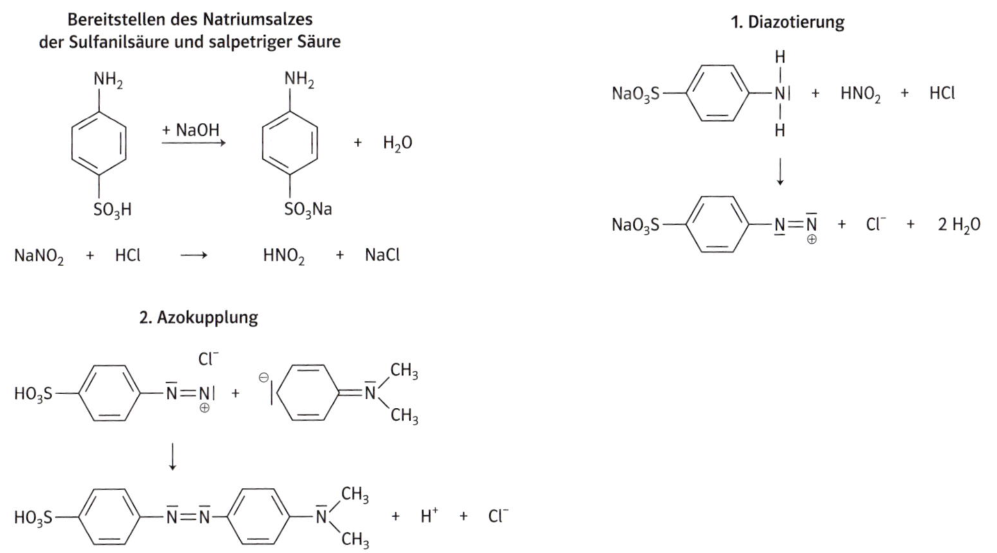

Diazotierung und Azokupplung: Synthese des Azofarbstoffs Methylorange

Weitere Farbstoffklassen

Triphenylmethanfarbstoffe

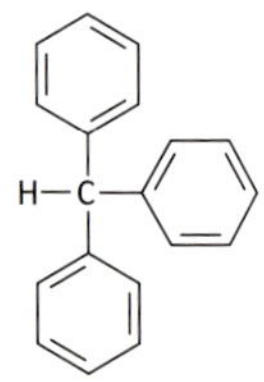

Triphenylmethan

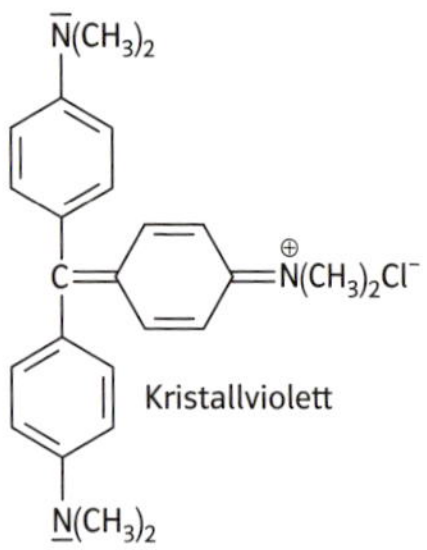

Moleküle von Triphenylmethan und Kristallviolett

Als Beispiel dient Kristallviolett. Während Triphenylmethanmoleküle drei isolierte kleine Systeme delokalisierter Elektronen enthalten, besitzt das Kation des Kristallvioletts einen ausgedehnten Chromophor. Der Farbstoff ist in wässriger Lösung violett.

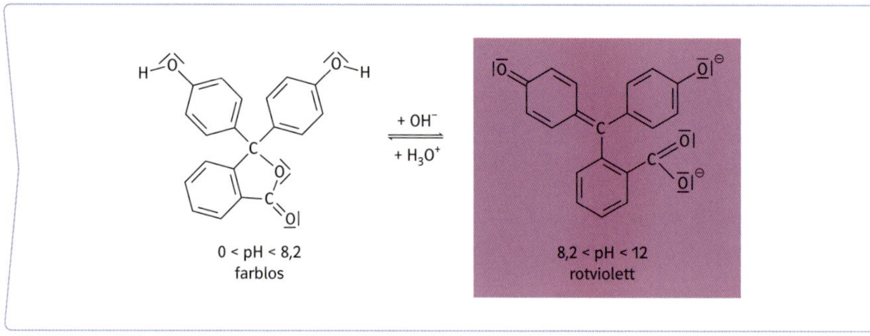

Phenolphthaleinmolekül mit den für eine Titration bedeutsamen pH-Bereichen

Auch der Indikator Phenolphthalein ist ein Triphenylmethanfarbstoff, bei dem nur in alkalischer Lösung (8,2 < pH < 12) ein Chromophor vorliegt. Die ungeladenen Moleküle (0 < pH < 8,2) haben lediglich drei kleine isolierte Systeme delokalisierter Elektronen.

Carbonylfarbstoffe

Die Moleküle der Carbonylfarbstoffe enthalten als Teil des Chromophors eine oder mehrere Carbonylgruppen (→ S. 142).

Zu dieser Farbstoffklasse gehören Indigo und die Anthrachinonfarbstoffe. Zu den letztgenannten gehören Alizarin und die Indanthrenfarbstoffe. Für sie wird ein besonderes Färbeverfahren, die Küpenfärbung, angewendet (s. Abschnitt Küpenfärbung).

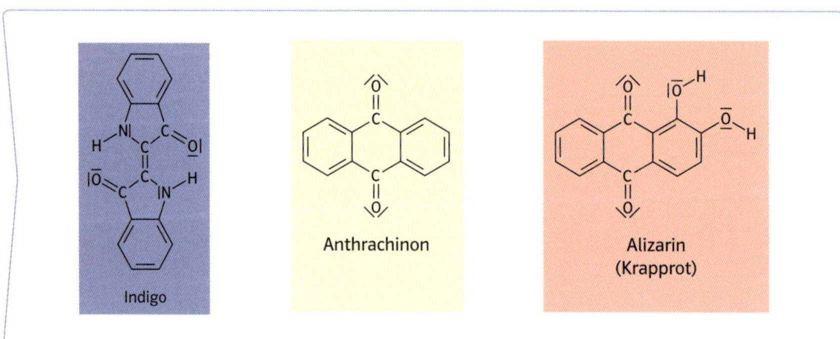

Formel von Indigo und Anthrachinonfarbstoffen

Färbeverfahren für Textilien

Küpenfärbung

a) Oxidation $2\,Na^+ + S_2O_4^{2-} + 4\,OH^- \longrightarrow 2\,Na^+ + 2\,SO_3^{2-} + 2\,H_2O + 2\,e^-$

Reduktion

b) Oxidation

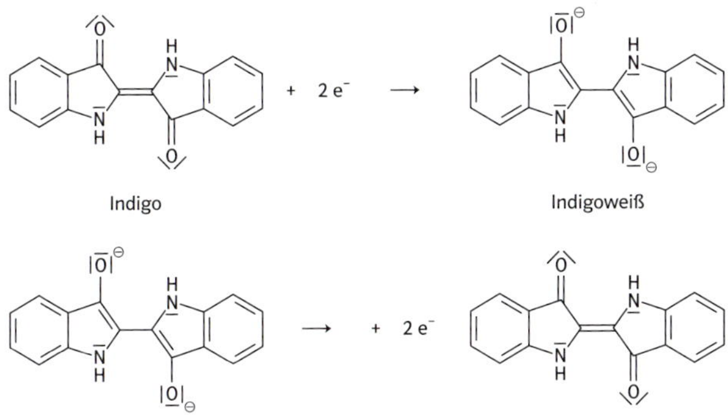

Reduktion $\frac{1}{2}\,O_2 + H_2O + 2\,e^- \longrightarrow 2\,OH^-$

Küpenfärbung am Beispiel Indigo
a) Reduktion von Indigo mit Natriumditionit
b) Rückoxidation beim Trocknen an der Luft

Küpenfarbstoffe sind in Wasser unlöslich und müssen vor dem Färben durch Reduktion in einem alkalischen Medium in eine lösliche Form überführt werden. Als Reduktionsmittel (➤ S. 79) wird eine alkalische Lösung von Natriumdithionit ($Na_2S_2O_4$) eingesetzt. Die Färbeflotte wird Küpe genannt. Nach dem Herausnehmen aus der Färbeflotte wird durch Oxidation mit Luftsauerstoff das Farbpigment auf der Faser wieder hergestellt.

Küpenfärbung: Umwandlung des unlöslichen Farbstoffs durch Reduktion in eine lösliche Form. Nach Durchtränkung mit der Färbeflotte (Küpe) Rückbildung des unlöslichen Farbstoffs durch Oxidation.

Entwicklungsfärbung

Bei diesem Verfahren werden z. B. Azofarbstoffe auf der Faser hergestellt. Die Faser wird zuerst mit der Kupplungskomponente getränkt und dann mit dem Diazoniumsalz versetzt. Die Moleküle des entstehenden Azofarbstoffs haften z. B. durch Van-der-Waals-Kräfte oder Wasserstoffbrücken.

Entwicklungsfärbung: Herstellung des Farbstoffs auf der Faser

Weitere Färbeverfahren im Überblick

Direktfarbstoffe werden vor allem für Baumwolle und andere Fasern auf Cellulosebasis benutzt. Die Farbstoffe werden in kolloider Lösung eingesetzt und haften z. B. durch Ausbildung von Wasserstoffbrücken.

Ionische Farbstoffe dienen zur zur Färbung von Wolle und Seide. Die Farbstoffmoleküle besitzen geladene Gruppen, z. B. Carboxylatgruppen, die mit protonierten Aminogruppen der Fasermoleküle zu einer salzartigen Verbindung reagieren.

Reaktivfarbstoffe werden zur Färbung von Cellulosefasern eingesetzt. Die Moleküle bestehen aus einer Farb- und einer Reaktivkomponente. Letztere gehen mit den Hydroxygruppen der Cellulosemoleküle Atombindungen ein.

Farbstoffe

Ein Gegenstand erscheint farbig, wenn er mit Licht bestrahlt wird und einen Teil der Spektralfarben absorbiert. Elektromagnetische Strahlung mit $380\,nm < \lambda < 780\,nm$ wird vom menschlichen Auge als Licht wahrgenommen.

Bei der **additiven Farbmischung**, z. B. bei Projektion farbiger Flächen übereinander, werden die unterschiedlichen Farben nicht mehr getrennt wahrgenommen. Es entsteht eine Mischfarbe. Die Grundfarben Blau, Grün und Rot ergeben additiv weißes Licht.

Bei der **subtraktiven Farbmischung**, z. B. beim Mischen von Farben eines Farbkastens, wird von jedem Mischungsbestandteil ein spezieller Anteil des weißen Lichtes absorbiert. Durch Vermischung der Farben Cyan, Gelb und Magenta ergibt sich durch vollständige Absorption Schwarz.

Bei der Absorption von Licht werden Elektronen vom Grundzustand eines Moleküls in einen angeregten Zustand gebracht. Elektronen konjugierter Doppelbindungssysteme sind durch Lichtquanten geringer Energie anregbar. Je ausgedehnter das System ist, desto geringer ist die notwendige Energie und desto größer ist die Wellenlänge des absorbierten Lichtes. Ein farbgebendes Elektronensystem als Teil eines Moleküls wird **Chromophor** genannt.
Ein konjugiertes Elektronensystem kann durch verschiedene funktionelle Gruppen erweitert werden, deren Elektronen an der Delokalisation beteiligt sind. Sie können einen +M- oder −M-Effekt ausüben. Die hervorgerufene Farbvertiefung wird bathochrome Verschiebung genannt.

Eine wichtige Klasse von Farbstoffen bilden die **Azofarbstoffe**, deren Moleküle die Gruppierung $-N=\bar{N}-$ als Teil des Chromophors aufweisen. Die Azogruppe verknüpft zwei aromatische Systeme, die unterschiedliche Substituenten tragen können. Azofarbstoffe werden in zwei Schritten, der Diazotierung und der Azokupplung hergestellt.

Weitere Farbstoffklassen sind Triphenylmethanfarbstoffe (z. B. Kristallviolett, Phenolphthalein) und Carbonylfarbstoffe (z. B. Indigo)

Zur **Färbung mit Indigo** wird das Verfahren der Küpenfärbung angewandt. Das Verfahren verläuft in folgenden Schritten:

- Gewinnung von löslichem Indigoweiß durch Reduktion von unlöslichem blauem Indigo,
- Tränken der zu färbenden Fasern mit Indigoweißlösung,
- Oxidation an der Luft unter Rückbildung des unlöslichen blauen Indigos.

AUF EINEN BLICK

Kunststoffe

bestehen aus Makromolekülen, die aus kleinen Molekülen gebildet werden.

Monomerbaustein	Ausschnitt aus der Polymerkette

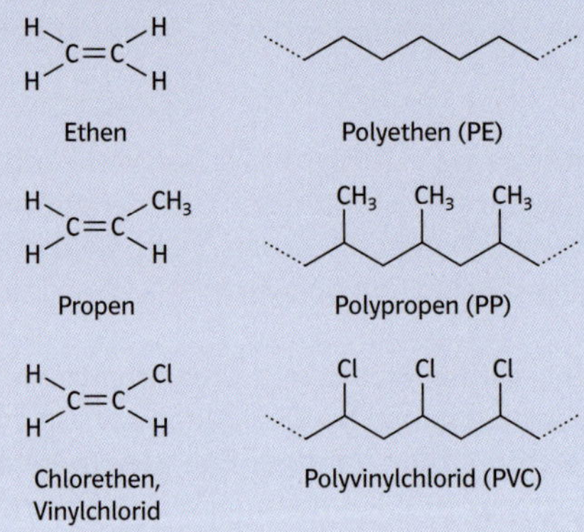

Polymerisation

Makromoleküle, deren Molekülketten nur aus Kohlenstoffatomen bestehen, erhält man durch eine Polymerisation.

Erzeugung von Startradikalen:

$$R{-}R \longrightarrow R\cdot + R\cdot$$

1. Kettenstart
(Erzeugung von Monomer-Radikalen):

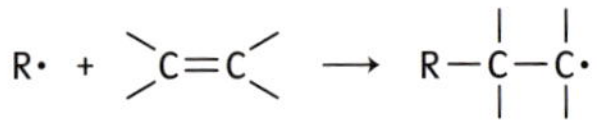

2. Kettenwachstum
(Verlängerung der „Radikalkette"):

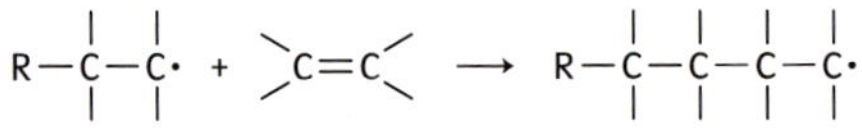

Polykondensation

In einer Kondensationsreaktion reagieren Monomere mit wenigstens zwei funktionellen Gruppen zu Polymeren unter Austritt kleiner Moleküle.

$$\underset{\text{Diol}}{HO\text{-}[CH_2]_l\text{-}OH} + \underset{\text{Disäure}}{HOOC\text{-}[CH_2]_m\text{-}COOH} + \underset{\text{Diol}}{HO\text{-}[CH_2]_l\text{-}OH} + \ldots \rightarrow$$

$$\underset{\text{Polyester}}{\ldots\text{-}O\text{-}[CH_2]_l\text{-}O\text{-}OC\text{-}[CH_2]_m\text{-}CO\text{-}O\text{-}CH_2]_l\text{-}O\text{-}\ldots} + n\ H_2O$$

Polyaddition

Bei der Polyaddition werden zwei unterschiedliche bifunktionelle Moleküle verknüpft.

$$\underset{\text{Diol}}{HO\text{-}[CH_2]_l\text{-}OH} + \underset{\text{Diisocyanat}}{OCN\text{-}[CH_2]_m\text{-}NCO} + \underset{\text{Diol}}{HO\text{-}[CH_2]_l\text{-}OH} + \ldots \rightarrow$$

$$\underset{\text{Polyurethan}}{\ldots\ O\text{-}[CH_2]_l\text{-}O\text{-}OC\text{-}HN\text{-}[CH_2]_m\text{-}NH\text{-}CO\text{-}O\text{-}[CH_2]_l\text{-}O\text{-}\ \ldots}$$

Polyurethane

erhält man durch eine Polyaddition aus Polyalkoholen und Polyisocyanaten.

Thermoplaste, Duromere und Elastomere

unterscheiden sich in ihrem thermischen Verhalten und ihrer Elastizität.

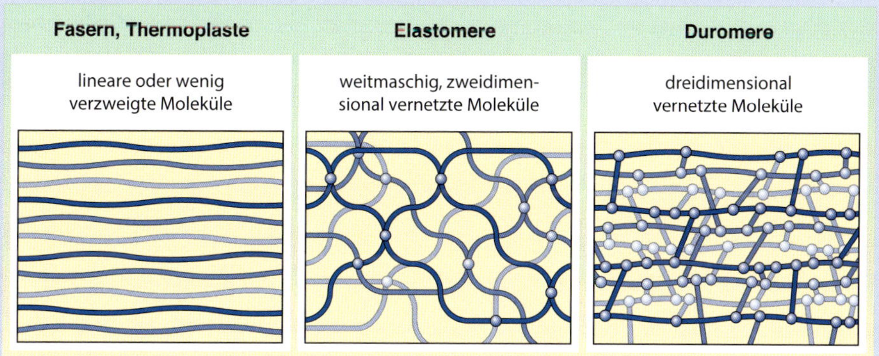

Verwertung

Kunststoffabfälle können werkstofflich, rohstofflich oder energetisch verwertet werden.

10 Kunststoffe

- Kunststoffe sind Makromoleküle.
- Makromoleküle können durch Polymerisation, Polykondensation oder Polyaddition aus Monomeren gebildet werden.
- Für eine Polymerisation müssen die Monomere C–C-Doppelbindungen aufweisen; für die Polykondensation und Polyaddition müssen die Monomere über funktionelle Gruppen verfügen.
- Nach ihren Eigenschaften und der Struktur der Makromoleküle unterscheidet man zwischen Thermoplasten, Duromeren und Elastomeren.
- Die Kunststoffe werden in Abhängigkeit von der jeweiligen Struktur der Makromoleküle weiterverarbeitet.
- Kunststoffe können werkstofflich, rohstofflich oder energetisch verwertet werden.

Kunststoffe sind Polymere

Kunststoffe bestehen aus **Makromolekülen** (von. griech. *makros*, groß). Die kleinen Moleküle, aus denen die Riesenmoleküle gebildet werden, heißen Monomere (von. griech. *monos*, eins; *meros*, Teil), die Makromoleküle dementsprechend Polymere (von griech. *polys*, viel).

Synthesen von Kunststoffen

Je nachdem, welche funktionellen Gruppen die Monomermoleküle besitzen, erfolgt die Bildung der Makromoleküle durch eine **Polymerisation**, durch eine **Polykondensation** oder durch eine **Polyaddition**.

Bei einer Polymerisation werden Moleküle mit Doppelbindungen zu Polymeren verbunden.

Monomermoleküle, die wenigstens eine C–C-Doppelbindung aufweisen, können eine **Polymerisationsreaktion** eingehen, die durch Zufuhr von Wärme, Licht, erhöhten Druck oder durch Katalysatoren ausgelöst wird. Dabei brechen die Doppelbindungen der Monomermoleküle auf, diese verbinden sich miteinander unter Ausbildung von C–C-Einfachbindungen. Durch die Verknüpfung lauter gleichartiger Moleküle entstehen lineare Kettenmoleküle, die sich in Nebenreaktionen verzweigen können. Die entstandenen Polymere kann man sich vom Ethen oder Ethenderivaten abgeleitet denken. Je nach Art des Reaktionsmechanismus wird zwischen **radikalischen** und **ionischen Polymerisationen** unterschieden.

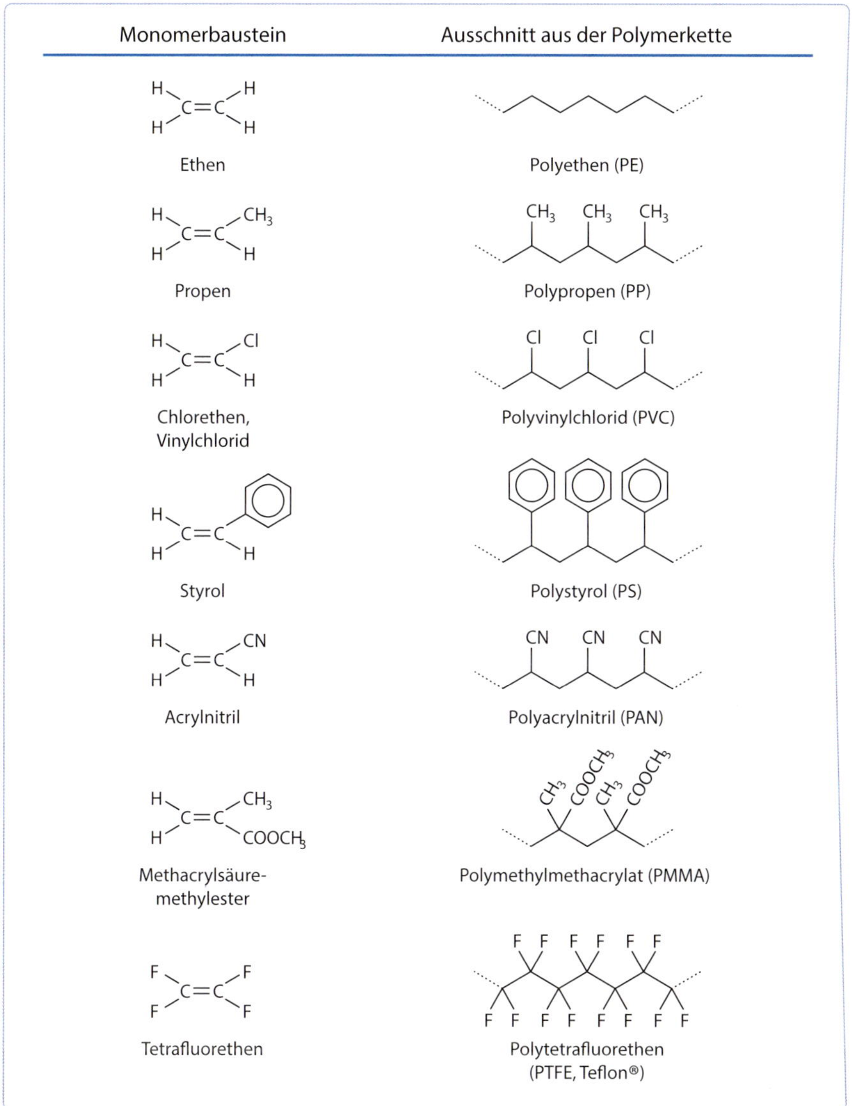

Wichtige Polymere, die durch Polymerisation erhalten werden.

Zu Beginn einer **radikalischen Polymerisation** erfolgt die Bildung der Radikale; dieses sind Atome oder Moleküle, die jeweils mindestens ein ungepaartes Elektron besitzen. Sie werden meist aus organischen Peroxiden gebildet. Im ersten Schritt einer Kettenreaktion spaltet ein Radikal die Doppelbindung eines Monomermoleküls auf, wobei ein um zwei C-Atome verlängertes Radikal entsteht. Dieses Radikal reagiert mit einem weiteren Monomermolekül unter Kettenverlängerung. Die Kettenreaktion setzt sich fort, bis zwei Radikale in einer Abbruchreaktion miteinander reagieren oder ihre Radikaleigenschaften durch Abgabe oder Aufnahme von Elektronen, z.B. durch Zusammenstöße mit der

Eine radikalische Polymerisation wird durch Radikale ausgelöst. Dann erfolgt eine Kettenreaktion. Abbruchreaktionen beenden die Bildung des Polymermoleküls.

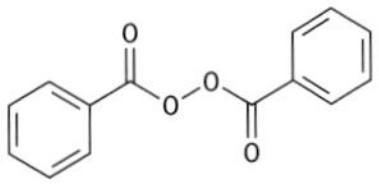

Dibenzoylperoxid – ein Radikalbildner

Erzeugung von Startradikalen:

$$R{-}R \longrightarrow R\cdot + R\cdot$$

Beispiel: R: $C_6H_5{-}COO\cdot$ Dibenzoylperoxid-Radikal

1. Kettenstart (Erzeugung von Monomer-Radikalen):

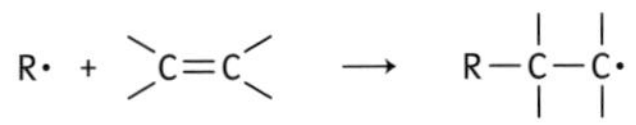

2. Kettenwachstum (Verlängerung der „Radikalkette"):

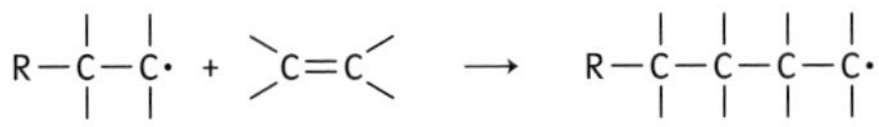

3. Kettenabbruch (Vernichtung von Radikalen):

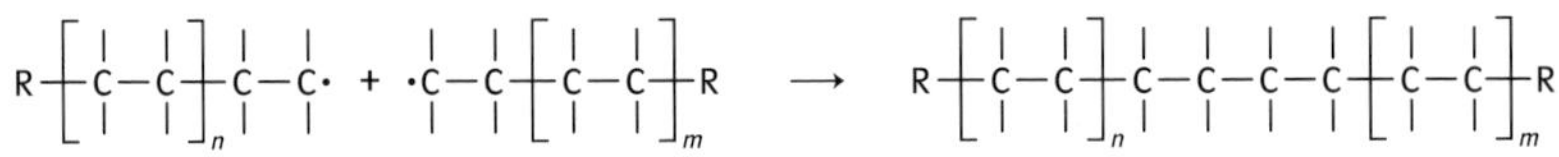

Kettenverzweigung (Nebenreaktion):

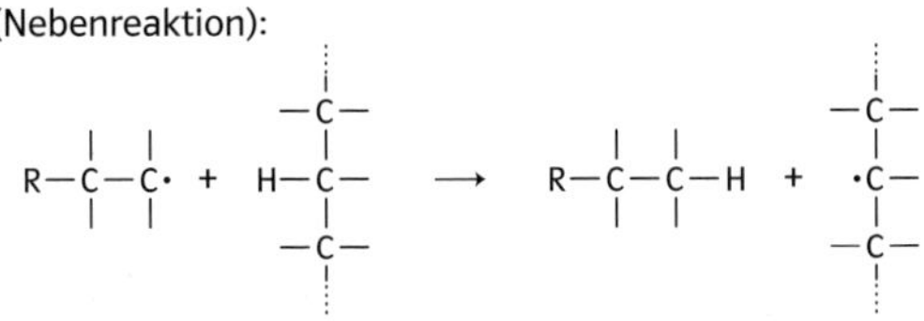

Das gebildete Radikal kann wie in 2. mit dem Monomer reagieren.

Ablauf der radikalischen Polymerisation

Wand des Reaktionsgefäßes, verlieren. Polymerisationen sind exotherme Reaktionen. Bei der Herstellung von Polymeren muss die entstehende Wärme ständig abgeführt werden, um eine Zersetzung der Makromoleküle zu vermeiden.

Kationische Polymerisation

1. Kettenstart:

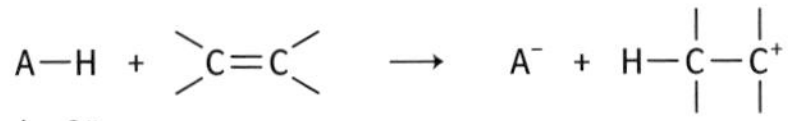

starke Säure

2. Kettenwachstum:

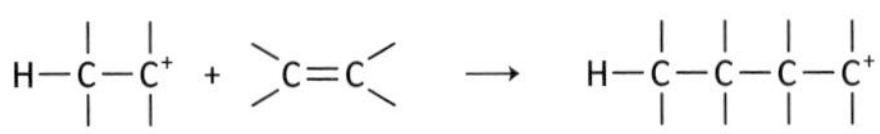

3. Kettenabbruch:

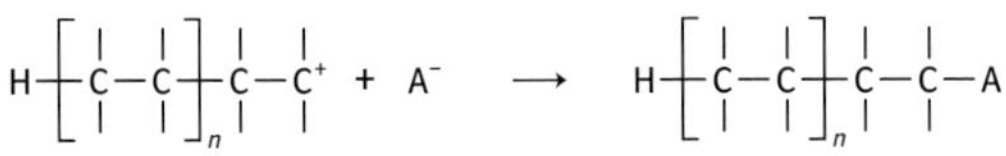

Ablauf der kationischen Polymerisation

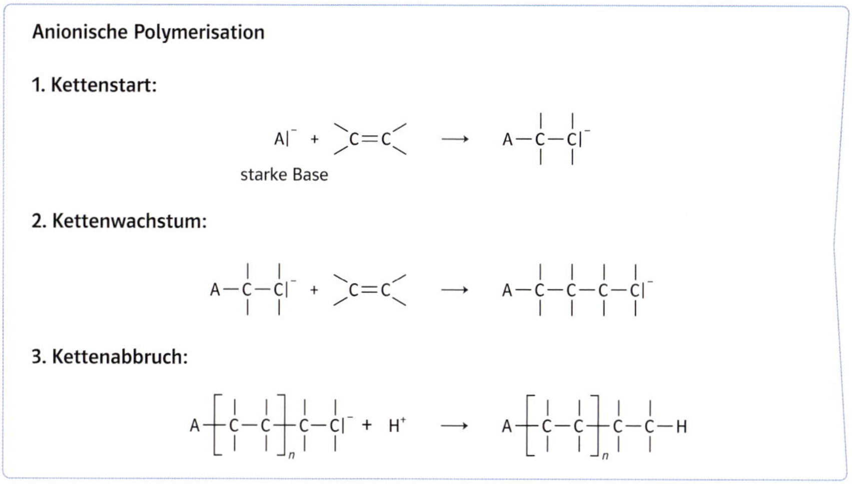

Ablauf der anionischen Polymerisation

Eine Polymerisationsreaktion kann auch durch Ionen ausgelöst werden. Bei einer **kationischen Polymerisation** wird aus einem Alkenmolekül z. B. durch Aufnahme eines Protons ein positiv geladenes C-Atom, ein Carbokation, erzeugt. Dieses kann mit einem weiteren Alkenmolekül reagieren und so die Kettenreaktion in Gang setzen. Bei der **anionischen Polymerisation** entstehen durch Addition einer starken Base an ein Alkenmolekül Anionen, die die Kettenreaktion auslösen können.

Ionische Polymerisationen werden durch Kationen oder Anionen ausgelöst.

In einer **Polykondensationsreaktion** werden Moleküle, die reaktionsfähige Gruppen besitzen, unter Austritt kleiner Moleküle, z. B. Wasser, Chlorwasserstoff oder Ammoniak, zu Makromolekülen verknüpft. Lineare Polyester entstehen, wenn eine Dicarbonsäure mit einem Diol reagiert (Esterbildung ➛ S. 148). Das Monomer kann aber auch eine Hydroxy- und eine Carboxygruppe aufweisen. Aus Butan-1,4-disäure (Bernsteinsäure) und Ethan-1,2-diol (Glykol) wird so Polybutansäureethylester gebildet. Auch aus z. B. 2-Hydroxypropansäure (Milchsäure) kann ein Polyester gebildet werden, da das Monomere zwei funktionelle Gruppen aufweist. Setzt man zur Esterbildung einen dreiwertigen Alkohol, z. B. Propantriol (Glycerin), und eine Disäure oder gar Trisäure ein, so erhält man verzweigte Polyester. Ein sehr wichtiger Gebrauchskunststoff ist Polyterephthalsäureester (Polyethylenterephthalat, PET), den man aus Benzol-1,4-dicarbonsäure (Terephthalsäure) und Ethan-1,2-diol erhalten kann. Aus Dicarbonsäuren und Diaminen entstehen Polyamide. Die Monomere sind in ihnen wie in Proteinen über Peptidbindungen (–CO–NH–, ➛ S. 183) verbunden. Zur Herstellung von Polyamiden können auch die reaktiveren Säurechloride eingesetzt werden.

Bei der Polykondensation werden Monomere, die mindestens zwei reaktionsfähige funktionelle Gruppen aufweisen, verknüpft. Dabei werden kleinere Moleküle abgespalten.

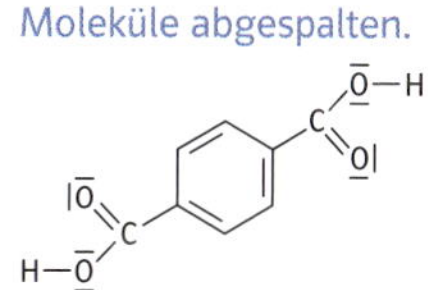

Terephthalsäure

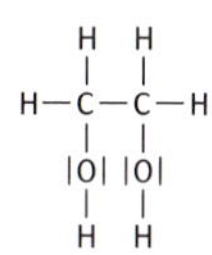

Ethan-1,2-diol
Ausgangsmonomere für PET (Polyethylenterephthalat)

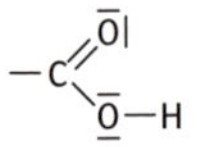

Carboxygruppe

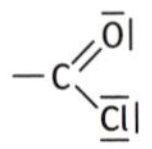

Säurechloridgruppe

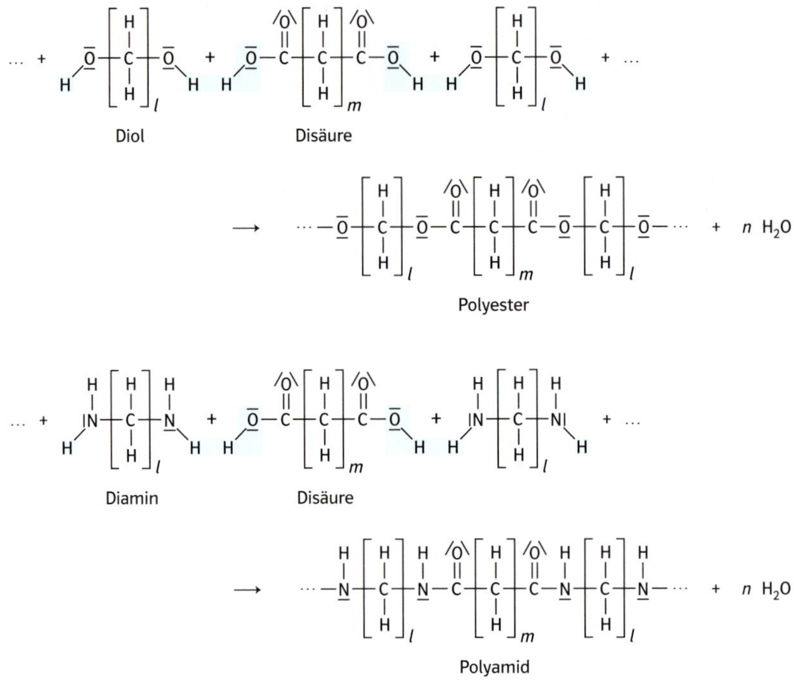

Bildung von Polymeren durch Polykondensation

Bei einer Polyaddition werden Monomere, die mindestens zwei funktionelle Gruppen besitzen, unter Übertragung von Protonen zu Polymeren verknüpft.

Bei der **Polyaddition** erfolgt die Bildung von Polymermolekülen wie bei der Polymerisation durch fortgesetzte Addition. Es werden aber keine gleichen, sondern verschiedenartige, mindestens bifunktionelle Moleküle umgesetzt. Kennzeichnend für Polyadditonsreaktionen ist die Übertragung von Protonen im entstehenden Polymermolekül von einer Monomerenart zur anderen.

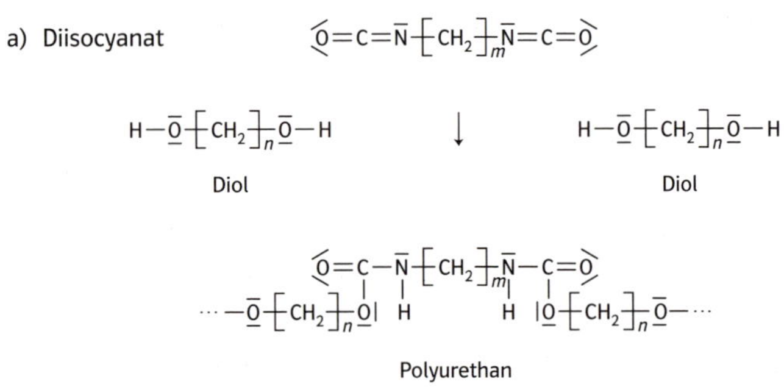

b) Wasserzugabe führt zur Bildung von Kohlenstoffoxid:

$$R{-}NCO + H_2O \longrightarrow R{-}NH_2 + CO_2$$

Bildung eines Polyurethans durch Polyadditon

Zu den wichtigsten Kunststoffen, die durch Polyaddition hergestellt werden, gehören die Polyurethane. Man erhält sie aus Polyalkoholen und Polyisocyanaten. Nach der Bindung der Hydroxygruppe eines Alkoholmoleküls an das Kohlenstoffatom einer Isocyanatgruppe wird je ein Proton vom Alkohol- zum Isocyanatmonomer übertragen. Da Isocyanate mit Wasser u. a. Kohlenstoffdioxid bilden, kann durch Zugabe von Wasser zum Reaktionsgemisch ein Aufblähen der Polymermasse erreicht werden. Je nach eingesetzten Monomeren erhält man Hart- oder Weichschaumstoffe.

Meist werden Monomere mit ganz unterschiedlichem Aufbau verknüpft, um Polymere mit günstigen Eigenschaften gezielt herzustellen. Die Verknüpfung der Monomere in solchen Copolymeren kann auf unterschiedliche Weise erfolgen. Statistische **Copolymere** erhält man, wenn die Sequenz der in der Molekülkette enthaltenen Monomere willkürlich ist, in alternierenden Copolymeren wechseln die Monomersorten ab, in Blockpolymeren sind Segmente von einheitlichen Molekülketten miteinander verknüpft. Von Pfropfpolymeren spricht man, wenn bei einem verzweigten Polymer die Seitenketten aus anderen Monomeren aufgebaut sind als die Hauptkette.

```
Statistische Copolymere:    –A–B–B–A–A–A–B–A–A–B–B–
Alternierende Copolymere:   –A–B–A–B–A–B–A–B–
Blockcopolymere:            –A–A–A–A–B–B–B–B–
Propfcopolymere:            –A–A–A–A–A–A–A–A–A–A
                                 |     |     |
                                 B     B     B
                                 |     |     |
                                 B     B     B
                                 |     |     |
```

Der Werkstoff für die bekannten Lego®-Steine ist ein Copolymer aus **Acrylnitril**, Buta-1,3-dien und **Styrol**. Dieser als **ABS** bezeichnete Kunststoff ist extrem formstabil und lässt sich dauerhaft einfärben. Da er zudem sehr hart und fast unzerbrechlich ist, wird er z. B. auch für Staubsaugergehäuse und für Karosserieteile im Auto verwendet.

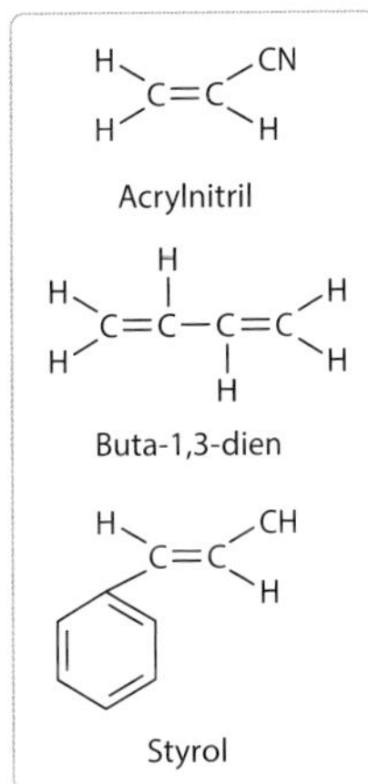

Ausgangsmonomere für das Copolymer ABS

Aus Thermoplasten lassen sich chemisch recht einfach Elastomere oder Duromere herstellen. Dies ist z.B. möglich durch nachträgliche Polymerisationen von Kunststoffen, die C-C-Doppelbindungen haben. Häufig wird Styrol eingesetzt, um die nachträgliche Polymerisation herbeizuführen. Anhand der Menge des eingesetzten Styrols lässt sich beeinflussen, ob der entstehende Kunststoff ein Elastomer oder Duromer ist. Wird viel Styrol eingesetzt, wird es sich am Ende um einen Duromer handeln.

Molekülausschnitt eines Kunststoffs mit C-C-Doppelbindungen

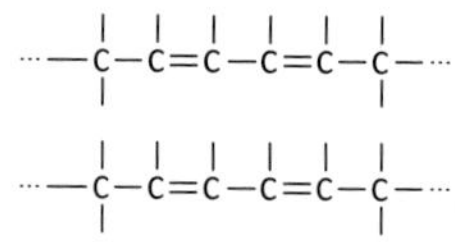

Nach der Zugabe von Styrol:

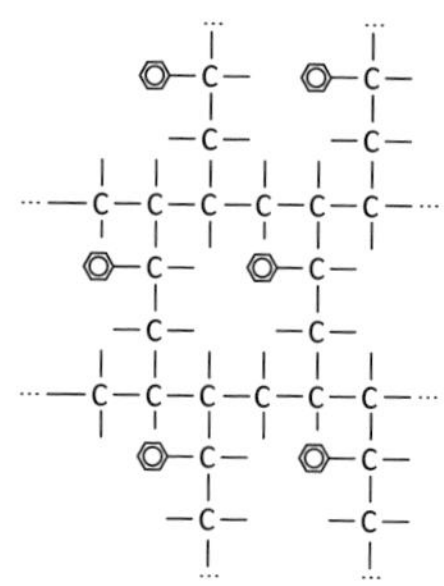

Verwendet man bei einer Polykondensation Moleküle, die zusätzlich C-C-Doppelbindungen enthalten, so hat das entstandene Polymer noch Doppelbindungen, weshalb auch hier nachträglich eine Polymerisation z.B. mit Hilfe von Styrol stattfinden kann. Enthalten die Moleküle, die bei der Polykondensation eingesetzt werden, mehr als zwei funktionelle Gruppen (z.B. Trialkohol), so kann sich direkt ein "Netz" bilden.

Maleinsäure reagiert mit Ethandiol.

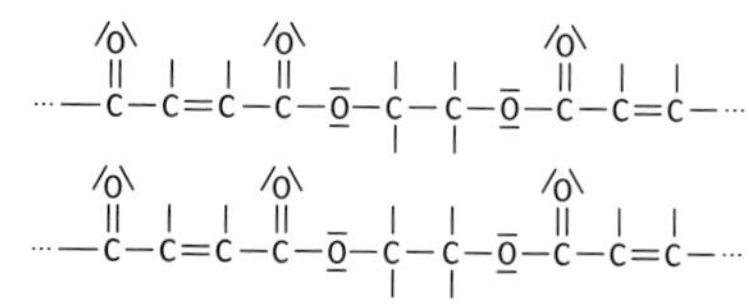

Molekülausschnitt des entstandenen Kunststoffs

Nach der Zugabe von Styrol:

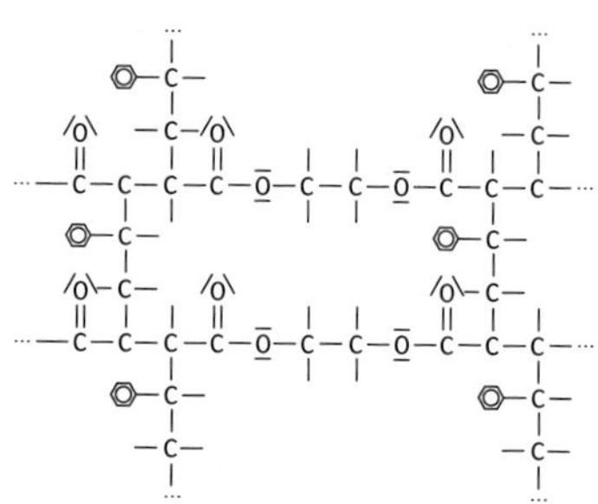

Für **biologisch abbaubare Kunststoffe**, d. h. im Wesentlichen kompostierbare Kunststoffe, eignen sich neben den natürlichen Polymeren wie Cellulose und Stärke solche mit Sauerstoff- oder Stickstoffatomen als „Sollbruchstellen" in den Molekülen. Ein Beispiel für ein solches Polymer ist die Polymilchsäure (Polylactid), die durch eine Polykondensationsreaktion gewonnen wird.

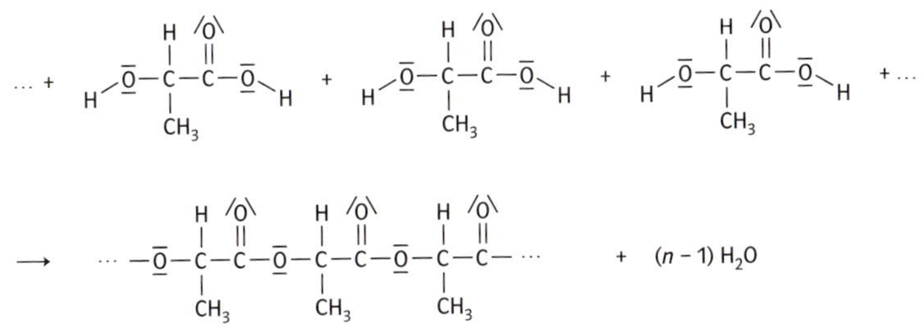

Bildung von Polymilchsäure durch eine Polykondensation

Struktur und Eigenschaften

Für die Verwendung der Kunststoffe sind ihre Eigenschaften ausschlaggebend. **Thermoplaste** sind Kunststoffe, die beim Erwärmen weicher werden und daher warmverformbar sind. Sie bestehen aus linearen oder verzweigten Makromolekülen, die nicht miteinander vernetzt sind. Die zwischenmolekularen Kräfte in Thermoplasten können besonders gut wirksam werden, wenn die Moleküle parallel ausgerichtet sind. Solche Bereiche nennt man kristallin. Liegen die Moleküle verknäuelt vor, können die zwischenmolekularen Kräfte weniger gut wirksam werden. Diesen Zustand nennt man amorph. Je nach den Monomeren, aus denen die Polymere gebildet worden sind, können zwischen den Makromolekülen Van-der-Waals-Kräfte, Wasserstoffbrücken, **Dipol-Dipol-Kräfte** und in geringem Ausmaß auch ionische Bindungen wirken.

Als Thermoplaste bezeichnet man Kunststoffe, die beim Erwärmen plastisch verformbar werden.

Thermoplaste erweichen beim Erwärmen, Duromere und Elastomere zersetzen sich bei höheren Temperaturen.

Duromere sind bei Zimmertemperatur hart und spröde. Beim Erwärmen zersetzen sie sich bei höheren Temperaturen. Die engmaschig vernetzten Makromoleküle entstehen durch Verknüpfung von mehr als zwei Bindungsstellen pro Monomer. Die Bestandteile des Molekülnetzes können sich nur wenig bewegen. Energiezufuhr über den Temperaturbereich, bei dem Zersetzung einsetzt, führt zum Bruch von Atombindungen.

Als Duromere bezeichnet man Kunststoffe, die sich nicht verformen lassen. Bei Temperaturerhöhung zersetzen sie sich, ohne zu erweichen. Statt Duromere kann man auch Duroplaste sagen.

Elastomere sind bei niedrigen Temperaturen spröde und hart, bei Zimmertemperatur elastisch, d. h., sie verändern ihre Form bei mechanischer Einwirkung, nehmen sie aber anschließend wieder ein. Sie können in Lösungsmitteln

Als Elastomere bezeichnet man Kunststoffe, die bei mechanischer Belastung ihre Form verändern, sie anschließend jedoch wieder einnehmen.

nur quellen, sind jedoch nicht löslich. Elastomere sind nicht schmelzbar. Die weitmaschig vernetzten Makromoleküle liegen verknäuelt vor, können jedoch beim Einwirken einer äußeren Kraft aneinander abgleiten und sich strecken. Die Wärmebewegung lässt sie nach der Krafteinwirkung in den verknäuelten Zustand zurückkehren.

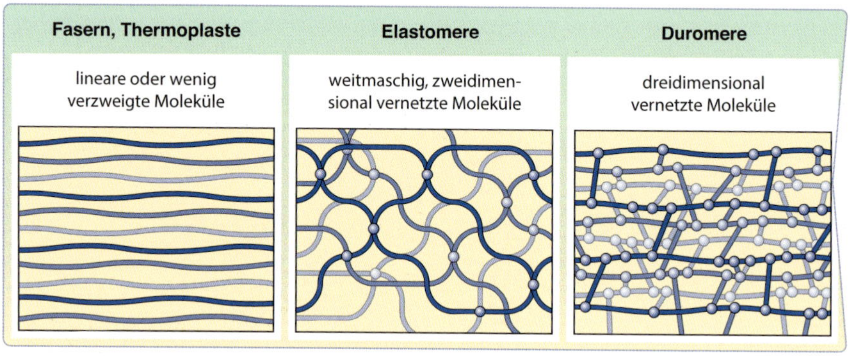

Räumliche Verknüpfung von Kunststoffen

Verarbeitung von Kunststoffen

Thermoplaste können aufgeschmolzen verarbeitet werden.

Thermoplaste fallen bei der chemischen Großproduktion häufig als Pulver oder Granulate an. Alle Verarbeitungsverfahren von **Thermoplasten** beginnen mit dem Aufschmelzen des Kunststoffgranulats im **Extruder** (von lat. *extrudere*, heraustreiben), der im Prinzip wie ein Fleischwolf funktioniert. Im beheizten Zylinder des Extruders dreht sich eine Schnecke, welche die Kunststoffmasse nach vorn fördert, bis zum plastischen Fließen erhitzt und verdichtet. An der Spitze tritt der plastische Kunststoff in ein geschlossenes Werkzeug (Form). Durch Kühlen behält das Werkzeug die gewünschte Form. Beim **Extrudieren** wird das geschmolzene Material kontinuierlich durch formgebende Öffnungen gepresst. Mit ringförmigen Düsen entstehen Rohre bzw. Schläuche. Aus schlitzförmigen Düsen werden Platten extrudiert. Ummantelte Kupferdrähte erhält man, wenn man während des Vorgangs den Draht kontinuierlich durch die Mitte der Ringdüse zuführt. Formteile von hoher Qualität und Maßgenauigkeit können durch **Spritzgießen** hergestellt werden. Eingefärbtes Granulat wird in einem Extruder mit beweglicher Schnecke gefördert, durch Erwärmen plastisch gemacht und dann durch Vorwärtsbewegen der Schnecke in die gekühlte Form gespritzt. Die Form öffnet sich und das fertige Teil fällt heraus. Flaschen, Kanister und Fässer werden durch **Hohlkörperblasen** hergestellt. Dabei drückt ein Extruder einen fast plastischen Schlauch in ein zweiteiliges Hohlwerkzeug mit der gewünschten Form. Durch Schließen des Werkzeugs wird der Schlauch luftdicht abgequetscht und durch Einblasen von Luft an die Wände der Form gedrückt.

Duromere sind weder wärmeverformbar noch schweißbar, sie werden daher aus unvernetzten Vorprodukten direkt in die gewünschte Form gebracht.

Nach kurzer Abkühlzeit wird die Form geöffnet und der Hohlkörper ausgeworfen. Beim **Folienblasen** wird die Kunststoffschmelze durch eine Ringdüse zu einem dünnwandigen Schlauch geformt. Dieser kann mithilfe der durch das Werkzeug strömenden Druckluft aufgeblasen werden. Diese „Blas-folien“ verarbeitet man zu Beuteln oder schneidet sie zu Folien auf.

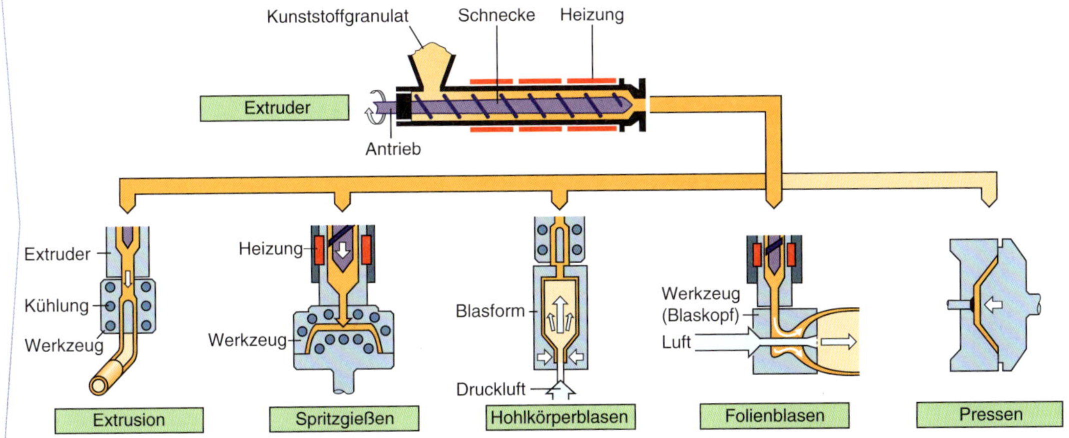

Verarbeitungsverfahren von thermoplastischen Kunststoffen

Beim **Pressen** wird der plastifizierte Kunststoff in ein offenes Werkzeug gespritzt, das sich daraufhin schließt. Unter hohem Druck wird das Werkzeug geformt. Mit diesem Verfahren stellt man häufig Teile her, die noch mit Matten oder Vliesen verstärkt werden.

Auch das **Kalandrieren** (von franz. *calandre*, Wäschemangel) dient zur Herstellung von Folien. Dazu wird die Kunststoffmasse in plastischem Zustand zwischen zwei oder mehrere gegenläufige Walzen zu einem endlosen Folienband breitgewalzt. Nach Verlassen des Kalanders kann die Folie durch Prägen oder Bedrucken weiter behandelt werden. Aus diesen Folien können u.a. Taschen, Hüllen oder Fußbodenbeläge hergestellt werden.

Da **Duromere** weder wärmeverformbar noch schweißbar sind, lassen sie sich nur noch wie z.B. Holz durch Bohren, Sägen, Hobeln usw. bearbeiten. Duromerische Formteile werden deshalb schon bei Bildung des Kunststoffes hergestellt.

Verwertung von Kunststoffabfällen

Kunststoffe lassen sich werkstofflich, rohstofflich oder energetisch verwerten.

Bei der Verwertung von Kunststoffabfällen unterscheidet man drei Verfahren: die **werkstoffliche**, die **rohstoffliche** und die **energetische Verwertung**. Sortenreine, nicht oder nur gering verschmutzte Abfälle von Thermoplasten lassen sich problemlos **werkstofflich** wieder **verwerten**. Die Aufarbeitung beschränkt sich meist auf das Zerkleinern und Wiederaufschmelzen zur erneuten Formgebung. Kunststoffe, die bereits gebraucht wurden, lassen sich weniger gut wieder verwerten. Wärmebelastung bei der Verarbeitung und Oxidation haben die Makromoleküle meist geschädigt, sodass ein neues Produkt nicht mehr die gleichen Eigenschaften wie ein Produkt aus neuem Kunststoff hat. Hinzu kommen die Zuschläge, die den Polymeren zum Beeinflussen ihrer Eigenschaften zugesetzt werden. Duromere lassen sich nur im „Partikelrecycling" werkstofflich wieder verwerten. Sie werden dazu zerkleinert oder aufgemahlen und Neuprodukten als Füllstoff zugesetzt. Schaumstoffe können durch Klebpressen unter Zugabe eines Binders zu Platten oder Formkörpern verpresst werden.

Beim werkstofflichen Recycling werden die Altkunststoffe zu neuen Formteilen eingesetzt. Der Aufbau der Makromoleküle bleibt erhalten.

Vermischte Altkunststoffe lassen sich nur schlecht werkstofflich verwerten. „Unverträglichkeiten" der verschiedenen Kunststoffe untereinander führen zu Inhomogenitäten im Produkt und damit zur Qualitätsminderung.

Kleinteilige, verschmutzte und nicht sortenreine Kunststoffe lassen sich besser **rohstofflich verwerten**. Man versteht hierunter die Umwandlung der makromolekularen Stoffe in niedermolekulare, d. h. in Monomere oder Stoffgemische aus Alkanen (➤ S. 113) und Alkenen (➤ S. 113) oder Aromaten (➤ S. 154). Man unterscheidet im Wesentlichen drei Verfahrenswege: die petrochemischen Verfahren wie die Pyrolyse oder die Hydrierung, die zu erdölartigen Produkten führen, die solvolytischen Verfahren, in denen vorwiegend Polykondensate und Polyaddukte in Monomere gespalten werden, und die Nutzung der Altkunststoffe in Hochöfen als Ersatz für Schweröl zur Reduktion von Eisenerz.

Bei der rohstofflichen Verwertung werden aus Altkunststoffen die Monomeren, Öle oder Flüssiggas gewonnen, die als Ersatz für fossile Rohstoffe dienen.

Kunststoffabfälle, die sich ökonomisch nicht werkstofflich oder rohstofflich verwerten lassen, kann man **energetisch verwerten**, d. h. zur Energieerzeugung verbrennen. Da die meisten Kunststoffe einen ähnlich hohen Heizwert wie Erdöl oder Kohle haben, kann die beim Verbrennen frei werdende Energie zum Betrieb von Heizkraftwerken oder zur Stromerzeugung genutzt werden. Vorrangig ist bei der energetischen Nutzung die Absorption von Schadstoffen aus den Verbrennungsgasen.

Die energetische Verwertung, bei der die Kunststoffe verbrannt werden, zielt darauf ab, Energie zum Heizen oder zur Stromerzeugung zu gewinnen.

Auch wenn es einige Ansätze zur Verwertung von Kunststoffabfällen gibt, sind die vielen Kunststoffabfälle ein großes Umweltproblem. Die Umwelt wird zunehmend verschmutzt, die Weltmeere sind voller Kunststoff, Tiere verwechseln Kunststoffe mit ihrer eigentlichen Nahrung und verhungern mit vollem Magen. Über die Nahrungskette gelangt Mikroplastik auch in unsere Ernährung, was ein gesundheitliches Risiko darstellt. Die Vermeidung der Abfälle ist deshalb neben der Verwertung von Kunststoffabfällen eine wichtige globale Herausforderung für Politik und Gesellschaft.

Kunststoffe

Kunststoffe bestehen aus **Makromolekülen**. Diese können durch eine **Polymerisation**, eine **Polykondensation** oder **Polyaddition** gebildet werden.

Nach dem Aufbau und den Eigenschaften lassen sich die Kunststoffe in Thermoplaste, Duromere und Elastomere einteilen. **Thermoplaste** bestehen aus linearen oder wenig verzweigten Molekülen. Je nach den Monomeren, aus denen die Polymere gebildet worden sind, können zwischen den Makromolekülen Van-der-Waals-Kräfte, Wasserstoffbrücken, Dipol-Dipol-Kräfte und in geringem Ausmaß auch ionische Bindungen wirken. Thermoplaste sind warmverformbar. **Duromere** bestehen aus dreidimensional vernetzten Molekülen. Werden Duromere stärker erwärmt, so zersetzen sie sich, ohne zu erweichen. Beim Zersetzen werden Atombindungen gespalten. **Elastomere** bestehen aus weitmaschig vernetzten Makromolekülen. Bei mechanischer Belastung können diese ihre Form verändern, sie anschließend jedoch wieder einnehmen.

Thermoplaste können wieder aufgeschmolzen und verarbeitet werden. Mit dem Extruder werden Thermoplaste aufgeschmolzen und zu dem Werkzeug befördert, in dem sie ihre endgültige Form erhalten. Duromerische Formteile werden aus unvernetzten Vorprodukten, denen je nach Bedarf Füll- oder Farbstoffe zugesetzt sind, hergestellt.

Sortenreine oder wenig verschmutzte Kunststoffe lassen sich werkstofflich verwerten, dazu werden sie zerkleinert, wieder aufgeschmolzen und zur erneuten Formgebung verarbeitet. Bei der rohstofflichen **Verwertung** können gemischte, nicht sortenreine Kunststoffe z. B. durch Erhitzen unter Luftabschluss (Pyrolyse) oder durch Spaltung in Gegenwart von Wasserstoff (Hydrierung) bei höheren Drücken und Temperaturen in Kohlenwasserstoffgemische gespalten werden. Bei der Solvolyse werden die Kondensationsverfahren umgekehrt, sodass die Monomere wiedergewonnen werden. Gemischte Altkunststoffe können auch als Ersatz für Schweröl im Hochofen zur Reduktion der Eisenoxide eingesetzt werden. Kunststoffabfälle, die sich ökonomisch nicht werkstofflich oder rohstofflich verwerten lassen, kann man zur Energieerzeugung verbrennen. Kunststoffe haben einen ähnlich hohen Heizwert wie Heizöl, Kohle oder Erdgas.

Trotz vieler Verwertungsansätze bleibt die Vermeidung von Kunststoffabfällen wegen ihrer zahlreichen negativen Umweltfolgen eine globale Notwendigkeit.

Nanopartikel

Eigenschaften von Nanopartikeln

Moleküle bzw. Verbünde von Atomen, die eine Größe im Nanometerbereich (zwischen 1 nm und 100 nm) haben, nennt man Nanopartikel (von griech. *nano*, Zwerg). Für die Umrechnung von Nanometer (nm) in Meter gilt:

$$1\ nm = 10^{-9}\ m$$

Im Vergleich zu größeren Partikeln haben Nanopartikel eine vielfach höhere Oberfläche, wodurch sie spezielle chemische und physikalische Eigenschaften aufweisen. Dazu gehören eine höhere chemische Reaktivität, andere Farben, andere Schmelztemperaturen, elektrische Leitfähigkeit, aber auch ein zunehmender Einfluss von Oberflächenkräften (z. B. Van-der-Waals-Kräfte).
Nanopartikel können künstlich hergestellt werden. Diese synthetische Nanopartikel können gezielt mit den genannten Eigenschaften ausgestattet werden. Ein Beispiel ist Titandioxid. Da es UV-Strahlung reflektiert, ist es häufig in Sonnencremes enthalten. Titandioxid hat eigentlich eine weiße Farbe, was den Nachteil hat, dass nach dem Eincremen weiße Rückstände auf der Haut sichtbar bleiben können. Nanopartikel aus Titandioxid sind jedoch farblos, wodurch das Problem der Rückstände beseitigt ist.
Sehr interessant ist die Erforschung von Nanoröhrchen, insbesondere von Kohlenstoffnanoröhrchen als deren wichtigste Vertreter. Dabei handelt es sich um röhrenförmige Moleküle, deren Wände nur aus Kohlenstoffatomen bestehen, welche eine wabenartige Struktur bilden. Nanoröhrchen weisen neben einer guten Wärmeleitfähigkeit eine besonders hohe Elastizität sowie Reißfestigkeit auf und haben eine höhere Zugfestigkeit als Stahl.

Auch der Lotus-Effekt kann mittels Nanopartikeln nachgeahmt werden. Auf Lotusblättern perlt Wasser in Tropfen ab und nimmt dabei Schmutzpartikel von der Blattoberfläche mit. Der Lotus-Effekt ist herbeiführbar, indem die Kontaktfläche zwischen Wassertropfen und Oberfläche so gering wie möglich gehalten wird. Dadurch sinkt die Adhäsionskraft der Oberfläche und der Wassertropfen perlt ab. Oberflächen mit Lotus-Effekt werden als superhydrophobe Oberflächen bezeichnet. Anwendung findet der Lotus-Effekt beispielsweise bei selbstreinigenden Oberflächen wie Brillengläsern.

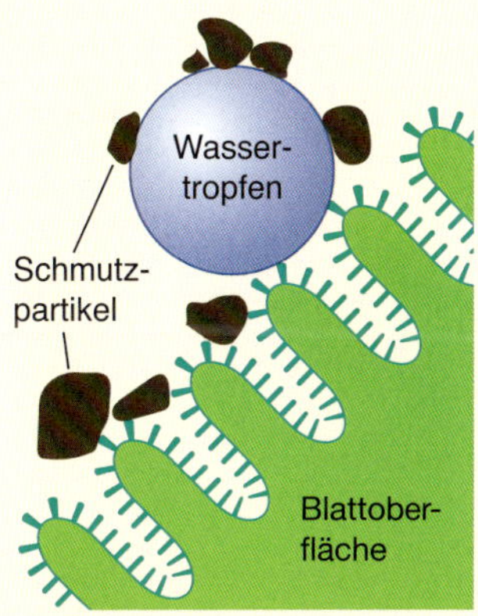

Chancen und Risiken

Die Erforschung von Nanopartikeln und deren Einsatzmöglichkeiten ist noch lange nicht abgeschlossen. Trotzdem lassen sich zahlreiche Einsatzmöglichkeiten erahnen bzw. werden zum Teil bereits realisiert. In der Elektronik z.B. können Nanopartikel bei der Herstellung von Nanocomputern eine Rolle spielen. In der Bauindustrie soll durch das Verwenden von Nanopartikeln das Algenwachstum auf Dachziegeln reduziert, unangenehme Gerüche in Fassaden vermieden und Oberflächen vor mechanischer Beschädigung bewahrt werden. In der Medizin kann durch Nanotechnologie besseres Knochenersatzmaterial hergestellt werden und sogar im Bereich der Krebsbehandlung eröffnen sich mit der Nanotechnologie neue Möglichkeiten. Im Umweltschutz bieten Nanopartikel z.B. das Potential, Schadstoffe aufzunehmen oder zu filtern.

Bei aller Euphorie muss aber betont werden, dass bei dieser verhältnismäßig jungen Technologie Langzeitfolgen für Lebewesen bzw. Umwelt bislang nicht abschließend geklärt werden können. Es ist denkbar, dass schädliche Stoffe an Nanopartikeln anhaften und so in den Organismus gelangen. Gegebenenfalls stellen sogar die Nanopartikel an sich ein erhöhtes Risiko für Lebewesen und die Umwelt dar aufgrund ihrer höheren Reaktivität. Durch ihre geringe Größe können sie sehr leicht über Haut, Atemwege oder den Magen-Darm-Trakt in den Körper aufgenommen werden. Tierversuche führten zu der Hypothese, dass Nanopartikel Entzündungen der Lunge verursachen können.

Marcel Beyl, Gymnasiallehrer für die Fächer Chemie, Mathematik, IMP und NWT in Baden-Württemberg, Oberstufenberater und in der Aus- und Weiterbildung von Lehrkräften tätig.

Paul Gietz, Gymnasiallehrer für die Fächer Chemie und Geographie in Nordrhein-Westfalen und Fachleiter für das Fach Chemie am Studienseminar in Gelsenkirchen sowie seit vielen Jahren Schulbuchautor für Chemie.

Axel Justus, Gymnasiallehrer für die Fächer Chemie und Biologie in Nordrhein-Westfalen und Oberstufenkoordinator am Gymnasium; langjähriges Mitglied der Autorengruppe des Werkes „Elemente Chemie" (Ernst Klett Verlag).

Prof. Dr. Werner Schierle, Gymnasiallehrer für Chemie in Baden-Württemberg, stellvertretender Leiter des Seminars für Didaktik und Lehrerbildung (Gymnasium) in Heilbronn und Seminar-Fachleiter für Chemie; langjähriger Autor für Chemie-Unterrichtswerke des Ernst Klett Verlags sowie zahlreicher weiterer Chemie-Publikationen.

Bibliografische Information der Deutschen Nationalbibliothek
Die Deutsche Nationalbibliothek verzeichnet diese Publikation in der Deutschen Nationalbibliografie; detaillierte bibliografische Daten sind im Internetüber http://dnb.dnb.de abrufbar.

2. Auflage 2022

www.klett-lerntraining.de; kundenservice@klett-lerntraining.de

Hinweis: Der Online-Zugang zu den Videos ist mindestens bis drei Jahre nach Ersterscheinen des Buches gewährleistet.

Umschlagfoto: Shutterstock, New York (Gino Santa Maria)
Illustrationen: DTP-Studio Eckhardt, Göppingen: S. 8, 9, 11, 13, 18, 20, 23, 24, 26, 34, 35, 37, 40, 41, 52, 55, 60, 68, 72, 82, 86, 106, 107, 110, 111, 113–118, 121–123, 126, 127, 130, 132, 133, 135–137, 139–151, 154–162, 164, 166, 167, 169, 170–176, 178–181, 183–188, 190, 191, 194–199, 201, 202, 205–209, 211; Klett-Archiv, Stuttgart: S. 76, 77, 85, 93, 94, 102, 103, 105, 160, 193; Dr. Martin Lay, Breisach a. Rh.: S. 15, 16, 28, 34, 37–39, 44, 53, 65, 70, 74, 76, 77, 83, 84, 90, 92, 96–100, 110, 118, 120, 166, 167, 169, 170, 182, 186, 187, 190, 192, 193, 203, 212, 213, 217; tebitron gmbh, Gerlingen: S. 143, 177, 210
Satz: DTP-studio Andrea Eckhardt, Göppingen; tebitron gmbh, Gerlingen
Druck: Gebr. Geiselberger GmbH, Altötting
Printed in Germany
ISBN 978-3-12-949691-6